A atenção aprisionada

F363a Fernández, Alicia.
         Atenção aprisionada : psicopedagogia da capacidade
       atencional / Alicia Fernández ; tradução técnica: Neusa
       Hickel, Regina Orgler Sordi. – Porto Alegre : Penso, 2012.
       235 p. : il. ; 23 cm.

       ISBN 978-85-63899-43-9

       1. Psicopedagogia. I. Título.

                                                CDU 37.013.77

Catalogação na publicação: Ana Paula M. Magnus – CRB 10/2052

Alicia Fernández

Psicopedagoga pela Faculdade de Psicopedagogia da
Universidade de Salvador, Argentina.
Diretora do Espaço Psicopedagógico Brasil-Argentina (EPsiBA)

A atenção aprisionada
Psicopedagogia da capacidade atencional

Consultoria, tradução e supervisão desta edição:

Neusa Hickel
Psicóloga. Psicopedagoga. Mestre em Psicologia Social e Institucional.
Professora do Centro Universitário Ritter dos Reis (UniRitter).

Regina Orgler Sordi
Doutora em Psicologia.
Professora na Universidade Federal do Rio Grande do Sul (UFRGS).

© Artmed Editora S.A., 2012

Capa: *Gustavo Macri*

Preparação de original: *Marcelo Viana Soares*

Leitura final: *Gabriela W. Linck*

Editora sênior – Ciências Humanas: *Mônica Ballejo Canto*

Editora responsável por esta obra: *Carla Rosa Araujo Cunha*

Projeto e editoração: *Techbooks*

Reservados todos os direitos de publicação, em língua portuguesa, à
ARTMED® EDITORA S.A.
Av. Jerônimo de Ornelas, 670 – Santana
90040-340 – Porto Alegre – RS
Fone: (51) 3027-7000   Fax: (51) 3027-7070

É proibida a duplicação ou reprodução deste volume, no todo ou em parte, sob quaisquer formas ou por quaisquer meios (eletrônico, mecânico, gravação, fotocópia, distribuição na Web e outros), sem permissão expressa da Editora.

Unidade São Paulo
Av. Embaixador Macedo Soares, 10.735 – Pavilhão 5 – Cond. Espace Center
Vila Anastácio – 05095-035 – São Paulo – SP
Fone: (11) 3665-1100   Fax: (11) 3667-1333

SAC 0800 703-3444 – www.grupoa.com.br

IMPRESSO NO BRASIL
PRINTED IN BRAZIL
Impresso sob demanda na Meta Brasil a pedido de Grupo A Educação.

Agradecimentos

O navegante inicia suas travessias
levando consigo a âncora.
Atreve-se, assim, a dialogar com novos mares
pois na solidão de alguma noite
a âncora lhe recorda
que pode encontrar descanso
no porto de partida ou
deter-se em alguma margem
que lhe ofereça reparo.
Meu barco tem três âncoras.
Uma delas fabricou Jorge, meu marido,
e as outras duas, minhas filhas, Maria Sol e Lucia.
Nas múltiplas travessias me acompanharam
queridos e queridas amigos e aprendesinantes
que foram me devolvendo
a atenção (em)prestada.

Agradeço à Verônica, minha sobrinha, que com seu paciente trabalho transcreveu meus manuscritos, tornando possível a publicação deste livro.

Dedicatória

*Um moinho
ainda que somente um,
colocado na terra,
ainda que árida,
com a energia dos diversos ventos
e ainda que com tempestades distantes,
encontra atua,
ainda que a mais escondida,
fazendo brotar as sementes,
ainda que as mais imprevistas.*

Dedico este livro aos "espaços moinhos" brasileiros, uruguaios e argentinos e a seus múltiplos criadores.

Dentre eles, no Brasil, à Beatriz Mazzolini, irradiando, desde São Paulo, a potência atencional da alegria. À Eliane Azevedo, estendendo seu abraço psicopedagógico, desde Brasília, passando por Fortaleza, ao norte, e por Ushuaia, ao sul, durante duas décadas. À Rosires Ielo, abrindo-me as portas do Rio de Janeiro e permitindo meu encontro com psicopedagogos e psicopedagogas que hoje, 25 anos depois, continuam disseminando as sementes da psicopedagogia. À Yara Rodrigues Avelar, oferecendo-nos, dia a dia, as maravilhas do idioma português, quando se volta à escritura psicopedagógica. À Maria da Graça Pimentel, permitindo que a psicopedagogia flua pelo Estado do Espírito Santo. À Ana Catharina Mesquita de Noronha, fazendo fecundar nossas posturas com serena seriedade "mineira". À Eliane Cansanção, permitindo que Alagoas ultrapasse suas fronteiras, com laborioso e atento cuidado.

Também a Porto Alegre, formoso território, e a seus "Moinhos de Vento" que viram nascer minha primeira filha, durante os obscuros anos da Argentina. Porto Alegre, com a alegria de seu nome, é ademais, o cenário em que compartilho "espaços moinhos" com amigos e colegas. Como Neusa Hickel, que conheci em 1984, pouco antes de escrever *A inteligência aprisionada*, e Regina Orgler Sordi, ambas honrando-me com a tradução, ao português, deste livro.

No Uruguai, à Beatriz Rama Montaldo e Gelia Gómez, que tornam possível que seu país, que aprendi a amar e cantar na escola portenha República Oriental do Uruguai, seja hoje um espaço no qual crescem, dia a dia, novos trovadores psicopedagógicos.

Na Argentina, à Silvia Innanantuoni, Cristina Cordón Larios e Maria Estela Narvaiz, queridas amigas que escolho para representar inumeráveis psicopedagogos, professores e profissionais da saúde e da educação, com os quais criamos "espaços moinhos". E à Soledad Lugones que, em meados dos anos de 1990, acompanhou-me nos inícios do que logo daria lugar à proposta de investigação "Situação da Pessoa Prestando Atenção" (SPPA).

Sumário

Apresentação à edição brasileira..................11
    Regina O. Sordi

Introdução 15

1 A capacidade atencional 23

2 A atencionalidade e o "escutar"..................42

3 Eco e Narciso....................................57

4 A capacidade atencional, a gestualidade
e o brincar 69

5 Capacidade de acreditar criando..................86

6 Capacidade atencional e capacidade
de estar distraído 99

7 A capacidade de "estar no silêncio" e o atender 111

8 Modalidades atencionais 121

9 O recordar e a capacidade atencional 132

10 Promover "mostrar/guardar" para evitar
"exibir/esconder" 142

11 A construção da diferença "pensar/dizer/fazer"
e sua incidência no desenvolvimento da
capacidade atencional 151

12 Espaços de intimidade e de atencionalidade 167

13 Contextos atuais e capacidade atencional 185

14 O que atendemos ao atender a quem
"não presta atenção"? 205

15 Os professores como agentes subjetivantes 215

16 Atencionalidade em processo 225

Referências 231

Apresentação
à edição brasileira

"O mundo nos chama". E este chamado é forte e tem sido reconhecido pelos mais importantes estudiosos e pesquisadores como a forma contemporânea mais aceita de conceber a atenção. Um radar permanentemente acionado para captar o mundo à nossa volta, como se este fosse um produto acabado. Pesquisas atuais, que têm por objetivo estudar o fenômeno da atenção, apontam para a dificuldade de valorizar e investigar com mais profundidade os seus movimentos, em especial, aqueles nos quais precisamos redirecionar a atenção para dentro de nós mesmos, a fim de dar sentido ao que se apresenta ao nosso redor.

Neste livro, Alicia Fernández vai ainda mais longe. Transcende o entendimento sobre os movimentos internos e externos da atenção e os apresenta como fitas torcidas, tais como as que idealizou o matemático Möebius. Já não estamos mais no ou/ou, ora com nossa atenção voltada ao mundo exterior, ora voltada ao mundo interior. A autora evolui para uma compreensão de que o movimento da atenção é simultaneamente interno e externo/subjetivo e objetivo, pois ao atendermos ao mundo, estamos, simultaneamente, atendendo aos nossos próprios pensares e sentires. É uma coisa e outra.

Com maestria, a autora conduz o leitor a compreender como o ser humano aprendente desenvolve uma capacidade de atenção saudável, localizada em um espaço criativo no qual uma construção de sentidos vai sendo produzida à medida que a atenção capta uma variedade de estímulos, informações, imagens, compondo audição com escuta, visão com olhar, organismo com corpo.

Para tanto, retoma conceitos já consagrados pela psicopedagogia e desenvolvidos em suas obras anteriores, mas não para reconceituá-los ao sabor de uma revisão. Ao contrário, veste-os com nova roupagem, com cores mais vivas, ao propor que todas as construções da aprendizagem também são construções da atenção, e estas, por sua vez, são engendradas na intersubjetividade e matizadas pela cultura de cada tempo histórico. Trata-se de um livro que não fala somente sobre a atenção requerida para a aprendizagem, mas, sobretudo, sobre a aprendizagem da atenção.

Nosso tempo, já sabemos, privilegia o foco. Cenas impactantes como as do clássico filme "A Laranja Mecânica" de Stanley Kubrick mostram uma das terríveis torturas que se pode infligir a um ser humano: obrigá-lo a assistir ao espetáculo do mundo sem poder pestanejar. São, também, cenas que nos fazem lembrar que uma das facetas mais valorizadas da atualidade é justamente a que prioriza o foco. Modelos e crenças educacionais, tanto familiares quanto escolares e laborais, pautam-se sobre a ideia de que "estar atento" é o mesmo que "estar focado". Todavia, a experiência cotidiana e as pesquisas atuais mostram que "foco" e "concentração" não são sinônimos e que, se em uma sala de aula, um professor pede aos alunos para que "olhem e prestem atenção", com a intenção de que, com isso, garantam uma boa aprendizagem, podem se surpreender com a não eficácia desse gesto para alcançar seus objetivos. Por sua vez, a distração pode ser um momento importante de concentração, muito embora possa parecer, em um julgamento apressado, que qualquer distração seja indesejável e considerá-la como sinônimo de dispersão. Como saber? Como tudo em sua obra, Alicia não diz como fazer, qual técnica aplicar. Melhor, sugere como não fazer, o que não seria bom para os fins do trabalho psicopedagógico, aquele que busca construir espaços de autoria de pensamento. Não seria bom prejulgar, preconceber, observar o comportamento e dar um diagnóstico sem realizar uma pesquisa criteriosa sobre manifestações aparentemente já decididas nos manuais de diagnóstico e propagadas nos meios de informação. Privilegiar o foco sem estudar a fundo o necessário fluir da atenção pode favorecer uma pedagogia de resultados, sem a devida compreensão daquilo que se está produzindo como resposta.

Neste livro, a autora tece minuciosamente a arquitetura do fenômeno atencional, apresentando os materiais da vida *in status nascendi*, falando da importância de cada gesto devolvido ao outro, cada imagem própria construída no olhar do outro. Como em todas as suas obras, dedica-se também a refletir sobre a adolescência e no tanto que os adultos têm para aprender com os modos atencionais dos jovens.

Habitar o espaço *entre* do fenômeno atencional, habitar simultaneamente o dentro e o fora, exige uma profunda e difícil reflexão ética e existencial. Como a autora vai discorrendo, ao longo dos capítulos, não é suficiente dizer que somos adultos, que não habitamos o mundo da mesma forma que os jovens, tão inundados por tecnologias e pela cultura interativa. Posicionamentos desta ordem, que ficam assim enunciados, sem maior reflexão, podem gerar dois tipos de cristalização: somos adultos e os jovens são dispersivos e estão errados ou então, somos adultos, a tecnologia venceu e perdemos o trem da história. É bem verdade que os meios teletecnomidiáticos revolucionam as formas de atender, de se comunicar, de aprender e de ensinar. Porém, revolucionar não é sinônimo de destruir, e os espaços de autoria iniciam onde há o reconhecimento daquilo que se é e do que se tem sido e construído ao longo da existência. É somente sobre esses materiais que podemos começar a pensar. Se somos os adultos do mundo de hoje, somos responsáveis pela educação dos jovens. Mais do que nunca, a psicopedagogia torna-se necessária, pois carrega em sua composição conceitual, compondo com a própria vida, uma das ideias mais ricas e necessárias para enfrentarmos nossos tempos massificados de pensar e de atender: a construção de espaços de autoria de pensamento. Espaços que resgatam a potência do pensamento, em que cada ser humano pode fazer contato com suas fragilidades, não para sucumbir a elas e considerar que está tudo perdido, ao contrário, para sentir que a dor não é para ser negada, mas para ser enfrentada, não para depreciar o conflito, mas para transformá-lo em palavras que possam, pouco a pouco, construir compreensões mais amplas nas quais se imaginava que nenhuma semente poderia prosperar. Mas também, fazer contato com as alegrias, aquelas que, por si sós, facilitam a abertura de novos caminhos e possibilidades. São espaços, sobretudo, de resistência. E essa é, talvez, uma das maiores virtudes desta obra: cada página é uma página de resistência, pois tal como moinhos de ventos, Alicia busca na alegria da autoria a força necessária para semear terrenos férteis de pensamento, combatendo o solo seco e amortecido pela tragédia das epidemias fabricadas pela cultura. Coloca problemas que atravessam nosso corpo e nosso tempo. Elabora seu livro de braços dados com pensadores da psicopedagogia, da psicanálise, da filosofia, da arte e da literatura, o que atesta, mais uma vez, que estamos diante de fenômenos muito complexos, não redutíveis a um único olhar e para os quais qualquer apelo ao homogêneo é uma esterilizante negação do plural, do complexo, das diferenças.

Iniciamos esta apresentação com a frase que tem sido um *slogan* da vida atual: "o mundo nos chama", para o qual a atenção tem a face voltada ao exterior. Concluímos dizendo: ali onde se pensa, se sente, se atende e se diz, é onde se vive no mundo. Aí reside a responsabilidade da autoria de pensamento, não um predicado de nossa existência, mas uma operação que a torna possível.

Regina O. Sordi

Introdução

A presente "Introdução" havia sido pensada por mim como um capítulo final; todavia, aqui está... no princípio.
Iniciar é difícil, mas mais difícil ainda é colocar um ponto final, pois não escrevemos para mostrar o já pensado, mas para pensar. Isto supõe ler e reler o escrito. Foi assim que, quando me encontrava escrevendo o que para mim seria o último capítulo – sobre a alegria –, descobri que essa temática percorria o conteúdo de todos os capítulos anteriores, razão pela qual não era mais necessário escrever. Então decidi que – como a "potência atencional da alegria" não fecha, mas abre o caminho para o compartilhamento com os outros – as ideias que eu estava escrevendo deveriam figurar no início.
Além disso, a escrita é um exercício maravilhoso de "estar a sós, junto com múltiplos outros disponíveis com os quais e a partir dos quais surgem os sentimentos e pensamentos que se fazem palavra. Outros que – neste momento se personificam em VOCÊ" querida ou querido leitor ou leitora que, por sua vez, estará "a sós junto com a disponibilidade deste texto" que me torna presente. Provavelmente, descobrirá algumas de suas próprias ideias que talvez aprendemos juntos, ou talvez se encontrará em algumas experiências compartilhadas, mesmo que ainda não nos conheçamos.
Digo que estava difícil colocar um ponto final. Então, com alegria, encontro uma superfície de inscrição para "estar durante", no término e no início... alegria que inclui um agradecimento a numerosos docentes, psicopedagogos, psicólogos e famílias que conseguiram descobrir sua capacidade de *prestar* atenção, que estava escondida sob o pavimento do déficit ou do excesso.

Potência atencional da alegria

Para promover a *capacidade atencional*, assim como para retirá-la do aprisionamento, precisamos realizar uma operação muito anterior ao diagnóstico de seus déficits: resgatar a potência atencional da alegria.

A alegria é disposição ao encontro do imprevisto. Distrair-se do previsto, do imposto e da dificuldade, para *atender* a possibilidade, que é a condição básica para aprender e a substância do brincar. É partindo deste lugar que se presta "atenção". Estar suficientemente distraído para deixar-se surpreender e suficientemente atento para não perder a oportunidade, diz Sara Paín.

A alegria pelo encontro com a diversidade, a capacidade de surpresa e a espontaneidade sendo algumas das fontes nas quais se nutre a autoria e que são, por sua vez, os ingredientes básicos da *capacidade atencional*.

Desde a década de 1990, constatamos, no Espaço Psicopedagógico Brasileiro-Argentino (EPsiBA), a necessidade de resgatar o valor da alegria como o caminho para resistir ao avanço dos modos de subjetivação que a globalização das leis de mercado, com sua ética do êxito, estava impondo. Naquele contexto, o psicanalista Jorge Gonçalves da Cruz (1996) diz:

> A alegria está mais próxima da carícia, de uns dedos, uns lábios, que caminham por um corpo... mais próxima ainda se as mãos desenham essa carícia sem tocar seu objeto, e sem afastar-se mais do que uns poucos milímetros... Talvez, a alegria se aloje na mínima distância entre aquela mão e esse corpo... como quando se atiram pedrinhas na água (...).

A autoria do pensamento – trabalho e objeto da prática psicopedagógica – não pode ser expropriada por ninguém se não nos autoexpropriamos da mesma. Esta tarefa é um trabalho *em* e *de* alegria. Alegria não é algo *light*, não é "alegrismo".

Precisamos resgatar a *potência atencional da alegria* das feridas produzidas pela banalização da dor, do esvaziamento da ternura, da negação dos mal-estares sociais, do tédio e do despojamento da subjetividade.

O bobo da corte surgiu nas antigas "cortes de imperadores", distraindo a atenção para que não se ultrapassassem as muralhas e tentando calar os cantores populares*. O bobo da corte banaliza e obtura a reflexão. O

---

* N. de T.: "juglares", do espanhol, "cantores populares". A palavra "juglar" faz referência àquele que transgride o solene, criador de poesias e canções populares de resistência ao poder.

brincar promove a reflexão poetizando-a e cantando-a mesmo diante da dor. Nas "cortes" – agora os "Impérios do Mercado" – os mecanismos de banalização cumprem a função dos antigos bobos da corte... Mas também, veem-se aumentados por novos e múltiplos cantores populares que se fazem ouvir; além disso, os muros dos "castelos" já estão começando a rachar.

Conforme nos diz Winnicott, "A lógica se configura em um ponto do ilógico". A ciência nasce da poesia, já que a poesia formula a pergunta, abre a greta na pedra. Quem não se permite a pergunta e o perguntar-se, se aborrece. As gretas das ideias e as teorias são os espaços por onde trabalha o pensar.

O consumismo mais perigoso é aquele que se instala no plano das ideias. Quando "a oferta determina a demanda", dificulta-se o escolher e a *atividade atencional* se apaga. Pode surgir, então, um *tédio atencional*. Aborrecer-se é homologar e banalizar. Rechaçar as diferenças. Não se assombrar, crer-criar-se hoje igual a ontem, crer-criar o amanhã igual a hoje.

Alegrar-se é divertir-se, "fazer-se" diferente. Aborrece-se quem deixou roubar a possibilidade de escolher, quem entregou a outro a decisão do que deve pensar e em que deve "prestar atenção".

Psicopatologizar a tristeza é matar a alegria

Sem alegria, a dor se faz impensável, porque se "in-diferencia" daquele que a tem. A alegria permite diferenciar-nos da dor, inclui um limite, uma fronteira entre o sentimento que embarga e nós mesmos. Somente a partir daí a dor se faz pensável.

Produzimos lágrimas, tanto de alegria quanto de tristeza, quando nos "(co)movemos", nos movemos junto com outros. A indiferença nos "seca".

Quem não permite visibilizar as próprias lágrimas de tristeza e indignação diante das perdas, das injustiças e dos mal-estares sociais, não poderá verter lágrimas produzidas pela alegria da autoria.

Assim como a "síndrome do pânico" aparece quando não se permite ao jovem expressar o necessário temor (que a coragem de mudar requer), as "depressões" podem surgir ante a ausência de espaços para compartilhar as tristezas e produzir algo a partir delas.

As depressões ocupam, no momento atual, o lugar da histeria da época de Freud. Entendemos seu crescimento como um sintoma social contemporâneo.

Não é casual que a depressão, a desatenção e a hiperatividade sejam "sintomas" de nossa época. Assim como em séculos passados, a histeria velava e revelava as formas de subjetivação imperantes, hoje estamos submetidos à banalização da dor, à fragmentação, ao excesso e ao tédio que adormecem a alegria e o espírito lúdico.

Donald Winnicott dizia que a criança "hiperativa" demonstrava a deterioração do brincar. Quando a criança está brincando, a potência atencional da alegria conecta-a simultaneamente com o incomensurável de seu desejo e o mensurável do limite que o mundo real lhe oferece. Experiencia-se como partícipe ativo entre o impossível e o possível. A atividade lúdica é integradora do pensar e do desejar. Ali não cabe nem desatenção, nem hiperatividade.

Existe uma relação entre o estreitamento dos espaços do brincar criativo e espontâneo nas crianças e o aumento exponencial de diagnósticos de "desatenção e hiperatividade". Obviamente, são os adultos que realizam os diagnósticos e como diz o psicanalista Mario Waserman (2008):

> Pode-se ver, com clareza, que, contratransferencialmente, quanto mais dispersa e superficial é a atenção, maior é a demanda de atenção do outro. Isto é o que finalmente leva um adulto à rejeição em seu âmbito de trabalho e permite compreender o desespero dos professores.

Sabemos, como explica o psicanalista Ricardo Rodulfo (2008), que o brincar da criança desenha seu próprio limite, razão pela qual brincar não precisa ser imposto de fora, pois a potência atencional da alegria, por si só, busca um descanso nos estados tranquilos de relaxamento. Quando não há um meio facilitador que ofereça uma superfície de inscrição ao brincar, este pode degenerar em excitação e estados ansiosos hiperativos que não encontram seu próprio limite.

Os modos de "desubjetivação" atuais têm efeitos catastróficos também em relação aos adolescentes. Sabemos que a chamada "crise adolescente" produz momentos de isolamento e tristeza que costumam aparecer como episódios depressivos passageiros que, ao não encontrarem um espaço que os contenha e os *atenda*, podem apresentar graves derivações.

O suicídio de adolescentes é um drama que, talvez por seu caráter incompreensível, permanece silenciado. Na atualidade, muitos jovens menores de 16 anos precipitam-se em tentativas de suicídio (às vezes fatais) que poderiam ser evitadas. A psicanalista brasileira Maria Rita Kehl (2010) apresenta um dado alarmante: os "transtornos depressivos" são, atualmente, a quarta causa mundial de morte e incapacidade, alcançando 121 milhões de pessoas no planeta, sem contar com aqueles que nunca fizeram um "diagnóstico"*. "A crise adolescente perdeu seu antigo prestígio". Em alguns ambientes escolares, quem se mostra triste, "deixa de ser popular" entre seus companheiros e, às vezes, deixa também de satisfazer a seus pais e professores, imersos na lógica do êxito. A autora mencionada considera a depressão como uma expressão de dor psíquica que desafia todas as pretensões de programar a vida humana na direção de uma otimização de resultados. Talvez as depressões (com suas diversas máscaras), convoquem-nos a vislumbrar o saber que pode estar contido na tristeza.

Ao patologizar e medicar as diversas "dores da alma" – como chama Elisabeth Roudinesco – rouba-se do sujeito o tempo necessário para superar a comoção que produzem os momentos de crise. As tentativas de cura através de psicofármacos correm o risco de atropelar o tempo psíquico que o sujeito necessita para recuperar sua capacidade de simbolização.

Ante a falta de interlocutores solidários, a "desatenção", a depressão (com sua máscara de hiperatividade) e até a tristeza são "inconvenientes" a serem medicados com urgência para que o sujeito permaneça dentro da "Corte do Império de Mercado" e participe da imaginária "festa dos incluídos".

Todavia, nos tempos atuais, na América Latina, muitos "poetas/criadores de suas próprias letras" adolescentes, fora das muralhas, inventam novas estratégias para compartilhar suas tristezas (através da internet, protegidos pelo anonimato), ou encontrando o potencial atencional da alegria através da participação em projetos sociais coletivos. Por sua vez, muitos professores, psicopedagogos, psicólogos e outros agentes de saúde e educação, resgatam o valor da subjetividade e abrem outras "residências" onde aqueles "cantores populares" podem aprender.

Os *espaços atencionais* são intersubjetivos; neles, pode se desenvolver e experenciar a genuína alegria da autoria. Alegria que vem de mãos dadas com a capacidade para a surpresa e a espontaneidade, conformando a ener-

---

* O termo "depressão" leva à confusão. Necessitamos distinguir a "depressão" de estados afetivos como a tristeza, a angústia, o tédio. E, por sua vez, todos eles podem aparecer disfarçados de desatenção ou hiperatividade. Ainda conforme Kehl (2010): "Os suicídios de crianças e jovens entre 10 e 14 anos aumentaram 120% nos Estados Unidos. No ano de 1995, morreram mais jovens estadunidenses por suicídio, do que pela soma de câncer, AIDS, pneumonia, derrame cerebral, enfermidades congênitas e cardíacas. Há poucos anos, para o adolescente, sentir angústia, estar em crise, era considerado sinal de maturidade, que ele podia compartilhar com seus amigos, provando, desta maneira, sua sensibilidade, provando também seu espírito crítico ou seu questionamento em relação ao mundo adulto e, também, seus ideais elevados. O adolescente que se deprimia não se desesperava, nem se isolava de seus companheiros, que sabiam valorizar, escutar sua crise. Os amigos podiam se identificar com ele, ainda não viviam sob as ordens da sociedade do espetáculo."

gia imprescindível para que a agressividade saudável, criativa e necessária ao processo de pensar não se transforme em violência contra o mesmo sujeito e contra seu entorno.

O desânimo, a queixa, o tédio nos adormecem, e a força da pulsão epistemofílica cai quando se perde a empatia (considerada pelo filósofo italiano Franco Berardi (2007) como uma compreensão erótica do outro). O filósofo diz:

> A deserotização é o pior desastre que a humanidade pode conhecer, porque o fundamento da ética não está nas normas universais da razão prática, mas na percepção do corpo do outro como continuação sensível do meu corpo. Aquilo que os budistas chamam de a grande compaixão, isto é: a coincidência do fato de que teu prazer é meu prazer e teu sofrimento é meu sofrimento..."

É necessário diferenciar a alegria do *estar contente* e a autoria da tão comentada *autoestima*. Pode-se estar alegre e, ainda assim, não estar contente, nem satisfeito, nem ser complacente consigo mesmo, já que a alegria pulsa, inquieta, convoca a compartilhar com os outros.

A alegria, como a autoria, nutre e é nutrida pela "heteroestima", mais do que pela autoestima. Estou postulando o termo *heteroestima*, proposto por Jorge Gonçalves da Cruz (1996), para recordar que somente com uma abertura à alteridade deixaremos falar os "outros" que nos falam, pois através de estimar e *atender* os outros, poderemos estimar a nós mesmos.

O estar contente, por si só, não gera nem promove mudanças. Satisfaz-se a si próprio. Por sua vez, a alegria deixa sempre um *plus* de indeterminação.

Reproduzirei, então, algo que escrevi em 1999 e que cobra cada vez mais atualidade (Fernández, 2001c):

> Recuperemos a alegria.
>
> A terra onde nasce foi asfaltada. O cimento que a asfixia está composto de tédio, abulia, tristeza, aborrecimento, desesperança.
>
> A tristeza não é a responsável por amordaçar a alegria. Tampouco é a angústia. Pelo contrário, sentir angústia é a mostra de que, por debaixo do cimento, ainda resta uma terra fértil. Terra úmida, húmus humano, por onde pode brotar a autoria que irá rachar o cimento.

Pelo pavimento do tédio deslizam facilmente frustração, anorexia, bulimia, inibição cognitiva, síndrome do pânico e drogas (as ilegais e também as receitadas). As crianças, brincando na intempérie da frustração asfaltada dos adultos, talvez busquem com "inquietude", "hiperatividade" e "desatenção", algo de terra debaixo do alcatrão.

Ao pavimentar a alegria, a mania se oferece como sua máscara tétrica: a mania é a gargalhada vazia. Sinistro trejeito de sonhos dormidos, mesmo antes de serem sonhados.

Conhecer, escutar, perguntar, abrir os olhos, olhar, falar, podem fazer sofrer, mas não matam a alegria, já que a alegria é o reconhecer-nos com a possibilidade de mudar.

Esconder, fechar os olhos, tapar os ouvidos, calar, medicar, traslada, desloca a dor, adoece.

O contrário da alegria não é a tristeza, mas o aborrecimento, a omissão, o desaparecimento.

É a partir dessas considerações que proponho "prestar atenção*" à "hipoatividade pensante, lúdica e criativa", pois ela é um terreno fértil para as depressões que costumam se mascarar como "falta de atenção", desinteresse, apatia e "hiperatividade", principalmente nas crianças.

---

* N. de T.: O espanhol coloca o verbo prestar (entregar provisoriamente algo a alguém que deverá ser devolvido) diante da palavra atenção. Provavelmente, seria necessário atender ao modo espanhol de pedir atenção. A atenção que o aluno dá, de fato, ele somente a empresta, é dele e a ele deve ser devolvida. Trecho retirado do livro: FERNÁNDEZ, A. *Os idiomas do aprendente*: análise das modalidades ensinantes com famílias, escolas e meios de comunicação. Porto Alegre: Artmed, 2001. p. 241.

1

A capacidade atencional

A capacidade atencional e o "olhar"

A intenção é analisar a capacidade atencional partindo de uma postura que permita resgatar as capacidades, em vez de definir os déficits. Ao longo deste livro, estudaremos diversas atividades que participam dos processos atencionais: o olhar, o escutar, o tocar/acariciar/agarrar, o brincar...

Iniciarei relatando uma cena que considero paradigmática, que diz respeito à constituição dos espaços atencionais nos quais a capacidade atencional se desenvolve.

Nova cena: a criança se descobre nos olhos de outro

No jardim de sua casa, um menino de quase 3 anos e sua avó, iluminados pelo sol, sentados no gramado, estão brincando. Um em frente ao outro. Entre ambos, a terra, uns brinquedos e a luz do sol. De repente, o menino ergue a cabeça e, olhando para os olhos da avó, diz entusiasmado:

– Olha! Olha! Estou eu, aqui, pequenininho, dentro dos teus olhos!... Olha!

Faz-se um instante de silêncio. A avó, cheia de alegria pela descoberta da criança, não pode corresponder ao pedido para ver o mesmo que ele vê e diz:

– Mas eu não posso te ver em meus olhos, mas...vamos ver... vamos ver... posso me ver bem pequenininha em teus olhos grandes!

A criança e a avó seguem brincando no gramado.

Cena nova: necessita do outro humano para se produzir. Nova cena, para além do espelho. Saindo do espelho e atravessando-o. Nova cena, produtora de diferenças. Criada no espaço *"entre".* Espaço de diferenciação. Espaço de jogo.

Nova cena, fugaz e marcante pela alegria do encontro consigo mesmo. Cena nova, efêmera e pungente pela surpresa de se descobrir (no outro) diferente.

O menino constrói a cena. Ele chama a atenção do adulto e este deve aceitar ver-se pequenino e transformado.

Nova cena. Metáfora da transferência.

Nova cena: requer que o outro humano empreste seu olhar.

Cena efêmera: sua duração é o instante do descobrimento, a partir daí, dirige-se ao mundo.

Nova cena, de onde deve nutrir-se toda tarefa diagnóstica. Aceitando que, quando olhamos/diagnosticamos, precisamos reconhecer-nos pequenos ante a grandeza e a complexidade que o outro nos oferece.

Nosso papel é oferecer uma superfície para que a pessoa atendida, desde o primeiro momento do diagnóstico, possa ir encontrando-se, para além do sintoma que o traz à consulta e para além do alcance de nosso próprio *olhar.* Oferecer um tempo para que aquele que atendemos descubra algo novo sobre si mesmo.

Resgatando a etimologia do vocábulo olhar

O organismo provê a visão, mas o corpo (que é atravessado pelo desejo e pela significação na relação intersubjetiva), constrói o *olhar.* Aprendemos a olhar com a marca daqueles que nos olham. Os olhos facilitam o ver, mas não o garantem; por isso, os cegos podem aprender a ver com os dedos e através dos poros de toda a pele.

Em suas origens, o termo olhar/*mirar* (do latim, *mirari*), significou maravilhar-se/assombrar-se, ficar curioso, surpreender-se. Sentir-se *estranho diante do outro. Admirar-se* ao descobrir a diferença. Assim expressa o dicionário Corominas (1991): "Mirar, ao princípio, significou em espanhol antigo o mesmo que em latim: maravilhar-se/assombrar-se, surpreender-se, ficar curioso, admirar". Em seguida, a partir do século VII, foi perdendo o caráter de *curiosidade* e foi deslizando para o sentido único de *contemplar.* No transcurso de uma investigação que estamos desenvolvendo (*Situação* *da Pessoa Prestando Atenção**), a respeito das atuais representações sociais sobre os processos atencionais, encontramos que a maioria das crianças e dos adolescentes "escolarizados" associam o ato de *prestar atenção* com *olhar/contemplar.* Dirigir o olhar a um objeto portado pelo outro ou à prevenção de uma situação de perigo. A prática clínica e educativa nos mostra que os processos atencionais que permitem aprender relacionam-se mais com a curiosidade ativa (primeira acepção do olhar/*mirar*), do que com a passividade da recepção imitativa.

Por outro lado, para a população que não frequenta a escola (crianças pequenas e adultos não vinculados às tarefas escolares), abrem-se outros sentidos possíveis do *prestar atenção:* associando o olhar e escutar com a surpresa, a descoberta, a admiração, o interesse, o ser solícito... quer dizer, significações mais próximas à amplitude e ao aspecto ativo e subjetivo que inicialmente tinha o verbo olhar/*mirar.*

Tanto em nossa prática clínica como no desenvolvimento da investigação mencionada, confirmamos que até mesmo os alunos exitosos na aprendizagem, majoritariamente, representam a cena de *prestar atenção* do seguinte modo: um escolar dirigindo sua visão vertical e unidirecional a um objetivo (quadro-verde, livro, professor). Entretanto, suas práticas atencionais não correspondem à representação que apresentam, pois para aprender e atender, eles colocam em jogo um olhar-escutar amplo e flutuante que inclui momentos de distração.

O fato de que a equação atender=olhar (entendendo *olhar* como reproduzir, imitar, fotocopiar) se apresente com recorrência, principalmente entre os escolares, mostra a incidência que tem a instituição escolar no estabelecimento e na cristalização, tanto do *olhar* quanto do *atender.*

Sabemos que, habitualmente, existe uma disparidade entre as práticas e as representações sociais, pois as práticas vão se modificando com maior rapidez do que as representações que as sociedades vão produzindo. As representações sociais, de alguma maneira, cumprem a *função de dissimular para os atores sociais o que eles são e o que fazem* (Castoriadis apud Fernández, 2007).

---

* Desde o ano 2000, EPsiBA. (Espaço Psicopedagógico Brasileiro-Argentino) coordena uma investigação denominada SPPA ("Situação da Pessoa Prestando Atenção"), que vem funcionando em rede, em cinco países. É uma investigação de caráter qualitativo e exploratório sobre as modalidades de atenção e representações sociais sobre os processos de atenção nos contextos atuais.

Em termos da representação sobre o *prestar atenção*, devemos considerar as questões que aprofundam tal disparidade, afetando negativamente o trabalho educativo.

Por um lado, a instituição psiquiátrica sustenta um critério para o diagnóstico de déficit atencional que se apoia e reforça a representação social e, por outro, os desenvolvimentos teletecnomidiáticos aceleram a modificação das práticas atencionais.

Lamentavelmente, a identificação "atender igual a olhar/contemplar" ao operar como um suposto subjacente a diversas classificações psiquiátricas vai estabelecendo uma "ordem de normalidade". Isso se observa na enumeração de descrições comportamentais utilizadas no DSM-IV (American Psychiatric Association, 1995) para realizar diagnósticos de Déficit de Atenção, em que se descarta, e até se considera patológica, toda modalidade atencional que escape à representação social dominante.

Nas últimas décadas, a incidência do teletecnomidiático, privilegiando imagens visuais (com sua marca de vertiginosidade e simultaneidade), exige e favorece cada vez mais a fluidez, a flutuação e a amplitude do olhar, para possibilitar prestar atenção e aprender.

Desse modo, os "parâmetros de normalidade" estabelecidos pelos manuais psiquiátricos, difundidos e banalizados pelas *mídias*, incidindo nas práticas educativas, nas avaliações pedagógicas e nos diagnósticos psicológicos, intervindo como um elemento propiciador da exclusão escolar, excluem muitas crianças através de seus diagnósticos, para logo em seguida, proporem que a escola as "inclua". Postulo a necessidade de resgatar a multiplicidade de sentidos que o termo *olhar* abre desde seu início, associando-o ao deixar-se surpreender, permitir-se ver diferente, ativo, transformador e criador. Um olhar amplo, não direcionado, não focalizado, mais flutuante e desconcentrado do que concentrado. Um olhar/atender que permite distrair-se dos objetivos *pré-vistos* (a palavra *previsto* nunca foi mais adequada do que nesse contexto).

O excesso de *pré-visão* costuma amordaçar o olhar, impedindo-nos de desfrutar o milagre da surpresa de encontrar o que não buscávamos. Recordemos que olhar/*mirar* figura na origem etimológica da palavra *milagro*. Sensação de milagre que, às vezes, permite-nos sentir na captação estética.

Atendemos porque nos atendem. Conhecemos porque nos reconhecem. Podemos *prestar atenção* e conhecer, porque nosso pensar flutua entre a certeza e a dúvida, enquanto nossa atenção se dispersa entre o que vemos e a amplitude flutuante de um olhar criador. Isso acontece porque podemos brincar.

Tanto o olhar quanto o escutar, assim como o tocar, o pensar, o desejar, a corporeidade e a dramática de cada um, participam na cena do "prestar atenção". Como vai se desenvolvendo esse processo? Quais são seus momentos paradigmáticos, nos quais o olhar se torna protagonista fugaz na constituição da capacidade atencional?

Tratarei de assinalar uma certa sequência no desenvolvimento dos espaços atencionais e analisarei cada uma delas como cenas, incluindo e ampliando as anteriores.

Por que pensar em cenas?

A cena é uma construção entre o que se vê e o que se olha. A cena inclui, necessariamente, os outros na relação conosco.

Na prática psicodramática, aprendi a importância de "pensar em cenas" (Fernández, 2001c), pois permite-nos abrir um espaço entre o que vemos e o que o outro e o mundo nos mostra. Por isso, na prática psicodramática, não somente se evidencia o valor terapêutico da representação de cenas vividas, como também pode ser um laboratório para observar como opera a atividade atencional.

Na medida em que se dramatiza uma cena, a potência atencional vai-se abrindo criativamente. A *espacialização* e a participação dos corpos nesse novo espaço que se abre permitem ao sujeito que participa, a descoberta de algo novo sobre si mesmo, assim como sobre os outros personagens e, por sua vez, ao ampliar o horizonte em que se situa o acontecimento dramático, possibilita que sua atenção não fique aprisionada em um só centro.

As cenas jogadas nos espaços psicodramáticos operam como diferenciadoras, produzindo diversos espaços "entre", espaços *atencionais* em que o pensar e o sentir podem trabalhar.

Cena: espaço de hospedagem e diferenciação

Entre o que se vê e o que se *olha* produz-se uma *cena*, um espaço diferenciador, espaço em que se inclui a autoria do sujeito que olha. Espaço em que o que se vê é e não é o que é. Espaço atencional em que o sujeito se aloja transitoriamente.

A etimologia da palavra *cena* inclui dois vértices: a) espaço de hospedagem transitória, espaço de amparo, de proteção momentânea e b) lugar onde se brinca, se representa, mostra-se um acontecer.

Assinalo essas duas acepções, pois *cena* deriva de um vocábulo latino e outro grego. A origem latina surge do termo *scaena*, que se utilizava para denominar cenário ou teatro, o lugar onde atuar (*to play*) uma obra de teatro, onde se mostrava algo para que outros, a partir desse cenário, como superfície de alojamento transitório para os atores, pudessem *olhar*/interpretar/construir múltiplos sentidos.

A etimologia da palavra *escena* também tem outra raiz: o termo grego que lhe dá origem, faz referência a "choça" ou "tenda" que os nômades constroem para se alojarem por um breve tempo em sua travessia, mostrando a possibilidade de amparo que só permitirá continuar o caminho se seus habitantes não se instalarem ali. A cena é uma residência transitória.

Utilizarei o conceito de cenas para assinalar o desenvolvimento dos espaços *atencionais* desde o nascimento até a idade adulta. Dois aspectos inerentes a toda cena são evidentes naquilo que eu chamo "nova cena": seu caráter lúdico e de alojamento transitório. Pois o olhar-se um no outro, nos olhos (a descoberta de cada um na superfície carnal do outro), não pode se sustentar mais do que um instante e leva imediatamente a sair desse foco. Mas ambos saem enriquecidos, nutridos, pois conseguem brincar: a superfície que o espelha é e não é.

Há algo entre o que vejo e o que constrói meu olhar que é singular e diferente do que pode construir o olhar do outro.

A tragédia mítica de Narciso não teria existido se fosse dada ao jovem a oportunidade de brincar, entrando e saindo da superfície que o espelhava. O brincar é que teria criado um espaço entre o espelho e a visão.

Narciso busca e descobre uma superfície que o reflete e um corpo (outro) que responde à sua palavra. A jovem Eco o vê e deseja falar com ele, mas se esconde e só devolve um pobre eco, pois o poder da palavra foi-lhe retirado.

O clímax do drama é esse encontro/desencontro, pois a superfície aquosa que o espelha não consegue servir como espaço de alojamento, e ali se colapsa a esperança do encontro.

Quero destacar a importância e a relação entre o modo de ser atendido e o desenvolvimento da capacidade atencional.

No desenvolvimento da capacidade atencional, quando o bebê se encontra em um ambiente que não outorga contenção suficiente, que não lhe permite de alguma maneira "predizer" as respostas "maternas" e quando, como disse Winnicott (1975), o bebê se encontra com uma mãe/ambiente que, quando o filho a busca, só reflete seu próprio estado de ânimo ou a rigidez de suas defesas:

> [...] provoca uma ameaça de caos, e a criança organiza sua retirada, ou não olha, salvo para perceber a maneira de se defender. [O que assim

é tratado] crescerá cofusa no que diz respeito aos exemplos e aos que estes podem oferecer. Se o rosto da mãe não responde, um espelho será então algo que se olha, mas não algo dentro do qual se olha.

Nova cena: atravessando e complexificando o espelho

Estou denominando – "nova cena" – aquela em que a criança se descobre no olhar do outro, pois considero-a como paradigma de uma construção necessária, que provavelmente terá um momento privilegiado ao redor dos três anos. Construção que precisa ser continuada e ressignificada durante toda a vida como trabalho psíquico de diferenciação e encontro com a multiplicidade que nos habita e é por nós habitada.

Considero que no chamado "estágio do espelho" (anterior ao que estou denominando "nova cena") não se faz evidente para a criança a presença da multiplicidade como lugar onde pode se reconhecer, diferenciando-se do outro e de sua própria imagem. No entanto, na "nova cena", não só consegue ver-se a si mesma no outro (sempre que o outro aceite também ver-se nela), mas também pode evidenciar o espaço de autorias produtor de diferenças. Colocando nossas palavras no que toda criança poderia dizer à sua mãe na *nova cena*, seria mais ou menos assim:

> Precisei alojar-me em você, desenhá-lo com minhas carícias e que suas carícias me desenhassem.
> Precisei que nos olhássemos juntos no espelho e que você me dissesse:
> – Olhe-se ali, junto a mim. Esse é você.
> – E eu nos via no espelho, juntos, dois corpos ali replicados.
> Você iniciava a cena. Eu o acompanhava. Agora sou eu quem inaugura uma nova cena, que posso construí-la também com outros. Sou eu quem descobre a cena e digo a você:
> – Olha-me, ali estou eu, inteiro, porém pequeninho. E você tem que aceitar, e eu também, que não pode me ver ali onde eu me vejo. E eu me vejo separado de você e isso me dá alegria. E logo você descobre que eu também ofereço uma superfície para que também possa olhar para você e você também terá que aceitar ver-se pequeninho.

O que vemos no olho de quem nos olha diferencia-se da imagem que nos devolve o espelho.

O cruzamento de olhares entre a criança e o adulto na cena descrita foi fugaz. Não poderia se sustentar por mais de um segundo. O tempo exato para descobrir "que está e não está ali", em um modo de atender flutuante entre a imagem vista e a superfície que a aloja, que não é de um adulto simplesmente, mas de seu olhar atento.

Várias são as diferenças que encontro entre a descoberta do reflexo que um espelho nos devolve de nossa imagem e a descoberta (como na "nova cena") nos olhos de outro que nos olha.

A imagem própria que encontramos nos olhos de outro:

- Está diminuída e alterada.
- Aparece simultaneamente duplicada nos dois olhos, conectando-nos com a surpresa do ato criativo, do ensaio, do efêmero que deixa a permanência da marca ao se desvanecer. Marca que, com sua ausência, deixa a presença e o poder de fazê-la reaparecer. Experiência de autoria, de ser gestor do que já está ali, "desse que sou eu".
- Surge no espaço "entre". Não é criada por mim, nem pelo outro. É criada pelo "entre".
- O outro me oferece a superfície carnal para que eu me aloje transitoriamente.
- O outro não pode me ver como eu me vejo, nem pode se ver como eu o vejo.
- O outro não pode ver a minha imagem que ele me devolve, a não ser através da imagem dele mesmo que eu devolvo quando nos olhamos.
- Só se vê a própria imagem se o outro nos olha.
- A cena transcorre em um espaço lúdico, em uma zona de jogo onde ninguém dirige, nem comanda para onde deve se dirigir a atenção ou, mais ainda, (como na cena descrita), é a criança que chama a atenção do adulto, esperando que ele possa vê-la onde ela se vê. É aqui que o adulto se conecta com sua impossibilidade e necessita aceitar que nunca poderá ver (diagnosticar) o outro, se não aceitar saber-se pequenino ante a grandeza incomensurável de um outro.
- Apesar de efêmero, o poder de persuasão do olhar mútuo é tão marcante, que imediatamente devemos ampliar o olhar e situá-lo em outros centros.

Quero destacar que dois aspectos inerentes a toda cena ficam evidentes na "nova cena": seu caráter lúdico e seu caráter de alojamento transitório.

Do mesmo modo, a "nova cena" é o suporte de um jogo e só pode ser criada no espaço lúdico.

De início, consideramos que o olhar não se aprende. Ver não é olhar. Pode-se alcançar a riqueza do olhar ainda que não se veja e uma boa visão não nos garante o olhar.

Encontramos uma sequência desde a cena do "estágio do espelho" à "nova cena" e à "confluência de olhares comuns em um objeto a conhecer". Quer dizer, desde a cena do espelho até a confluência de olhares de quem ensina e de quem aprende, dirigidas a um objeto como lugar terceiro, que costuma ser chamado "objeto de conhecimento", ocorre uma quantidade de processos, de idas e voltas, em complexidade simultânea e onde entram em jogo as capacidades atencionais de seus participantes. Podemos falar de um espaço atencional que se cria entre a posição ensinante e aprendente.

Prévio às três situações que tratamos aqui como cenas marcantes de uma inflexão no processo construtivo do espaço atencional, encontra-se outra cena, anterior a elas (pois inclui o olhar, o escutar e o acariciar) e suporte de todas as posteriores que chamarei *cena lúdica original e permanente*.

Cena zero? Cena lúdica original e permanente

Se houvesse a "cena zero", qual seria? Zero, mais do que inicial, do que suporte, do que aquilo que permite atribuir sentido às cenas (anteriores e posteriores) do que atender e do que olhar/escutar/tocar como resposta. É a "cena lúdica", na qual o olhar/escutar/tocar tornam-se brincar.

Para brincar não se necessita de um brinquedo previamente fabricado, os bebês já nos ensinam isso desde bem pequenos. As crianças brincam "inventando" jogos a partir de uma pedra, um galho, um botão ou uma lata. Essa é uma cena privilegiada para estudar a atividade atencional. O paradigma da cena lúdica atencional torna-se visível quando um lactante se alimenta nos braços de sua mãe. Ricardo Rodulfo (1996), psicanalista argentino, diz:

> Tomemos uma cena de escritura de um jogo: uma criança pequena está mamando, está nos braços de sua mãe e, no curso desse trabalho de amamentação, a criança, subitamente, repara no botão da blusa da mãe e começa a brincar com esse botão. *Concentra-se nele** de um modo que pode ser breve para os critérios do nosso tempo, mas é muito intenso quanto à intensidade da concentração. A criança fica ocupa-

---

* O destaque é meu.

da, sua atenção fica absorvida nessa brincadeira que está fazendo, puxa o botão, se puder, chupa-o, introduz em sua boca, fita-o minuciosamente, faz girar, trata de desprendê-lo.

Cena originária, construída pela atividade de brincar, que se faz visível quando o lactante está nos braços de sua mãe. O bebê, alimentando-se do leite materno e olhando sua pequena mão brincando com o colar, o brinco ou o botão da blusa de sua mãe. De repente, deixa o objeto e se dirige à boca da mãe, ao nariz, aos olhos ou a uma orelha. Carícias que desenham um rosto. Primeira escritura sobre a superfície da pele materna. A criança segue mamando enquanto brinca, e o leite a alimenta, por que *não está prestando atenção ao leite*, menos ainda ao seio? Atendido, está se atendendo. Está distraído. O espaço atencional está se gestando. Ninguém o obriga a focalizar o olhar e, assim, enquanto mama, pode brincar, realizar sobre a pele o primeiro "desenho" da figura humana. Desenho que, dois ou três anos depois, poderá passar para o papel.

Do desenho sobre a pele ao desenho sobre o papel*

---

* O interessante livro de Ricardo Rodulfo proporcionou inspiração para algumas das ideias que aqui desenvolvo. RODULFO, R. *Desenhos fora do papel*. São Paulo: Casa do Psicólogo, 2004.

A terra como superfície de inscrição.

O papel como superfície de inscrição
Desenho feito por uma criança de 3 anos.

Como a criança chega a realizar espontaneamente essa representação da figura humana? Onde e como se "ensaiaram" esses traços? Por que motivo só um rosto com braços e mãos enormes outorga à criança autora a felicidade de ter desenhado "um menino, um papai e uma mamãe?"

Não é "célula bípede", nem o "boneco". É o desenho que *distraidamente* aprendeu desenhando/acariciando o rosto de sua mãe, utilizando a pele como primeiro papel. São suas mãos grandes, enormes, colocadas em um rosto grande, enorme, com orifícios "brincados" e com mãos (as suas) gestando – nunca houve melhor uso da palavra gestando – com seus *gestos*, um corpo humano em construção.

O bebê, nos braços de sua mãe, quando se alimenta, dirige a vista às próprias mãos e ao rosto de sua mãe alternadamente. Suas mãos *brincam* sobre o rosto da mãe: tocam uma orelha ou um brinco, deslizam pela boca ou pelo nariz, ou pelo cabelo. Podemos dizer que desenham o rosto da mãe com os dedos.

Se nos situamos mentalmente na postura do bebê quando está amamentando (seja no seio ou na mamadeira), como é apresentado o campo atencional? Para onde dirige sua atenção?

A arte de Picasso oferece algumas imagens que nos convidam...

As mãos da mãe oferecem sustentação a todo seu corpo; o olhar do bebê não se dirige, inicialmente, nem ao seio, nem ao mamilo, nem ao leite, dirige-se às suas próprias mãozinhas que, de tão próximas do seu rosto, parecem enormes, quase tão grandes quanto o rosto de sua mãe. Rosto e mãos que em breve desenhará no papel, quase do mesmo tamanho.

O bebê pode se alimentar porque não focalizou sua atenção no leite, nem no rosto da mãe. Nos dedos do bebê restaram as marcas das carícias desenhadas, porque ninguém o estava ensinando a desenhar. Então, tempos depois, havendo transitado pela "cena do espelho" e a "nova cena", ele pode encontrar e desfrutar do papel como uma nova superfície de inscrição, como outro lugar transitório onde se alojar.

Podemos nos perguntar sobre as semelhanças e diferenças entre a atenção desdobrada pela criança no acariciar/brincar sobre a pele de sua mãe e a atenção requerida para desenhar. A superfície onde se situam ambas as atividades atencionais é a mesma: o brincar. As operações que precisa desenvolver é que são diferentes.

O primeiro alojamento que todo ser humano habita é oferecido pelo corpo de uma mulher, onde ele se forma ainda na vida intrauterina, uma superfície de inscrição de intercâmbios. Partindo da biologia, evidencia-se que esse vínculo só é possível a partir da diferença entre ambos. O vínculo que se estabelece não é entre um receptor passivo e um doador ativo, mas surge da criação de um espaço de diferenças que permite que ambos saiam modificados ao cortar-se o cordão umbilical*. O organismo da progenitora e o feto desenvolvem atividades onde ambos recebem e dão. Por ocasião do nascimento, essas atividades vão se modificando e se ampliando. O corpo da mãe que o aloja antes de nascer; seus braços sustentando o amamentar; a cena do espelho; o olhar confluente; o chão ou a mesa onde se dispõem os brinquedos, a escritura sobre a areia são superfícies de inscrição que evidenciam seu caráter transitório. Mesmo quando a terra ou a areia são utilizadas para desenhar ou escrever, rapidamente desaparece a visibilidade das marcas que o sujeito deixou ali. Ao contrário, a escritura sobre um papel imprime aos traços executados um caráter de permanência, dando não só visibilidade ao gesto de quem o realizou, como também a permanência de si próprio em outra superfície.

Ajuda-me a olhar

Ajuda-me a olhar, disse o menino a seu pai, ante o espetáculo surpreendente da imensidão do mar, e o pai, em silêncio, estende-lhe a mão. Encontram-se no alto da duna, os pés na areia ali abaixo, a força do oceano que impregna olhos e ouvidos. Ambos, criança e adulto, fazem silêncio. O pai não lhe ensina o que deve olhar, tampouco silencia o murmúrio do mar com suas palavras, por alguns instantes, só toma sua mão.

> Os olhos do menino veem, mas para poder olhar, para gozar o espetáculo, para que o mar entre nele, ainda antes de ele entrar no mar, o menino não precisa dos olhos nem da palavra do pai. O que ele necessita é de sua presença silenciosa e ser segurado pela mão, criando um *espaço/tempo*. Espaço onde se desenvolve a capacidade atencional e,

---

* Com respeito ao cordão umbilical e a placenta, ver o Capítulo 4.

por alguns instantes, o menino "esquece" o cansaço de haver subido a duna movediça e a areia não queima seus pés*.

Como se produziu, por alguns instantes, essa suspensão das demandas internas (dor física, sensações corporais e outras tantas externas) – modo como se definiu a atividade atencional – para se situar nesse espaço que temos chamado "zona intermediária de criação"? A criança não está imóvel. Está quieta, o que não significa passividade inerte. O tempo cronológico se detêve por alguns instantes... A criança, junto a seu pai, criou um espaço: espaço transicional, uma zona de tempo-intermediário.

Confluência de olhares atendendo/construindo um objeto como objeto de conhecimento

Todas as atividades atencionais sustentam-se no espaço transicional do brincar e da criatividade, mas as atividades que ali se desenvolvem são diferentes. Quando a atenção deve se dirigir a um objeto que requer um outro que ensine, como acontece com diferentes aprendizagens que a escola propicia, a atividade atencional se torna complexa.

Um momento privilegiado para observar tal complexidade apresenta-se quando a criança aprende a escrever alfabeticamente. Alguém deve ensiná-la. A criança tem de aceitar regras, códigos, convenções e, ao mesmo tempo, atender/atentar ao que o ensinante quer dizer. Ela precisa aprender e atentar às letras que o outro ensina, para dizer sua própria palavra.

Ao escrever, ela deve simultaneamente atender a um objeto de conhecimento provido pela cultura e dispersar sua atenção de modo tal que não fique absorvida por esse objeto ou pelo poder de quem lhe ensina.

A atividade atencional precisa de um ambiente confiável. A criança poderá atender-encontrar-construir o objeto, atendendo-o simultaneamente com o outro que lhe dê suporte e, assim, construir conhecimento.

O brilho não é luz que cega, pois é também criado pelo olho de quem olha. Do mesmo modo, o movimento do olho que nos olha e desvia seu olhar ao pestanejar, pausado e serenamente, permite a ampliação e o deslocamento do olhar.

---

* A partir de algumas belíssimas palavras com as quais nos contempla Eduardo Galeano sobre o pedido de um filho a seu pai, no momento em que pela primeira vez vê o mar, construí as cenas relatadas, já que evocaram recordações pessoais e, provavelmente, produzirão efeitos em cada leitor/leitora.

Aprendendo a escrever

Quando a superfície de inscrição é a pedra ou um papel, o caráter transitório e fugaz parece se perder. Os traços permanecem ali. Não há modo de retirá-los, a não ser a partir de um gesto voluntário de apagar ou destruir, mas ao mesmo tempo, fica ainda mais evidenciado que a obra desenhada e o autor do desenho são diferentes. Dá-se visibilidade ao espaço que se estabelece entre a obra e seu autor. Podemos então nos perguntar: o que vem primeiro, o autor ou a obra? E responder percebendo a reciprocidade entre os dois.

No caráter de visibilidade e permanência que o papel outorga à escrita, ancoram-se diversos problemas na aprendizagem da escrita, que costumam ser confundidos com *falta de atenção*, sendo que, ao contrário, observamos que se devem a um *excesso de atenção* (Gonçalves da Cruz, 1999a). Digo isso, pois, a visibilidade e a permanência do traço obrigam algumas crianças a *concentrar* a atenção no produto que vai ficando, dificultando o necessário e livre flutuar atencional entre a alegria da autoria e a satisfação por sua conquista. Produz-se, então, uma inibição da disponibilidade atencional necessária para o aprender. Em algumas dessas situações, oferecer para a criança a possibilidade de desenhar ou escrever com os olhos fechados permite que ela sinta o gesto de sua autoria e, assim, comece a descobrir a alegria de escrever*.

No livro *Psicopedagogia em psicodrama*, retomo a questão aberta por Ricardo Rodulfo: como faz a criança para trasladar-se do corpo da mãe à folha de papel? Quero, agora, voltar a uma citação minha, com a seguinte resposta:

> Ela conseguirá passando através de um canto do chão ou da mesa onde praticará uma geografia habitada (uma série de sequências) com seus brinquedos.
>
> [...] Habitar um lugar é colocar coisas próprias nele, mas esse ato produz modificações subjetivas em quem as coloca ali. Quando uma criança nasce, precisa habitar o corpo da mãe de outra maneira. Cortado o cordão umbilical, fica o umbigo, cicatriz de corte e marca da relação habitada. Marca da presença da ausência de outra [...]. A criança logo vai encontrando outros espaços habitáveis e transportando a eles muito do que fabricou nos anteriores. Esses outros espaços habitáveis

---

* A tela do computador, ainda que ofereça maior transitoriedade do que o papel, não permite a conexão com o gesto conector do traço.

podem ser chamados de "espelho". Não como os espelhos de vidro (embora estes mostrem, em imagens visuais, algo que acontece além das imagens visuais). Esses espelhos são os outros, múltiplos – outros espaços de diferenças – nos quais a criança encontrará moradia enquanto recebe de volta uma imagem de si e para os quais ela também poderá ser um espelho. Uma mãe, um pai, um professor, uma professora, que não consegue se ver na criança, transmitirá uma imagem borrada para ela. Porém, se só consegue se enxergar na criança e não consegue notar a diferença, também poderá prejudicá-la. Há uma coisa pior do que um pai ou uma mãe que não se importa com o que acontece a seu filho: pais que se importam com tudo o que acontece com ele (Fernández, 2001c).

Continuidade/descontinuidade do olhar/aprender

Atender não é perceber uma continuidade linearmente. Pelo contrário, a atenção se produz entre a recepção ativa de impressões que poderíamos chamar de estéticas e o trabalho de produzir sentidos que requerem descontinuidades.

Na consciência – nos diz Sara Paín (2008) – "a visão é imediatamente percepção, pensamento. A apresentação supõe, então, reconhecimento."

> *Passamos tão rapidamente da impressão à representação que os momentos sensíveis e puramente estéticos da visão se desvanecem. O reconhecimento se engendra tanto na continuidade entre a situação presente e o passado quanto na seleção em função do projeto de ação traçado para o futuro. De maneira acrítica, a psicologia cognitiva concebe esta continuidade temporal, na qual o movimento passa diretamente do estímulo à resposta, como um processo de acumulação permanente. Durante o tempo em que permanecemos com os olhos abertos, a visão parece se instalar nessa permanência. Contudo, a distração é nossa atitude mais habitual.**

Entre a captação atencional e a elaboração da atenção estabelece-se um hiato momentâneo, que dá lugar a um imperceptível e fundamental vai e vem, continuidade/descontinuidade, no qual trabalha a singularidade. Singularidade através da qual nos reconhecemos criando como novo aquilo que está ali. "Novo", porque nele incluímos nossa história e nosso porvir. Poderíamos dizer que prestar atenção é se atrever a *olhar* enquanto continuamos vendo?

---

* Os destaques são meus.

Necessitamos realizar diversas pontuações e diferenciações:

- *Distração* não é o mesmo que *desatenção*. O movimento entre a *distração* e a *atenção* é o que nos permite aprender. É nas gretas da atenção que a distração se produz e onde nossa singularidade se nutre para produzir sentidos.
- Ver não é o mesmo que *olhar*, assim como *ouvir* não é o mesmo que *escutar*, nem *movimento* é o mesmo que *gesto* e *memória* não é o mesmo que *recordação*, pois *organismo* não é o mesmo que *corpo*.

Pode-se olhar sem os olhos ou escutar sem os ouvidos, assim, com os olhos e os ouvidos sãos, às vezes evitamos e até necessitamos não escutar nem olhar.

Psicopedagogicamente, devemos analisar quando e como o escutar, o olhar ou o gesto se perturbam, correspondendo a um sintoma ou a uma inibição que podem perturbar a capacidade atencional em situações nas quais se apresentam modalidades atencionais diversas e saudáveis que não correspondem às tradicionais.

A capacidade atencional trabalha articulando e desarticulando continuidade e descontinuidade.

> O pensar distraído que acompanha a visão corrente só se reflete sobre a coisa vista quando esta revela uma falta ou um excesso em relação ao esperado. Normalmente, o nível de lucidez é tão baixo que dificilmente podemos dizer o que acabamos de ver [...] A recepção do sensível exige, portanto, uma *ruptura de continuidade** da presença; é a partir dessa exigência que a visão se torna olhar, indagação. A demanda também pode vir do pensamento abalado por sua própria inércia (Paín, 2008, p.141, 144).

Olhar supõe um ato estético. O olho vê, mas não pode se ver, a não ser no reflexo que outro brilho oferece.

O próprio rosto é a única parte de nosso corpo que nunca, por mais *yoga* ou contorcionismo que realizemos, podemos ver por nós mesmos. Mas essa é a única parte (se podemos chamá-lo parte) de nosso corpo que nos identifica e na qual podemos nos reconhecer. Nosso rosto é único, singular. Não existe, nem nunca existiu, nem nunca existirá outro rosto igual a esse que viemos construindo. Como se produz esse milagre de singularidade?

É no olhar daquele que me olha no lugar onde me encontro.

---

* O destaque é meu.

Precisamos analisar as consequências que estão se produzindo sobre a capacidade atencional, a partir da sobressaturação de imagens televisivas que exibem personagens que aparentemente nos olham, mas nos quais não podemos nos encontrar. Tal saturação incide sobre os processos de subjetivação, a partir do constante encadeamento produzido por imagens que não nos olham, que nos obrigam a *vê-las*, convencendo-nos de que esses processos somos nós. Efeito facilitado pelo hipermovimento e pela fragmentação das imagens. Provavelmente, eles embargam nossa atenção desubjetivando o olhar.

Sabemos, como disse Sara Paín (2008, p. 132), que:

> Enquanto órgão, o olho pertence à ciência biológica, e a luz, à ciência física. Nenhuma de suas descrições, ainda que acompanhadas por teorias cognitivistas sobre o trabalho concomitante do cérebro, explicam o sentido de uma visão qualquer, quanto mais não seja, porque o cientista observa com seus próprios olhos suas experiências sobre a visão.

E continua nos dizendo Sara Paín (2008, p. 133):

> A única propriedade inerente ao órgão da visão que é essencial para a compreensão da aparência é *o olhar**, pois constitui, no começo da vida, um objeto de pulsão [...] Uma vez que nesse olhar se condensam a relação recíproca entre o olhar e o ser olhado, essa relação pode ser considerada uma instância constituinte e duradoura do sujeito.

Ainda segundo Sara Paín (2008), o brilho do *olhar* de quem olha o bebê é o equivalente, nos humanos, ao que, em algumas aves (como as estudadas pelo etólogo Konrad Lorenz), é o objeto móvel da mãe pata para os patinhos; por isso, um objeto móvel qualquer pode substituir certas funções cuidadoras da progenitora. Por outro lado, nenhum olho brilhante pode substituir o brilho amoroso do olhar de uma mãe.

Por extensão, a atração pelo brilho aparece, nos adultos, quando sentem prazer ao olhar a água, as joias, os astros, as superfícies brilhantes que os refletem. Não há maneiras de substituir, com palavras, o que produz o brilho de um olhar enamorado ou o brilho das lágrimas comovidas de tristeza.

---

* O destaque é meu.

Outra propriedade do olho que olha o bebê (importante na constituição humana desse novo ser), é a possibilidade de movimento que possuem os olhos, permitindo o gesto de passar e pousar o olhar por diversas partes. Desviar o olhar para outros lados indica a existência de um terceiro objeto que se torna, por si só, um fato interessante. Orienta-se a atenção segundo o desejo atencional de quem a atende.

O gesto dos olhos que nos olham é um convite ao nosso olhar. E recordemos, o piscar de olhos não poderia ver continuamente. O descanso do fechar e voltar a se abrir está indicando essa *continuidade descontinuada*, o desejo de olhar permitindo a construção de algo entre o que se vê e o que se olha.

Temos nos ocupado da análise da produção do espaço entre o que se vê e o que se olha, já que nele encontramos a capacidade da atenção operante, sempre em relação ao modo como se é atendido.

Assim como é necessário um espaço entre o que se vê e o que se olha, também o é entre o que se ouve e o que se escuta e entre o movimento e o gesto. Nesses espaços, desenvolve-se a atividade atencional, ao mesmo tempo em que vai se constituindo a própria capacidade de atenção.

2

A atencionalidade e o "escutar"

A alegria de aprender a falar

Aprendemos a falar porque nossos pais não tentaram nos ensinar. Sua atenção não estava focalizada nesses resultados. Eles estavam apenas nos ninando, conversando, sussurando... E, quando dissemos espontaneamente aquela "primeira palavra", seja "papai", "mamãe", fizemos isso brincando, dividindo em pequenos pedacinhos: "ma...", "ma...mã", "mmm..." o "ppp...", "pa...pa" – e esperando que algum adulto compartilhasse conosco a alegria de nossa autoria.

Alegria da criança pela autoria de sentir-se falante. "Experiência de vivência de satisfação" *gestada*: feito gesto inaugural. Potência atencional da alegria. A criança devolve a atenção *prestada*.* Se aprendemos a falar é porque não nos obrigaram a focalizar nossa atenção na imitação do que o outro dizia. Se aprendemos a falar é porque nossos pais não focalizaram sua atenção para que repetíssemos as palavras tal qual eles as diziam. Se aprendemos a falar é porque alguém *acolheu* nossas primeiras palavras com *disponibilidade e flutuação atencional*.

Ao "prestar atenção" também se aprende
O escutar e a descontinuidade

A partir de diferentes disciplinas, confirma-se a importância dos três primeiros anos de vida em relação à constituição do psiquismo e à construção da subjetividade, porém, ainda há muito que estudar sobre o desenvol-

---

* A utilização do termo "prestar atenção" significa que toda a atenção que foi dispendida deve ser devolvida.

vimento da capacidade atencional da criança em sua interdependência com o modo de ser atendido, assim como acerca dos diversos processos que sustentam a aprendizagem atencional. Tem-se aprendido a *prestar atenção* por meio do olhar, do escutar, do tocar.

Atender supõe um certo "selecionar" ainda prévio ao "escolher" consciente. Esta seleção se produz graças a uma aprendizagem. Aprendizagem que é desenvolvida através da *capacidade atencional* e que, por sua vez, desenvolve a capacidade atencional desde o inicio de nossa vida.

Como conseguimos manter uma conversação em um restaurante repleto de pessoas falando, sem escutar o que se diz na mesa vizinha? Como conseguimos silenciar, transformando em um fundo, aquilo que falam os outros clientes e, no entanto, indubitavelmente, caso eles cheguem a pronunciar o nome de um amigo nosso – aí sim o escutamos? Além do mais, ao se produzir um silêncio repentino no restaurante, escutamos esse silêncio e percebemos o barulho em que estávamos imersos até o instante anterior. A inter--relação continuidade/descontinuidade abre um espaço de diferenciação.

A *descontinuidade* (Gonçalves da Cruz, 1998a) chama a nossa atenção, ou melhor ainda, a descontinuidade convoca *para* a atenção.

Para aprender a falar necessitamos ser escutados, para aprender a olhar, necessitamos ser olhados. A capacidade atencional se constrói nessa *continuidade e descontinuidade*, que abre um espaço *entre*: espaço atencional. Está aqui o valor do silêncio* que nada tem a ver com silenciar-se, mas muito com escutar e escutar-se.

O *organismo* nos provê de ouvidos, mas é no espaço intersubjetivo que aprendemos a escutar. O *organismo* facilita o ver e o ouvir, mas é no *corpo* (que não existiria sem a relação amorosa com outros) que se produz a aprendizagem de escutar e olhar.

Por isso, ainda sem a facilitação orgânica da audição, os surdos podem escutar através de todos os poros de sua pele.

Em um belo livro de entrevistas sobre o silêncio, Andréa Bonfim Perdigão entrevista pessoas de diversas disciplinas para falar sobre o lugar e a importância do silêncio (Perdigão, 2005). Nessa obra, figura uma conversação com a fonoaudióloga Beatríz Novaes (2005), a partir da qual é possível inferir questões que estabelecem a relação entre o escutar e a capacidade atencional. A profissional citada explica que, para ajudar crianças com diminuição auditiva a entrar no universo sonoro, é necessário trabalhar sobre seu "sistema de atenção", para que este varie e se transforme; trabalho que se rea-

---

* Ver o Capítulo 7.

liza com técnicas que atuam sobre o corpo. Com um bom trabalho corporal é possível deslocar a atenção para outras frequências, para coisas de outra natureza, que normalmente não se escutariam. Nas cidades, "cancelamos" vários sons que passamos a não escutar. "Nosso organismo tem uma enorme capacidade de adaptação quando algo constante se transforma em fundo".

Sem me posicionar (já que não é minha especialidade e nem conto com a experiência necessária) em relação à polêmica atual sobre – quando e como – se colocar "aparelhos auditivos" em quem padece de diminuição auditiva, creio que a discussão, estabelecida entre aqueles que trabalham com essa especialidade, pode contribuir com a temática atencional. Como o aparelho auditivo capta uniformemente os sons ambientais sem privilegiar nenhum (como aqueles que se fala em função de sua significação), alguns especialistas aconselham sua colocação em bebês que necessitam dele o mais cedo possível, ao redor dos três meses.

Quando uma criança permanece privada do som, as vias auditivas não se desenvolvem. Considerando que o bebê ouve através do aparelho, torna-se possível que ele conheça o que é o som, e no caso da fala, aprenda a dar sentido ao que ouve.

Silêncio não é ausência, mas é produto do ato atencional, assim, o sujeito deixa de lado aquilo que no momento carece de significado. O silêncio depois da fala é tão importante como aquilo que foi dito. As pausas proporcionam a atribuição de sentido para a fala. Perguntamo-nos sobre os efeitos nos processos de subjetivação de uma criança e, em particular, sobre o desenvolvimento de sua capacidade atencional quando se vive em um lugar em que a televisão está sempre ligada, sendo, muitas vezes, o centro atencional auditivo-visual dos momentos mais íntimos, como aqueles em que se compartilha a mesa e na hora de dormir.

Com a psicopedagogia, podemos dizer que aprendemos a falar porque nos falam, porque se calam e, principalmente, porque nos *escutam*. Escutar é possível ainda que os ouvidos sejam deficitários ou mesmo sem eles. Alguns *cuidadores* (pais, professores) podem ter bons ouvidos e não escutar e outros, ainda que carecendo de audição, escutam.

Não aprendemos a falar apenas ouvindo falar, do mesmo modo que não podemos desenvolver nossa capacidade atencional se não somos suficientemente atendidos, no sentido winnicottiano, já que ser atendido em excesso tão pouco permite desenvolver a capacidade atencional.

Não se aprende a falar por mera *imitação* daquilo que se ouve, mas sim construindo aquilo que se *escuta*. Nenhuma aprendizagem é obtida por imitar o outro. Aprende-se por um processo complexo no qual os movimentos identificatórios, acontecendo no espaço lúdico, permitem que cada ser humano produza a si mesmo como diferente, com aquilo que os outros oferecem a ele.

A figura mítica de Eco, condenada a repetir o que ouve e, a partir daí, ficando inabilitada para enunciar sua palavra, ilustra tragicamente esta impossibilidade.

A ideia de que o humano aprende imitando é solidária à ideia de que a atenção não se constrói. A partir de tal posição, a inteligência, a atenção e a memória ficam reduzidas a uma triste função de adaptação mecânica*. A atenção, pelo contrário, é uma atividade construtora, gestada nos "espaços entre". Atendemos somente quando nos tornamos pensantes, quando, simultaneamente, atendemos a nossos saberes/experiências e ao que o outro nos oferece. E assim, criamos "também aquilo que está ali"**.

A capacidade atencional permite *escutar* o que se *ouve*. Para que a disposição atencional se desenvolva é necessário um ambiente que descontinue o falar. Os ouvidos não têm "pálpebras", por isso, quando precisamos deixar de ouvir em circunstâncias em que o excesso de palavras funciona como sons que nos atordoam e nos ensurdecem, na falta de "pálpebras", podemos construir muralhas defensivas. Não é em vão que a palavra *aturdido* remete a um excesso de ruído que perturba nossa possibilidade de escutar, produzindo agitação e *hipermobilidade* em nosso corpo.

Quando a luz excita, fechamos os olhos. Saber que podemos fechar os olhos e tornar a abri-los protege-nos do excesso de luz. No entanto, se o ruído nos atordoa – como proteger-nos sem prejudicar-nos ou isolar-nos? Um recurso defensivo costuma ser o *desatender*, que pode *aprisionar* inconscientemente a capacidade atencional de escuta e significação.

O movimento de fechar os olhos pode ser registrado e, portanto, *escolhido*. Todavia, ao não poder "fechar os ouvidos" ante as palavras e situações que podem nos ferir, um movimento defensivo possível pode ser a desatenção.

Com o objetivo de definir nossos recursos de intervenção terapêutica, de diagnóstico e na denominada ação de prevenção, precisamos diferenciar os *movimentos reativos de desatenção* dos *aprisionamentos da atenção* e, ambos os mecanismos da *distração saudável* e necessária para que a capacidade atencional tenha a possibilidade de nutrir-se.

---

* Ver Capítulo 16.
** Estou fazendo referência ao que Winnicott denominou de paradoxal, quando o bebê cria aquilo que se oferece a ele. Para detalhes, ver Capítulo 5.

O musical, o gestual e a dimensão estética do falar e do escutar

Tanto nas teorias como nas práticas terapêuticas e pedagógicas outorga-se, ainda hoje, a primazia à linguagem verbal. Tal predominância dificulta perceber que, sem o aspecto estético que faz referência ao musical e à corporeidade, a linguagem verbal não seria palavra.

Ao continuar mantendo a dicotomia – por um lado *linguagem verbal* e por outro linguagem *não verbal* – age-se como se esta última fizesse sentido somente em função de não ser a outra. Pelo contrário, a dimensão estética, a gestualidade e a musicalidade não apenas têm uma entidade própria, como formam a linguagem verbal.

A predominância do aspecto verbal da linguagem, lamentavelmente, se mantém presente ainda em teorias e práticas psicológicas, pedagógicas e psicanalíticas impostas em muitas universidades e círculos de formação de profissionais. Este descuido e omissão contribuem para a busca e para oferta de múltiplas "terapias" alternativas e reducionistas, que em muitos casos divorciam-se dos saberes e posturas clínicas em torno da subjetividade e dos contextos sócio-históricos que a formam.

Na proliferação das terapias que desconhecem a subjetividade, segundo análise de Elisabeth Roudinesco (2005), tem participação importante o abandono que a psicanálise fez do corpo e a omissão que a pedagogia tradicional lhe impôs.

Na medida em que se exclui o corpo, este entra como o reprimido e o silenciado. Neste espaço vazio, vão surgindo diversas ofertas que mutilam o *corpo*, tratando-o apenas como *organismo* supostamente não afetável pela cultura e considerando-o origem central dos sintomas psicológicos e sociais. Psicopatologizando o mal-estar social e diminuindo os espaços sociais de *heteroestima**, a medicalização aparece como recurso supostamente útil e de rápido efeito.

A pedagogia tradicional impôs, por sua vez, o amordaçamento do corpo. Então, este se faz presente através de sintomas como impulsividade, hiperatividade, desatenção e violência física contra outros e/ou contra si mesmo. Uma sociedade desatenta, hiperativa e violenta, transfere seus sintomas às populações mais vulneráveis.

---

* Heteroestima: precisamos, como diz Jorge Gonçalves da Cruz, criar o termo "heteroestima". Somente promovendo espaços de heteroestima a tão comentada autoestima permitirá a autoria.

Crianças e jovens alunos estão cada vez mais "indisciplinados", porém mais *controlados* pelas leis de mercado. Estas vão impondo como normal um "prestar atenção" *descorporizado** e congelado em um centro externo, desvitalizando a riqueza atencional e prejudicando a aprendizagem.

Quando o corpo é considerado como organismo, cria-se um abismo entre corpo e mente, entre afeto e pensamento. É o corpo que ri e chora com as mesmas lágrimas, é ele que dá brilho ao olhar apaixonado ou indignado, ele que faz do *movimento* um *gesto*. Gesto que não tem sentido se não for na relação com o outro.

O corpo impõe uma dimensão estética e convoca a ética do cuidado e da ternura. É no corpo que o movimento de uma mão pode transformar-se em um punho cerrado ou em uma carícia. Reconhecer a dimensão estética (paralinguística e corporal) da linguagem tem importância teórica, terapêutica e pedagógica.

O estudo da dimensão estética é realizado em diversos âmbitos, todavia, estas contribuições ainda não se incorporaram suficientemente no interior das práticas clínicas psicopedagógicas e, principalmente, são alheias aos critérios psiquiátricos dominantes, tanto no diagnóstico como na atenção**.

Diversas práticas que estamos realizando – psicodrama, análise do grupo, teorização e experiências com grupos (Fernández, 2001c), assim como contribuições da psicanálise, da filosofia, da sociologia, da psicomotricidade e dos cruzamentos arteterapia e psicopedagogia trabalhando a dimensão estética – fornecem-nos fundamentos para analisar o desenvolvimento da capacidade atencional na criança e as transformações das modalidades atencionais em nossa cultura.

O psicanalista brasileiro Gilberto Safra***, no belíssimo livro *A face estética do self* (Safra, 1999), fundamenta a potencialidade do fenômeno estético na construção de si, do mundo e da palavra. Sua leitura pode oferecer elementos para pensar as inter-relações entre o espaço transicional descrito por Winnicott, o aprender a falar e a atencionalidade.

---

* Corresponderia a algo como "sem corporeidade".
** Quanto as inter-relações entre atencionalidade e estética, as psicopedagogas brasileiras Regina Orgler Sordi e Maria Helena de Nardin publicaram um interessante artigo, citado no capítulo 6 do presente livro, realizando uma análise sobre essa questão. Ver NARDIN, M. H. de; SORDI, R. O. Processos de atençao recognitiva e inventiva e suas relaçoes com a aprendizagem. *Revista EPsiBA*, v. 12, p. 30-36, 2006.
*** Agradeço a minha amiga e colega Beatriz Mazzolini, psicóloga e psicopedagoga paulista, por ter me aproximado da obra de Gilberto Safra.

Por sua vez, a musicalidade percorre toda a obra do psicanalista argentino Ricardo Rodulfo, tanto no estudo que ele realiza dos processos de constituição psíquica, como nos seus ensinamentos sobre as práticas clínicas.

De outra parte, Sara Paín (2008), a quem considero como a autora que forneceu as ideias para elaborar as bases de uma teoria psicopedagógica, identifica uma dimensão estética do pensamento. Em suas concepções preliminares, ela distinguia quatro instâncias e dois tipos de elaborações envolvidos na atividade pensante: *organismo, corpo, inteligência e desejo* como as instâncias, e as elaborações *objetivante* ou *lógica* e *subjetivante* ou *dramática*. Ao *organismo* correspondem os processos especificamente biológicos; à *inteligência* os processos lógicos próprios da elaboração objetivante; ao *desejo* correspondem os processos dramáticos e simbólicos que promovem a elaboração subjetivante.

A decisiva distinção entre *organismo* e *corpo*, que Sara Paín faz desde suas primeiras obras, exige novos relevos em suas conceitualizações dos últimos anos, por vincular o corpo com a experiência estética.

A dimensão estética que acompanha, desde as origens, a cultura humana, expressa-se em intensidades e afetações e opera suscitando os mecanismos de produtividade lógica e dramática (elaboração objetivante e subjetivante) como dois fios de um mesmo tecido. Diz Sara Paín (1999):

> [...] propomos a estética como uma estrutura de pensamento, no mesmo nível em que as estruturas lógica e simbólica. Porém, enquanto essas estruturações se apoiam, respectivamente, na cognição e na significação, com instrumentos próprios da operatividade e da codificação e com a função de construir a objetividade e a subjetividade, a estruturação estética se faz sobre a base da combinação de formas, ritmos e harmonias que nos situam no mundo. O lógico e o simbólico contrapõem o imaginário: tomar a rosa como subclasse das flores, ou como símbolo do efêmero, suprime o encanto de sua aparência. O momento estético é o da aparição, na forma dessa rosa, de algo da ordem da perfeição. É uma captação em êxtase, quer dizer, na passividade da descentração de si mesmo. Momentos, obrigatoriamente, de excesso e de exceção, imprescindíveis à paixão de pensar, e que o mesmo pensamento reflexivo anula, evitando a psicose.

A capacidade atencional se nutre e desenvolve na dimensão estética. O corpo atende porque se comove. E é aí que o pensar é convocado. A palavra é o gesto e o silêncio do olhar. Na palavra, a carícia torna-se sonora. As palavras também podem ser as cicatrizes das feridas. Escuta-se a voz somente dentro do gesto que ali se faz palavra tomando seu silêncio. Escrevemos desenhando o gesto da voz e escutando o segredo do olhar. Escrevemos absorvendo a música do silêncio das palavras. É por isso que, na genuína alegria do brincar, desenvolve-se a capacidade atencional que nos permite aprender, entre outras coisas, a falar e a escrever, que é utilizar as letras que outros nos dão para poder enunciar nosso próprio dizer.

O falar e a gestualidade do terapeuta e do professor

Intuitivamente, todos falam com diferentes entonações, de acordo com quem e quando isso é feito. Uma enunciação, seja no espaço terapêutico ou escolar, tem efeitos diferentes segundo a tonalidade e o timbre de voz que se utiliza e, por sua vez, segundo a postura corporal e o lugar espacial de onde se emitem as palavras.

Aprendemos na clínica sobre a eficácia terapêutica de certas frases pronunciadas por nós com hesitação ou dúvida, ou ainda, se fossem escritas, seriam finalizadas com reticências. *Pontos suspensivos...* – belíssima denominação em espanhol para nomear este sinal de pontuação cuja grafia em três pontinhos indicam suspensão (e não *reticências* como se diz em português) e abrem espaços para que, aquele que atendemos, seja incluído. Por sua vez, torna visível nossa não onipotência, nosso não poder/saber tudo. Falar deixando espaços livres para que aquele que atendemos possa atender-se pensante e incluir sua palavra.

A experiência psicodramática indica o quão diferente pode ser uma mesma frase, dita a partir de um lugar ou de outro, seja mais próximo ou mais longe daqueles que atendemos, atrás ou diante deles, fazendo-se visíveis ou não aos seus olhos, sentados no chão ou atrás de uma mesa...

A musicoterapia estuda a importância do ritmo, da musicalização e do aspecto lúdico da palavra nos primeiros vínculos, questão que pode ser de interesse no tratamento psicopedagógico com crianças:

> Quando um adulto se dirige a um bebê, repete frases, sons e palavras; exagera, usa diferentes tons de voz, e é assim que um recém-nascido reconhece seus congêneres como os únicos capazes de se moverem e emitirem sons de acordo com um padrão e, inclusive, de responderem ante os movimentos de seu próprio corpo, o que está começando a registrar. Aí aprende o jogo da repetição e da diferença que o vincula com o outro, não através de um código comum, mas graças a um jogo

de tensões e emoções muito intensas. A repetição, a demora e a contingência são os elementos desse jogo no qual, como na música, tem como fator central o tempo (Rodríguez, 2009a).

No campo da psicomotricidade, Daniel Calmels (2004, p. 94) diz:

> A materialidade do corpo é necessária para a existência da voz, porém, não como um mero suporte neutro em relação à linguagem, mas sim, dando à palavra inúmeras conotações possíveis, na medida em que a palavra toma corpo em torno da intensidade.

Ricardo Rodulfo (2008) assinala justamente a necessidade de realizar uma adequada semiologia da voz. Questão que, sem dúvida, contribuirá na intervenção terapêutica, permitindo, por sua vez, incluir essa temática na análise do desenvolvimento da capacidade atencional. Esse autor diz:

> Um psicoterapeuta pode dizer algo muito "verdadeiro" a seu paciente, mas em um tom e de um modo tal que suscita rejeição ou indiferença. O que costumamos chamar de transferência está embebido por essa questão.

Precisamos pensar como se produz e como se promove o *espaço atencional* entre o terapeuta (seja este psicopedagogo ou psicanalista) e o paciente. As íntimas relações entre tal espaço e a singularidade do fenômeno transferencial é uma importante temática que ainda não foi trabalhada como deveria no campo psicopedagógico*.

Ricardo Rodulfo, de algum modo, expõe aquilo que poderíamos considerar como uma das barreiras ou aprisionamentos existentes em *"modalidades de aprendizagem"* e em *"prestar atenção"* entre nós mesmos como terapeutas, dizendo:

> Os psicanalistas e outros trabalhadores em ciências humanas não costumam refletir [...] sobre o tom de voz com que se dirigem à criança ou ao paciente em geral: seu timbre, seus acentos, sua cor mais viva ou mais neutra, sua suavidade relativa ou sua força, a qualidade de sua dicção. Inclusive aqueles psicanalistas muito atentos ao conceito de significante não levam em consideração esses fenômenos porque, sob outro léxico, seguem igualmente presos na dimen-

---

* Em uma próxima publicação apresentarei um trabalho sobre a especificidade do fenômeno transferencial psicopedagógico.

são semântica e isso porque o conceito de significante, com todo o avanço que poderia representar, segue tão incluído no interior do logocentrismo ocidental como o de significado em sua conotação mais tradicional. Tal situação faz com que todos aqueles fenômenos dificilmente sejam objetos de reflexão ou de processamento teórico, o que não tira sua enorme importância prática (Rodulfo, 2008).

A análise semiológica da voz que Rodulfo convoca é necessária também nos campos pedagógico e psicopedagógico. Ela não contribuirá apenas para o estudo da capacidade atencional, mas também oferecerá recursos para promover o desenvolvimento de espaços atencionais, tanto nos enquadres terapêuticos como pedagógicos.

A pergunta – *Como fazer para que os alunos atendam?* – nunca poderá obter uma resposta eficaz se não for aberta outra questão: como é que conseguimos atender ao conteúdo daquilo que o outro nos diz ou nos ensina? Como conseguimos prestar atenção?

Precisamos de respostas que possam ir além dos recursos pedagógicos chamados *motivação* ou *centro de interesse*.

No momento, poderemos avançar em direção à resposta a partir do conhecimento de não podemos atender, enquanto humanos. Questão que o senso comum sabe e que, em diferentes âmbitos teóricos e científicos, é confirmada: não atendemos unidirecionalmente ao conteúdo daquilo que é dito por outro. Aquilo que o ouvido ouve não é o mesmo que se escuta. Escuta-se o *corpo* do outro (no espaço) com o próprio corpo. Corpos não terminam no limite da pele. A pele não é um cimento. A pele tem poros.

Victor aprende a falar

Todo estudante de pedagogia e de psicologia tem certa informação sobre Victor, chamado o *selvagem de Aveyrón*, que foi encontrado convivendo com uma matilha de lobos em um bosque no sul da França, em 1799, isolado de todo contato humano, aparentemente, desde muito pequeno.

A situação desse menino, ao redor de seus 12 anos, no momento em que foi encontrado, e a experiência e de ser incluído na civilização, realizada pelo jovem médico Itard, é estudada sob diferentes óticas. Transcreverei a descrição que realizou Itard sobre o estado em que se encontrava o menino no momento que foi retirado do bosque:

> Um menino desagradavelmente sujo, afetado por movimentos espasmódicos e inclusive convulsões; que balançava-se incessante-

mente como os animais do zoológico, que mordia e arranhava aos que dele se acercavam; que não mostrava nenhum afeto aos que o cuidavam. E que, em suma, se mostrava indiferente a tudo e *não prestava atenção a nada**.

Itard empenhou-se, com grande compromisso de sua parte, em uma tarefa pedagógica que incluía ensinar Victor a falar. Levou o menino para viver em sua própria casa, contratou uma instrutora, Madame Guerin, para que o ajudasse a cuidar do menino. Porém, apesar dos êxitos obtidos por Victor, Itard perdeu as esperanças quanto ao sucesso do objetivo que havia imposto a ele mesmo: que o menino se comportasse como ele esperava e que aprendesse a falar de acordo com a teoria por ele sustentada. Segundo Itard, o que impulsiona os humanos a aprender (a falar) é a necessidade biológica.

Jean Marc Itard revolucionou alguns aspectos das ideias de sua época ao propor incorporar o menino no meio humano e documentar com precisão a experiência. Suas observações questionaram a teoria, em voga naquele momento, sobre o inatismo da *natureza* humana, contradizendo a suposição de que a herança biológica prima sobre o ambiente. Sem dúvida, a riqueza inegável de sua contribuição para a pedagogia, a psicologia e inclusive à filosofia, foi diminuída e perdeu o brilho a partir dos critérios de avaliação que o médico sustentava. Avaliação baseada na crença de que a aprendizagem se consegue por treinamento e acomodação, considerando a *atenção* como um meio para alcançar a adaptação e obter o êxito esperado pelo avaliador. Por isso, quando Itard descreve as condutas do menino ao ser encontrado, considera que "não prestava atenção em nada".

O conceito de atenção que hoje, 200 anos depois, muitos manuais de psiquiatria utilizam e a partir do qual diagnosticam o "déficit atencional", é similar ao utilizado naquele momento por Itard. Crer que quem não presta atenção ao que o diagnosticador considera que deveria equivale a "não presta atenção a nada".

Recordemos que Itard trabalhou no início dos anos de 1800, portanto, não poderia contar com o saber acumulado dos dois últimos séculos sobre a subjetividade humana. Por tal motivo, ao avaliar os evidentes progressos do menino segundo os parâmetros positivistas (que lamentavelmente hoje seguem em voga), desconsiderou os atos de autoria tanto de Victor como os seus próprios como ensinante.

---

* Fragmento extraído das observações realizadas por Itard. O destaque é nosso.

Embora Victor tenha realizado muitas aprendizagens, Itard decepcionou-se e encaminhou o jovem para uma instituição pública, onde faleceu aos 40 anos. Talvez os progressos de Victor devam-se principalmente à sustentação afetiva de Madame Guerin, que seguiu acompanhando-o por 20 anos mais, com o apoio de um subsídio público.

Como veremos logo abaixo, em seu diário de notas, Itard expressa seu descontentamento com os avanços do menino. Considero importante que nos detenhamos sobre esse aspecto que explicita em que medida a teoria (e/ou a ideologia) que sustenta o avaliador impõe condições ao modo de observar a realidade. Ainda hoje, as diferentes propostas de reeducação positivista, ao desconsiderar a subjetividade daqueles a quem direciona seus procedimentos, também deixam de lado, por sua vez, a subjetividade dos profissionais que os atendem. Desse modo, professores e jovens terapeutas, com desejo de proporcionar ajuda àqueles que atendem, vão perdendo oportunidades de reconhecer (e reconhecerem-se em) suas conquistas ao estarem imbuídos por teorias que explicam a aprendizagem como treinamento.

Na continuidade, transcreverei um fragmento do diário de notas de Itard, passagem na qual ele descreve o momento em que escuta Victor pronunciar a primeira palavra, que, não por acaso, é a palavra *leite*. Leite que, como primeiro alimento, é metáfora do cuidado nutricional oferecido por outro, que o recém-nascido faz próprio a partir de sua ativa sucção.

> No quarto dia do meu segundo experimento, consegui o maior dos meus desejos, ouvi Victor pronunciar claramente, de um modo, devo confessar, um tanto áspero, a palavra "leite", que repetiu quase incessantemente; *era a primeira vez que um som articulado* escapava de seus lábios e, ao ouvi-lo, é claro, senti a mais viva satisfação. Mais tarde, observei que diminuía muito o avanço que seria razoável esperar do primeiro exemplo de êxito. Não foi antes do momento em que, esperando um resultado feliz, coloquei leite na xícara que ele aproximava de mim, que a palavra "leite" lhe escapou novamente, *com evidentes demonstrações de alegria*; e também não foi antes de que eu colocasse uma segunda vez, *como modo de recompensa*, que ele repetiu a expressão. Desde então, ficou evidente que o resultado da experiência estava longe de concretizar minhas intenções; *a palavra pronunciada, em vez de ser o signo de uma necessidade, parecia, desde o momento em que foi articulada, constituir mera exclamação de alegria*. Se a palavra tivesse sido pronunciada antes que a coisa por ele desejada fosse concedida, meu objetivo estaria realizado; então Victor

haveria de adquirir, em breve, o verdadeiro sentido da fala: um ponto de comunicação estabelecido entre nós, e o mais rápido progresso deveria, necessariamente, vir a seguir. Em vez disso, *obtive apenas uma expressão de prazer que ele sentia, insignificante* nos efeitos e inútil para ambos... Em geral, apenas enquanto desfrutava da coisa que a palavra "leite" era pronunciada. Às vezes, por casualidade, ele pronunciava antes, em outras ocasiões, um pouco depois, porém, *sempre sem levar em conta seu uso*. Já não atribuo importância à sua repetição espontânea da palavra quando desperta no meio da noite.*

Quero me deter em vários aspectos do parágrafo citado. Em primeiro lugar, a clareza com que Itard expressa seu sentimento de fracasso ante a não correspondência entre aquilo que ele esperava e o que o menino produzia. Tal sentimento não lhe permitia reconhecer as conquistas de Victor, e o conduziram a obscurecer a importância de seus propósitos e desistir da tarefa iniciada – "já não atribuo importância à repetição espontânea da palavra". Igual desânimo, muitas vezes, embarga os docentes que desistem logo depois de ter começado sua tarefa com entusiasmo. Eles portam representações erradas sobre os processos de aprendizagem e os atencionais, o que os leva a não reconhecer os avanços de seus alunos. As consequências conduzem a um círculo vicioso, quando o professor não escuta como interessante (interessante não quer dizer correto) aquilo que o aluno produz. Tal desinteresse pode levar a criança a perder o interesse, desacreditando suas autorias.

Itard considerava a linguagem humana como um derivado da necessidade de comunicação, sem levar em conta o aspecto estético da palavra. Nesse sentido, Gilberto Safra nos aferece uma nova luz, considerando o que ele chama de "estética do *self*". Ele nos diz que no encontro estético se inicia a possibilidade de conhecer o mundo e o outro de forma pessoal e de maneira significativa para o sujeito. A partir do momento em que o indivíduo é reconhecido pelo outro, o mundo pode ser criado e pode tornar-se conhecido.

As primeiras palavras criadas entre a criança e quem a cuida surgem mais como agradecimento do que como necessidade, mais por júbilo, por sentir-se autor, do que por fome orgânica, mais como demanda de amor e procura de reconhecimento do que de alimento.

---

* Em livre tradução, destaques meus, a partir do livro SAFRA, G. *A face estética do self.* São Paulo: Idéias e Letras, 2005. A leitura que Gilberto Safra realiza sobre a estética, nos permite ampliar a análise dos motivos do sentimento de fracasso que Itard expressa e que o levaram, talvez, a obscurecer a importância de seus propósitos e a desistir da tarefa iniciada com o menino.

Não é estranho à nossa compreensão que a primeira palavra articulada tenha sido, precisamente, *leite*. Leite, palavra criada pela criança, tornando-se humana. Victor cria "winnicotianamente" o leite que o outro lhe entrega. Não o recebe passiva e nem maquinalmente. Não é uma máquina que acende a luz vermelha quando falta combustível, não é um animal pedindo comida. É um ser humano criando o leite junto com a criação da palavra leite. Victor não prestava atenção unidirecionalmente ao que Itard esperava dele. Pena que Victor viveu muito antes que Winnicott (1993e) fundamentasse que:

> Na saúde, a criança cria aquilo que da realidade está ao seu redor esperando ser descoberto (...) o objeto é criado, não descoberto. (...) Um objeto bom é inútil para a criança, a menos que ela mesma o tenha criado. Direi, talvez, "criado por necessidade"? Porém, para criá-lo, o objeto deve ser descoberto. Este é um paradoxo e temos que aceitá-lo como tal, sem tentar outro enunciado inteligente que pareça iluminá-lo.

Diversos autores, entre os quais podemos citar Maud Mannoni (1995b), reconhecem a importância da Sra. Guerin, que *atendia* Victor pessoalmente, sem ter focalizado sua atenção no sucesso de um determinado objetivo.

> Somente com a Sra. Guerin era elaborado o espaço de jogo com as palavras [...] Graças à palavra, pela tradição oral, "o homem criou mitos" como demonstrou Claude Lévi-Strauss; porém, a partir da linguagem –prossegue Masud Khan, mencionando Michel Foucault- "o homem criou as prisões". E foi para sair desse atoleiro (onde a palavra tropeça com o muro da linguagem) que Freud inventou o espaço de jogo na análise. [...] A inteligência linguística – como assinala Octave Mannoni – é "fantástica" na idade de 2 anos. Porém, o terreno em que essa inteligência deita raízes é aquele sobre o qual tem lugar os primeiros intercâmbios entre o lactante e sua mãe. Esse jogo, insiste Winnicott, é também o da análise, e se manifesta na escolha das palavras, nas inflexões da voz e inclusive no senso de humor.

Nós, os humanos, falamos porque brincamos e porque outros souberam brincar conosco quando éramos crianças.

Mannoni destaca o lugar de brincar e do humor associando-os à eficácia de toda tarefa terapêutica. O sentido do humor (Gonçalves da Cruz, 1995) nasce no espaço lúdico. Quando não nos concentramos em um objetivo previamente determinado podemos nos deixar impregnar pela surpresa do inesperado que *o outro* nos entrega e a alegria de nossa autoria. Humor e alegria que toda criança saudável possui e que também proporciona aos seus cuidadores, contanto que estes não tenham perdido a capacidade de amar e de brincar. É nesse espaço que se enraíza a inteligência e a linguagem humana, é onde a atividade atencional se desenvolve. É, portanto, nesse espaço de brincar que o trabalho psicopedagógico é incluído, promovendo o desenvolvimento da atividade atencional.

Ler as notas de Itard – que realizou uma precisa descrição das atitudes de Victor: "a palavra leite escapou-lhe novamente, com evidente demonstração de alegria", permite-nos resgatar o lugar da autoria e também a importância da alegria*, ambas fundadoras da aprendizagem e constituintes da atencionalidade. Alegria que conforma o próprio fenômeno estético. "A sequência assombro-curiosidade-alegria é originária de qualquer observação regular livre de pressupostos." (Rodulfo, 2008). A atencionalidade se nutre na alegria da autoria.

O ser humano compreende enquanto cria o objeto que lhe é oferecido (Safra, 1999; Winnicott, 1993e), porém, para realizar essa paradoxal criação, o objeto deve ser descoberto. Podemos também dizer que o ser humano *atende* enquanto cria.

Atualmente, vivem na "selva" do mundo ocidental, tecnificado e globalizado, muitos outros *Victors*, aos quais não é reconhecida nem permitida a alegria do paradoxal ato criativo.

Aprendemos a falar porque nos cantam canções de ninar, porque quando somos bebês os adultos se permitem brincar com as palavras que nos dizem, trocá-las, recriá-las, inventar sons e tonalidades.

Não se aprende a falar por imitação, focalizando a atenção na precisão da pronúncia, nem na significação exata de algum termo, nem ainda para satisfazer necessidades orgânicas.

Proporcionaram-nos gestos sonoros e nossa *atenção*, sustentada por eles, foi flutuando entre o som e a pele, entre a proximidade e a distância; no diferenciar-se, assemelhando-se.

Se pudéssemos aprender a falar por imitação, a atenção não seria uma atividade construtora gestada nos *espaços entre*. Pelo contrário, aprendemos quando nos permitem atender-nos como pensantes, desejantes, construtores. Aprendemos quando, simultaneamente, atendemos aos nossos saberes e ao que o outro nos ensina, e assim criamos ainda com aquilo que aí está. Sem a dimensão estética, a linguagem humana se esvaziaria de sentido. Somente graças à flutuação atencional o estético se faz presente.

---

* Em relação aos vínculos da alegria com a atividade atencional ver Capítulo 16.

3

Eco e Narciso

O espelho

O espelho é carbono intocável.
Uma marca sem pegada;
[...]
O espelho evita guardar
a privacidade da noite.
Ignora a noturnidade,
apenas a linha de uma lamparina,
uma supérflua passagem, uma carícia aérea.
Pelas noites, na ausência do sol,
o espelho descansa.
Nada fica gravado em suas entranhas,
tudo flui e resvala.
Assim é que, no espelho, frente à cama,
abundam corpos verticais,
onde o sol faz sombra e faz decalque.
Ao contrário do colchão,
tão alheio ao vidro,
só guarda as sombras que se estendem.

Daniel Calmels

Narciso e Eco: o jogar e o corpo adormecido

A história de Narciso permanece através dos séculos graças a sua multiplicidade dramática e interpretativa. A força deste drama é reforçada a partir da presença de outro personagem, ofuscado na maioria das interpretações que se realizam sobre o mito. Não por acaso, o personagem excluído, sem o qual a história de Narciso seria incompleta, é uma mulher: Eco.

Eco, a "bailarina", "a ninfa vocal"*, talvez seja a protagonista do desenlace da trama de Narciso, assim como Narciso, na trama de Eco.

Além disso, um protagonista central que entrecruza ambas as histórias é o enigma do corpo humano e a multiplicidade de superfícies que podem hospedá-lo, abandoná-lo ou aprisioná-lo.

Como analisamos, as diferentes superfícies que, desde o nascimento, e até anterior a ele, vão nos hospedando, são espaços que precisam ser transitórios (talvez também, transicionais), são superfícies de inscrição com função subjetivante, nelas sustentam-se a atividade lúdica e, portanto, a potência para a capacidade atencional.

Se alguma dessas superfícies se torna definitiva, perdendo seu lugar de passagem, ela pode aprisionar a atividade atencional e adormecer o brincar. São superfícies de intercâmbio e diferenciação.

A primeira superfície de inscrição é oferecida pelo "corpo materno", que funciona como albergue biológico e, em seguida, simbólico. Considero a *"cena do espelho"*, nomeada pela psicanálise como o "estágio do espelho", como outra superfície de inscrição, que se enriquece e vai se tornando mais complexa com os processos que denominei "nova cena".

A partir dessas primeiras superfícies de alojamento da subjetividade, nas quais vai se "ensaiando" a diferenciação da singularidade com as marcas que os outros significativos vão deixando, a criança vai construindo uma nova e mais complexa "superfície de inscrição": aquela que permite o *encontro dos olhares de quem ensina e de quem aprende na construção de um "objeto de conhecimento".* A aprendizagem da escrita alfabética é um exemplo claro da necessidade de uma superfície que permita incluir a informação proveniente do outro ao saber pessoal.

Pretendo estudar como a atividade atencional da criança (presente desde o nascimento) pode trabalhar em um espaço de confluência entre a focalização na informação recebida e a espontaneidade da atividade atencional.

Proponho-me, ao longo desta obra, precisar os movimentos que nos permitam sair da suposta e estéril dicotomia que considera dois processos supostamente opostos: a) focalizar a atenção no previsto e b) descobrir o "imprevisto".

O encontro com o imprevisto, este "instante estético", diria Sara Paín, interrompe a direção de nossa *atenção concentrada*, coloca-nos *em suspenso*. Maravilhoso *descentrar-se* que nos deixa tesos como estátuas, tal qual Narciso ante o espetáculo da imagem imprevista que alguma matéria ofere-

---

* Várias versões do mito descrevem Eco como uma ninfa que gostava de dançar e cantar.

ce e que, estando ali, nos seduz como se fosse um invento nosso, como se o tivéssemos criado. Estamos e não estamos ali. Os deuses e as musas abalam nossa concentração. Bem-vinda *distração* que nos permite *atender*!

E assim, no trabalho atento da elaboração deste livro, encontro-me com Narciso. O Narciso do mito, não o da psicanálise*, e com Eco, a Eco da dança e da música.

Eco e Narciso

Não pretendo oferecer uma interpretação exclusiva do mito; dissecá-lo seria uma crueldade. Permito-me, apenas, apoiar-me em alguns fragmentos que ajudaram-me a pensar, a descentrar-me – concentrar-me nos processos atencionais e seus modos de operar na dimensão estética do pensamento.

Nenhum mito adquire importância por seu conteúdo, mas por incluir uma trama enigmática que permite múltiplas interpretações. O próprio relato que se faz deles já inclui uma interpretação. Aqui, oferecerei uma narrativa das histórias de Narciso e Eco que, embora partam da versão de Ovídio**, serão lidas a partir de minha postura psicopedagógica e minha atenção aberta, voltada às relações entre a capacidade atencional, o olhar, o escutar e a corporeidade.

Nas diferentes leituras que se realizam sobre Narciso, pouco ou nenhum destaque é dado ao fato de ele ser um adolescente, um jovem de 16 anos***, Eco também é uma jovem. Ambos encontram-se/desencontram-se através de olhares que não encontram o que olham e ouvidos que não encontram a palavra.

Quando Narciso nasceu, fruto do vínculo entre uma ninfa (Liríope de Tespia) e um deus (Césifo, deus/rio), a beleza daquele corpo humano inquietou os deuses que, ante sua formosura, impuseram uma condenação expressada assim: "Se ele jamais se conhecer, chegará à velhice". Narciso, então, foi condenado a não se conhecer se vivesse mais do que 16 anos. Ele não deveria descobrir/conhecer/desfrutar/sentir a sensualidade de seu corpo adolescente.

---

* Quero aqui agradecer a Ricardo Rodulfo, à Sara Paín e a Massimo Cacciari, pois a leitura de alguns de seus escritos levaram-me ao encontro com Ovídio e suas "Metamorfoses". Refiro-me a PAÍN, S. *La estructura estética del pensamiento*. Revista EPsiBA, n. 8, 1999; RODULFO, R. *Futuro porvenir*. Buenos Aires: Ediciones Novedades Educativas, 2008; CACCIARI, M. *El dios que baila*. Buenos Aires: Paidós, 2000.

** Refiro-me à versão romana do mito que Ovídio compila em NASO, P. O. *Trechos das metamorfoses*. São Paulo: Salesiana, [19--].

*** Ovídio diz assim: "Pois em seu terceiro quinquênio, Cesifo havia somado um ano e o menino pode se parecer a um jovem."

Eco é uma jovem ninfa que, tal qual Eva no Éden, possui a potência erógena da voz corporal que quando diz palavra, provoca e encanta. Com a magia de seus relatos, Eco entretinha a deusa Hera, esposa de Zeus, para que suas companheiras ninfas pudessem desfrutar do amor do deus que Hera queria só para si. Ao descobrir o ardil de Eco, que permitiu às ninfas "humanas" conhecerem o amor dos deuses, Hera impôs sua condenação: "Desta língua, pela qual fui enganada, um reduzido poder terás e, da voz, farás brevíssimo uso, repetindo somente as últimas palavras que te sejam ditas".

Narciso, entretanto, era admirado e buscado por todos os jovens: "muitas meninas e muitos jovens o desejaram, mas nenhum deles e nenhuma das meninas o comoveu".

Narciso se deslumbra com sua formosura, mas está condenado a não se conhecer. "Ninfos" e ninfas admiram sua beleza. Ele os vê, mas não pode olhá-los. Entre as jovens que o admiram está Eco, a *ninfa vocal*, condenada, como castigo divino, a não utilizar a potência da palavra por haver, tal como Scherazade, *distraído* Hera com suas belas palavras. Sua voz, que havia cativado até mesmo uma deusa, será somente um eco espectral, repetindo a última parte daquilo que outro pronuncia. Assim, com o corpo ausente, o som é somente um som e a palavra escapa.

Narciso busca a solidão de um bosque. Mas Narciso não está só. A este lugar, seguiu-lhe Eco, que o encontra, olha-o e o admira.

> segue suas pegadas furtivamente e, enquanto as segue, com uma chama de luz próxima, não de outro modo que quando, untados no alto das tochas, arrebatam os vivazes enxofres das chamas. Oh! Quantas vezes quis, com brandas palavras, aproximar-mme e dirigir-lhe ternas súplicas. Sua natureza, contra isso, pugna, e não permite que comece; porém, ela está disposta a esperar sons aos quais sua palavra remeta.

Então, Narciso, que se inclinou para beber a água do lago, ouve o ruído de um corpo escondido entre as árvores e pergunta: "Alguém está aí presente?" e Eco só pode repetir: "presente... presente..."

E Narciso se detém, *em suspensão* (com a atenção aberta), buscando o corpo que reproduz a voz de suas palavras*.

---

* É interessante observar o modo como Ovídio relata este fragmento, no qual se evidenciam duas questões que me interessa remarcar: a) a característica adolescente de necessitar de momentos de isolamento e b) o aspecto de suspender certas demandas internas e externas que a atenção requer para poder se ampliar.

> O jovem, separado casualmente do bando fiel dos seus companheiros, tinha dito: "Alguém está aí presente?" Eco respondera: "Presente!" Ele fica estupefato, lança seus olhares por todas as partes e grita em voz alta: "Vem". Olha para trás e, como ninguém vem diz de novo: "Por que foges de mim?"

Narciso pergunta, recebendo como resposta o final de suas próprias palavras. Narciso espera que lhe responda a voz da imagem de seu rosto refletida na água ou a voz do corpo que sentiu se mover entre as árvores? Qual é o "engano"?

> E recebeu tantas palavras quantas ele pronunciara. Persiste enganado, alternância da voz pela imagem: "Aqui, unamo-nos!" diz, e ela, com mais gosto do que jamais tivera, respondeu: "Unamo-nos" [...] e saindo do bosque caminhava para enlaçar seus braços no esperado pescoço. Ele foge e, ao fugir:
> "Tire suas mãos de meus abraços!".
> "Antes" que tu disponhas de nós, "perecerei". Repete ela, sem mais nada: "tu disponhas de nós". Desprezada, oculta-se numa floresta e, com ramagens, protege seu rosto envergonhado, e desde esse dia, mora nos antros solitários.

Eco quer falar, mas não pode, porque está enredada em um fragmento da palavra do outro. Foi condenada a repetir, ecolalicamente, o que o outro disse. Ao perder a autoria da palavra, a vergonha a obrigou a se esconder. Eco olha Narciso, admira sua beleza, mas não pode falar. Tem voz, mas não tem palavra. É um eco.

Quando Eco sai de seu esconderijo, Narciso tampouco pode/quer tocar/olhar esse corpo que especulativamente devolvia-lhe, tal qual eco, o próprio som de sua palavra em outra superfície. Narciso não pode olhar Eco, pois sua atenção está buscando o corpo que lhe faz eco.

Narciso dirige sua atenção unidirecionalmente; vê, mas não se encontra. Nem Narciso nem Eco podem brincar, o que significa estar e não estar aí.

Então, Narciso volta distraído à água do lago, que tantas vezes acalmou sua sede, e fica novamente *em suspensão*, admirando as imagens do céu que a água limpa, *por nenhum animal nem folhagem turvada*, mostra-lhe aqui o que está tão longe. Rejeitada, Eco se afasta.

Então, sobre Narciso recai uma nova sentença que se superpõe à condenação recebida ao nascer: "Que, ainda que ele ame, não possua o que ama". Ele arcará com a sobrecarga da confluência de dois desígnios: "se queres chegar à senescência, não deves conhecer-te a ti mesmo" e "não podes possuir aquilo que amas".

Conhecer e amar, sempre em tensão criativa. Amar não é possuir o amado. Posso conhecer e amar, se desistir do desejo de possuir o amado. Amo no outro o que de mim coloco nele? Conheço em mim aquilo que quem me ama sabe?

Então, o jovem se inclinou para beber a límpida água do lago e pôde ver-se ali refletido. Fascinado pela imagem, quis beijá-la, mas quando seus lábios tocaram o espelho d'água, a imagem se perdeu; o jovem foi atrás dela, buscá-la.

> Prostrou-se diante da beleza do lugar e, levado pelo manancial, enquanto saciava sua sede, deixou-se levar por outra sede, e enquanto bebia, arrebatado pela imagem de sua formosura, passou a amar uma esperança sem corpo: pensara ser corpo aquilo que era só uma sombra.

Momento de êxtase, momento estético que Sara Paín (1999) descreve como uma captação em êxtase, quer dizer, na passividade da descentralização de si mesmo. Momentos obrigatoriamente de excesso e exceção, imprescindíveis à paixão de pensar...

> Fica admirado diante de si e fica imóvel com o mesmo rosto, como uma estátua feita de mármore de Paros. Deitado no chão, contempla seus olhos, duplo astro, e seus cabelos dignos de Baco, dignos mesmo de Apolo, e suas faces imberbes, e seu pescoço de marfim, e a formosura da sua boca, e sua vermelhidão misturada com nívea brancura, e admira todos esses atrativos pelos quais é digno de admiração.

As imagens desencarnadas e espectrais apoiadas nas superfícies do espelho, que as recebem para situá-las em outra dimensão, convocam a presença dessa distância, da diferença substancial que nos habita e nos habilita a reconhecer-nos vivos.

Massimo Cacciari (2000) diz que Narciso "é ferido mortalmente pelo suplício de não poder abolir a diferença mais ínfima, a mais extrema, a mais cruel das diferenças". Trata-se de não poder compreender-nos como cremos que somos. O que o condena – nos diz – é sua vontade de abolir a diferença e eu creio que a principal diferença é aquela que nos apresenta nosso corpo, que é irredutível às diferentes partes que o alojam.* O corpo deseja e busca.

> Deseja a si mesmo, imprudente, e enquanto busca a si próprio, acende e arde. Quantas vezes, inúteis, deu beijos ao falaz manancial. Metade dessas, quantas vezes seus braços tentavam enlaçar seu pescoço, submergiram na água, confundindo-se com esta.

O que busca Narciso? O que tenta? O que descobre? Que modalidade atencional põe em jogo para descobrir? É uma condenação ou uma aparente condenação: não possuir aquilo que amamos? O que é que, tantas vezes, não o confundia em sua ida ao lago, e, agora, passa a confundi-lo?

Que não sabe o que vê, mas que se abraça nele, e incita seus olhos ao engano. Por que tentas enlaçar, crédulo, aparências fugazes? O que buscas não está em parte alguma, o que amas é uma coisa sem corpo. Pensas que é um corpo o que é só uma sombra. Contigo chega e se vai, contigo se retirará, se te retirares.

Narciso, absorto na imagem que vê no lago, se vê, mas não pode se olhar, pois não encontra outro em quem se olhar. Outro que estabeleça uma diferença, um espaço *entre*, uma distorção.

Pergunto-me, será que estaremos em condições de amar sem querer possuir o amado? Não será este o trabalho psíquico que nos permite hoje transitar do *adolescer* ao *adultescer*?

Narciso foi condenado a não (se) conhecer? Talvez, para transitar no adolescer e, assim, tornar-se adulto, chegando à "senescência", devemos deixar de nos conhecer como até esse momento acreditávamos ser e, assim, abrir-nos para conhecer outras possibilidades da vida que a senescência pode nos oferecer.

Será que Narciso descobre a imagem do corpo no espelho ou, ao descobrir o espelho, consegue mostrar a irredutibilidade do corpo às superfícies que o alojam, assim como Eco, que mesmo morta, guarda na superfície das duras pedras as vozes de que hoje a chamam/se chamam?

Corpo irredutível às superfícies que o alojam. Corpo criador e criatura do desejo e do pensar próprios e dos outros. Corpo que fala e olha, toca, agarra, acaricia, sente, comove-se e atende. Corpo que não é organismo, ainda que precise dele. Corpo que *distrai* o movimento com gestos que o tornam único e singular. Corpo que precisa da gravidade do planeta Terra que o aloja, que o sustenta e lhe opõe resistência.

---

* Ver Capítulo 4.

Corpo que resiste também a ser subsumido pelas superfícies que o alojam. Corpo que deixa marcas nessas superfícies, mas que não pode evitar que elas imprimam suas marcas nele. Marcas dos encontros que nunca serão de todo apagadas. Corpo que faz palavra com o som da voz.

Corpo que Narciso perde, deixando-se absorver pela água, e corpo que Eco também perde, impedindo que a água e o alimento entrem nele.

Sobre Eco, Ovídio diz: "pela dor da rejeição [...] a magreza contrai sua pele e todo o ar de seu corpo se evapora; só ficam a voz e os ossos; a voz permanece [...]".

Havendo-se entregue a Eco o milagre da palavra e condenando-a a perdê-la, ouvindo sem escutar, sem incluir a diferença corpórea que faz do ouvir o escutar, e havendo-se entregue a Narciso a beleza admirável do corpo, vendo sem olhar, sem incluir a diferença corpórea que faz do ver um olhar: ambos se deixam morrer.

Ainda que a lenda diga que podemos ver o jovem em cada flor de Narciso... Bela lenda, provavelmente escolhida para dar nome ao jovem, pois possui uma substância utilizada como anestésico na antiga Grécia, para acalmar a dor de ouvido. Talvez a dor de ouvido que produz o ouvir sem escutar.

A Eco podemos ouvir quando um eco devolve nossa voz do fundo de algum abismo "[...] a voz permanece. Contam que os ossos tomaram a forma de uma pedra. Desde então, esconde-se nas florestas e não é vista em nenhuma montanha; ela é ouvida por todos: o som é o que vive nela".

A superfície mineral que devolve o som sem o corpo da voz. O espelho aquático que devolve a imagem desencarnada do corpo. O ar, entre a água e o corpo. O ar, entre a pedra e a voz. Ar, substância invisível aos olhos e quase inaudível, assume os corpos colocando-os em outra dimensão, provavelmente virtual, anunciando a telemática que séculos depois, como outros espelhos, nós – os humanos – criamos. Podemos, hoje, ficar aprisionados neles ou, pelo contrário, reconhecendo-nos nos espaços "entre" que nos permitem brincar, entrar e sair, surpreender-nos ante o potencial atencional humano que nos deixa criar e alojar algo nosso e dos outros para além de nós mesmos. Escutá-lo, olhá-lo e ali, ao ver-nos e ouvir-nos, aceitar esses tantos outros que nos constituem.

A pintura espelha Narciso e a poesia retoma a voz de Eco

Talvez, como disse Massimo Cacciari, os pintores – mais do que os filósofos – e os poetas – antes do que os psicanalistas – compreenderam que a figura de Narciso encarnava algo mais do que o símbolo do espelho, algo diferente a um ser amando a si mesmo, e que não se pode compreender Narciso sem Eco.

Daniel Calmels (2005) assim o sente:

A frieza do vidro.
Isenta de poros e de rugas
faz-me renunciar a sua carícia
mas seu fundo quieto me assegura estar
nas sutis mudanças de meu rosto.
Por outro lado, ao me refletir na água,
sempre túrgida e mutante
meu rosto está sujeito a um vai e vem de dobras
à turva impaciência do fundo
Meu semblante na água é uma sombra inconclusa,
um olho estranho que me obriga a decifrar.
Buscar-me nela em vão.
Eco me abandonou.

Analisando o lugar do espelho na pintura, Massimo Cacciari (2000) diz:

> O espelho que circula de obra em obra é, ao mesmo tempo, terrível e inquietante. A sombra que captura está obrigada a reconhecer-se no conhecimento que, ao mesmo tempo em que nos condena, nos salva. Trata-se, aqui, do contrário de qualquer possibilidade tranquilizadora de se reencontrar na imagem refletida, de um monólogo com sua própria imagem. A obra do espelho nos arranca de nossa "verdade" cotidiana. A realidade nos aparece, em uma primeira aproximação, como "outro" (é outro aquele que Narciso percebe na ponte).
>
> A proximidade e o afastamento extremos se lançam, ao mesmo tempo, sobre a superfície prateada [...] a conformidade com a coisa que exige a pintura está sempre em conformidade com a coisa refletida, enquanto reflexo. E, enquanto reflexo, sua proximidade expressa sempre o afastamento do princípio que reflete-se nela. Narciso é quem descobriu verdadeiramente a pintura, não porque descobre a imitação perfeita de sua imagem e se enamora caprichosamente dela, mas porque se reconhece como imagem e esse conhecimento o aniquila.

Numerosos pintores têm incluído espelhos em seus quadros, e outros, como Magritte, fazem do espelho um motivo constante em suas obras. Velázquez, na "Vênus de costas", faz aparecer um Cupido segurando um espelho que reflete o rosto da Vênus; ela, porém, através do espelho, não olha a si mesma, mas olha o espectador que interrompe sua intimidade desnuda, olhando para ela. Ela, através do espelho, olha para nós; talvez, da mesma forma como é possível interpretar uma das versões do mito de Narciso, que assinala que o jovem via também as estrelas através do espelho d'água.

Leonardo, por sua vez, aconselhava o pintor a ter sempre um espelho com ele, já que a coisa que pinta deve corresponder à imagem que o espelho reflete. Opondo um espelho a cada coisa, o pintor permite a cada uma delas reconhecer-se como reflexo.

Ricardo Rodulfo (2008), em um instigante artigo que chama: "Do estágio do espelho ao estudo do espelho" questionando as leituras usuais que a psicanálise faz sobre Narciso e a banalização que, por vezes, se realiza sobre o "narcisismo", assinala que o verdadeiro protagonista da história de Narciso é o espelho. Compartilho com essa leitura, pois podemos dizer que o espelho e o eco (como espelho da voz) evidenciam as diferenças produtoras de sentido entre imagens visuais e sonoras e o corpo que as produz. Marcam, também, a irredutibilidade entre a ordem do olhar e da palavra, "que nunca poderão harmonizar plenamente e onde não será possível estabelecer nenhuma hierarquia" (Rodulfo, 2008).

Rodulfo considera Narciso um "herói cultural" (Levi Strauss), pois é aquele que descobre e cria winnicottianamente o *espelho*.

> Sua imagem o interessa por causa do espelho e não o espelho por causa de sua imagem. O que o fascina é sua existência e consistência em outro meio do que aquele em que viveu até agora e um meio que o cria e o define como outro de si. Já que, em carne própria, não podia alojar-se nele. (Rodulfo, 2008)

Considero que o drama se faz tragédia, pois Narciso não entra e sai de seu descobrimento, não joga com/(n) ele; fica ali – *"e vai morar lá"* – nos diz Ricardo Rodulfo. E continua:

> a morte do herói simboliza uma mutação, uma metamorfose tanto subjetiva quanto cultural e a paixão por sua imagem pode ser lida como o significante de uma nascente paixão pela imagem, com o universo virtual que o lago tornado espelho inaugura [...] Narciso, abandonado à materialidade de seu corpo, move-se em um espaço espectral e virtual de ficção.(Rodulfo, 2008)

A telemática atual potencializa de um modo extremo o virtual em suas dimensões visuais, deixando o corpo, o gesto e o fazer, aquietados. Telas de cinema, televisão, computadores, exibem e até propõem um existir ficcional que hoje demonstra, de maneira exponencial, seu caráter de violência – que desincorpora e desubjetiva.

Todavia, também como desenvolvo em outros momentos desta obra, a ampliação da virtualidade que a telemática permite abre outras possibilidades. Na medida em que sejam reconhecidas como tais, poderemos deixar de patologizar o que aparece como diferente nos modos atencionais atuais, abortando possibilidades criativas que se anunciam. Como expressa Alejandro Piscitelli (1994, p. 228): "O virtual nos propõe outra experiência do real. As imagens virtuais não são simples ilusões virtuais, meras variantes da representação. As imagens virtuais, pelo contrário, podem ser visitadas, exploradas e até apalpadas pelo usuário."

Os mundos virtuais podem ser programados à vontade e se convertem em instrumentos privilegiados para a exploração de novos tipos de espaços*.

A virtualidade e a telemática conformam hoje novas e possíveis escrituras, que estão transformando as modalidades atencionais.

O drama de Eco e Narciso, talvez, hoje, esteja mais presente do que nunca. Narcisos e Ecos atuais, que descobrem seus corpos adolescentes e encantados com a virtualidade teletecnomidiática, estão modificando seus modos de atender.

Além disso, os jovens de hoje estão construindo/descobrindo um novo corpo sexuado, em um mundo onde a desubjetivação deserotizada da sexualidade converte o erótico em pornográfico. Como diz Ricardo Rodulfo (2008): "[...] o problema da sexualidade em nosso tempo é menos o da repressão do que o da desubjetivação deserotizada da sexualidade e de sua desintegração da vida psíquica [...]"

Se não trabalhamos em prol de criar e permitir espaços de subjetivação, nos quais os corpos não fiquem reduzidos a objetos, não estaremos permitindo que Narcisos e Ecos atuais colidam contra falsos *espelhos* e relatem, tal qual *ecos* dolentes, os gritos mudos de uma sociedade que perdeu a *palavra*?

---

* As tecnoculturas digitais possibilitam a operacionalização de intuições formuladas há muito tempo. É o caso, por exemplo, das filosofias do não (química não lavoiseriana, geometrias não euclidianas, lógicas não aristotélicas) teorizadas por Bachelard há mais de meio século, mas recém visualizáveis na atualidade.

Ao não reconhecer a emergência de novas modalidades atencionais engendradas com o surgimento do teletecnomidiático e diagnosticando como déficit aquilo que pode ser o gérmen de novas formas de atender, não estaremos lançando uma quantidade de meninos e meninas que descobrem (milagroso sempre, e hoje, muito mais) o mundo virtual, ao destino de Eco e Narciso?

Certos difusores de patologias e promotores de drogas farmacêuticas não estarão conduzindo-os a um destino trágico?

A tragédia de Narciso e Eco não teria existido se os jovens tivessem tido a possibilidade de brincar. Brincando se constrói um corpo. O som da voz se faz palavra. A imagem quieta e fria torna-se gesto. Os limites do organismo encontram-se com o desejo.

4

A capacidade atencional, a gestualidade e o brincar

O gesto cria a palavra

Escuta-se a voz dentro do gesto.
Pode-se olhar a imagem através do som do silêncio.
Escrevemos
desenhando o gesto da voz e escutando o silêncio do olhar.
Escrevemos
absorvendo a música do silêncio das palavras.
A palavra atende ao gesto e fecunda a voz.

Hoje, mais do que nunca, faz-se imprescindível promover espaços nos quais as crianças possam construir *corpo*, atravessando o *organismo* com sua inteligência e seu desejo na inter-relação com os outros. Por que hoje, mais que nunca? Começarei a responder a partir das palavras de Sara Paín, primeiramente, quando diz que "cada momento da história abre certas possibilidades e fecha outras, provocando as distintas descompensações que constituem os sintomas de cada época." Logo, quando assinala as questões que devemos ter em conta nos dias atuais, a respeito da corporeidade. "A sexualidade, supostamente liberada, transforma-se em um fim em si mesma, desconhecendo e quase menosprezando os sentimentos mais humanos de amizade e ternura." E incluo ainda suas observações sobre as técnicas que fazem nossa vida mais autônoma: "Porém, essa autonomia tem um preço: a falta de comunicação direta, corpo a corpo. Os dedos servem para apertar botões. Nossos gestos cada vez são menos eloquentes. E, sem dúvida, são necessários, tal como o conjunto de inscrições que fundam nosso ego como capaz de ser eficaz e efetivo" (Pain, 2008).

Cada vez são mais necessárias as propostas psicopedagógicas que promovam espaços onde o brincar convida ao gesto, a gestar espaços na relação com outros. Nesse caminho encontram-se os recursos psicodramáticos (Fernández, 2001), a arteterapia e as experiências artísticas em grupo, atividades que nutrem a capacidade atencional.

O organismo não é o corpo

Nos capítulos anteriores, na presença do corpo e do brincar, recorri à análise da participação do olhar e do escutar na constituição da capacidade atencional.

Tratar da importância do corpo supõe reconhecer o brincar como aspecto central da atividade da criança. Portanto, exige que analisemos a provisão ambiental, quer dizer, a imbricação entre o modo de ser atendido e o desenvolvimento da capacidade atencional.

O conceito winnicotiano de espaço transicional, com seu caráter paradoxal de ser e não ser interno e, por sua vez, de ser e não ser externo, oferece sustentação teórica para situar nesse espaço a *capacidade atencional*. A *provisão ambiental* constitui um aspecto importante do material que o humano utiliza, em conjunto com suas potencialidades biológicas, para construir um corpo. Estou partindo da diferença entre organismo e corpo. Diferença que é central para pensar as questões de aprendizagem e imprescindível para analisar a capacidade atencional.

O organismo *memoriza*, o *corpo recorda*, e para *recordar*, precisa incluir seu presente e suas expectativas de futuro. A *memória* orgânica insiste e o corpo pode *esquecer*.

O organismo outorga a memória ancestral desde a primeira célula vivente, e o corpo inclui o acontecimento presente e a incerteza futura[*].

O organismo prové a potencialidade dos *movimentos*, o corpo, com eles, constrói gestos. O organismo permite *sons*, o corpo, com a voz, faz silêncio e *palavra*. O organismo tem *cara*, o corpo faz *rosto* com o olhar e a carícia do outro.

O organismo possibilita *ouvir* e o corpo utiliza o *ouvir* para *escutar* ou não. O corpo, quando o organismo não lhe deu audição, pode fazer-se ouvir com os dedos e com todos os poros da pele.

---

[*] Realizo a diferença entre organismo e corpo desde meus primeiros escritos, a partir daquilo que foi desenvolvido por Sara Paín.

O organismo possibilita *ver*, porém o corpo resolve *olhar* ou não. O corpo, quando o organismo não lhe deu visão, pode outorgar-lhe a sustentação do olhar ao acariciar suas mãos.

O corpo *atende* e é atendido, pode atender porque pode *distrair-se* e, às vezes, até *desatender*, talvez como clamor para ser atendido de outro modo.

O *organismo* permite engendrar, o *corpo* pode adotar um filho. O corpo também, quando o organismo não lhe permite gestar, pode criar úteros desejantes para acolher um filho.

Organismo, corpo e ambiente

Ao nascer um bebê, não existe um organismo de um lado e do outro um "ambiente" que o recebe. A partir desse momento nos encontramos com três instâncias: a) Em primeiro lugar, um "espaço entre", espaço diferenciador existente desde o tempo da gestação. b) A criança. c) A *mãe-ambiente*.

A biologia somente outorga a possibilidade orgânica de gestar, a partir da qual a *mãe* (e o) *ambiente* poderá produzir significações para que o organismo nascente possa converter-se em corpo. O embrião deixa de ser um "feto" para passar a ser um bebê a partir de algo que não tem a ver com o organismo da mulher, mas com o que Winnicott chama de "mãe-ambiente". Esta "provisão ambiental" é demarcada pelo desejo, o pensar, as significações e os mitos próprios da cultura a que a mulher e a crianças pertencem, e está presente ainda antes da gestação.

A placenta como "espaço diferenciador" e precursor biológico de moradia

A diversidade é criadora de vida. A busca de homogeneidade ao excluir o diferente desvitaliza, material e simbolicamente, *aquele que exclui* e o excluído.

O espaço diferenciador encontra-se presente desde a gestação*.

Por que digo isso?

A placenta funciona como superfície diferenciadora, portanto, possibilitadora de intercâmbios mútuos entre o "embrião" e o organismo da mãe.

---

* Observações de Federico Apellaniz (professor de Química e participante do Curso de Psicopedagogia Clínica para graduados de EPsiBA) contribuíram para que eu pudesse avançar na temática do "entre" biológico e seguir investigando as relações entre cordão umbilical e placenta, corpo materno e embrião, relacionando com a atencionalidade.

A partir das diferenças entre o organismo materno e o do feto é que podem ambos coexistir.

Segundo o desenvolvimento atual da tecnologia genética e biônica, o corpo, longe de constituir um dado definitivo e não modificável, é um conjunto operativo aberto a um intercâmbio contínuo com o ambiente circundante. Um intercâmbio que pode, inclusive, encontrar seu motor central no sistema imunológico. A função de tolerância imunológica permite ao corpo feminino, durante a gravidez, alojar um embrião com características genéticas diferentes, sem rejeitá-lo.

Quando falamos de diferenciar, a que diferença nos referimos? A diferença não é oposição, não é uma falta de similaridade, "mas aquilo pelo qual um dado é tido como diverso".

Fernán Rodríguez e Gabriel Giorgi (2007) consideram que trata-se de uma diferença positiva e produtiva, própria da vida que é diferencial em si mesma.

> A vida como acontecimento vive de autodiferenciar-se, de mudança e de tranformar-se. Mais que oposições excludentes (sujeito-objeto, dentro-fora, consciência-mundo, homem-mulher, passado-presente, animal-humano), o que se passa entre dois corpos – e entre os corpos e as linguagens – é uma maré de diferenças subliminares, uma declinação infinitesimal de pontos intermediários, diagonais e desvios que ultrapassam os limites da nossa percepção, tanto como as divisões estabilizadas e convencionais da linguagem, os limites e as territorializações da cultura.

Também podemos recorrer a Gilles Deleuze (1988), que diz: "Tudo o que ocorre e aparece é correlativo a ordens diferenciais: diferenças de nível, de temperatura, de pressão, de tensão, de potência, diferença de intensidade".

Estou considerando a placenta como precursora biológica de todas as superfícies simbólicas de diferenciação na qual se alojarão os nutrientes da capacidade atencional.

O exemplo mais extraordinário da diferenciação como criadora de vida – deixado de lado por quem pretende buscar no organismo a explicação de todos os "mal-estares da cultura"-, é biológico. E é o organismo da mulher, na gravidez, que o dispõe.

No livro *Psicopedagogia em psicodrama**, eu dizia que:

> Não é suficiente que a criança antes de nascer esteja no útero para que possa habitá-lo. Nesse momento, dependerá do que a progenitora pode se tornar; de progenitora de um corpo estranho que a habita em mãe de um filho, ao qual oferece uma parte de seu território para que ele o habite. O bebê vai construindo essa casa, ampliando não somente o espaço das paredes que lhe foi oferecido, mas também colocando coisas próprias ali. O corpo da mulher tem provisão para uma grande tolerância às diferenças. Aceita emprestar uma parte para que ali se construa uma moradia transitória para esse ser, que não somente se originou do seu desejo, mas também do de outro. Tolerância às diferenças. Recebe, porém separa. Abre e fecha portas. Abre canais de comunicação e de separação. Seu filho pode ser até de outro grupo sanguíneo, mesmo assim, o corpo da mãe não o rejeita. Todos temos inscrita essa experiência de tolerância às diferenças, sendo homem ou mulher, pois todos habitamos o corpo de uma mulher**.

Hoje, mantendo o principal da frase anterior, faço um reparo no que disse, porque não se trata simplesmente de "tolerância" às diferenças, mas de necessidade de diferenças como substrato da própria vida biológica.

A primeira moradia que todo ser humano habita, oferecida pelo corpo de uma mulher, constitui, ainda na vida intrauterina, uma superfície de inscrição de intercâmbios. Partindo do biológico, evidencia-se que o vínculo somente é possível a partir dos intercâmbios que são possíveis graças às diferenças. A relação que se estabelece não é entre um receptor passivo e um doador ativo, mas surge da criação de um espaço de diferenças que permite que ambos saiam modificados ao se cortar o cordão umbilical.

O organismo da progenitora e o feto desenvolvem atividades em que ambos recebem e dão. E essa atividade, com as diferenças entre eles, é o que permite o intercâmbio. Estudos atuais assinalam que podem ser encontradas células provenientes desse intercâmbio no organismo da mãe anos depois do nascimento do filho.

---

* Ver FERNÁNDEZ, A. *Psicopedagogia em psicodrama*. Rio de Janeiro: Vozes. 2001. Nessa obra analisei as diferentes superfícies de inscrição que a criança vai requerendo para construir sua subjetividade e chegar (entre outras coisas) à escrita (remetendo-me a Ricardo Rodulfo), mencionei o corpo da mãe como primeira delas: Corpo da mãe, passando por ele, espelho, até a folha de papel. Menciono três lugares onde o sujeito pode se estabelecer.

** Mesmo nas gestações fora do útero materno, (situação a analisar, pois extrapola minhas possibilidades) o organismo humano está preparado para essa articulação de diferenças.

Sabe-se que nos transplantes de órgãos é necessário cuidar da compatibilidade genética entre o receptor e o doador para que o receptor não rejeite o transplante.

Partindo de diversas disciplinas (biologia, química, genética, medicina, filosofia, estudos de gênero) estão sendo estudados os mecanismos biológicos que permitem que, na gravidez, não se produzam rejeições por incompatibilidade, diferente do que pode ocorrer nos transplantes de orgãos.

Quais são os mecanismos biológicos que permitem que na gravidez o organismo materno não rejeite o embrião por incompatibilidade genética?

Luce Irigaray (1992), diz que "algo tão difícil de realizar como o transplante de órgão de um indivíduo no corpo de outro indivíduo [na gravidez] se produz de forma natural. Nos transplantes, o problema consiste em que o organismo receptor reconheça o órgão transplantado como algo estranho e coloque em marcha seus mecanismos de defesa para desvencilhar-se dele."

A rejeição por incompatibilidade se produz, no caso de transplante, porque o órgão é somente uma *parte* (um pedaço) de um organismo diferente. Ao contrário, o feto não é uma *parte* de outro, mas um outro diferente que vai ser alojado precisamente, e apenas, pelo fato de ser diferente.

O filósofo italiano Roberto Esposito (2005), em um interessante estudo, revela os sentidos político-sociais do que está obscurecido pelo discurso "biologicista" e excludente do outro. Também analisa a diferença como possibilitadora da inter-relação mediante a pergunta: Como pode o feto – sobre a base de todos os critérios imunológicos normais – ser tolerado pelos anticorpos da mãe? Ele conclui que:

> Somente se o sêmen do pai for suficientemente estranho para produzir anticorpos de bloqueio, a mãe estará em condições de sustentar a gravidez– ignorando a índole estranha do feto. A conservação do filho por parte da mãe é permitida não pela "semelhança" de ambos, mas por sua diferença transmitida por herança e devido ao pai. Somente enquanto estranho o filho pode tornar-se "próprio".

Partindo do biológico, é a diferença o que permite que a nova vida encontre uma moradia e possa desenvolver-se. Partindo do psíquico, a aceitação e a promoção da diferenciação por parte dos adultos que recebem e atendem a criança é condição para que o sujeito desejante e pensante possa emergir e desenvolver-se.

Luce Irigaray (1992), em diálogo com a bióloga francesa Hélène Rouch, explica a singularidade das relações mãe-filho dentro do útero e nos diz:

> A relativa autonomia da placenta, suas funções reguladoras que asseguram o crescimento de um corpo dentro de outro, não podem se reduzir a mecanismos, seja de fusão (mescla inefável dos corpos ou dos sangues materno e fetal), seja de agressão (o feto como corpo estranho que devora o interior, que vampiriza o corpo da mãe). Essas representações são produtos da imaginação e são bastante pobres – e, sem dúvida, muito determinadas culturalmente – quando observamos a complexidade da realidade biológica.

As autoras, analisando a questão sob uma perspectiva de gênero, consideram que as relações mãe-filho são "estranhamente ordenadas e respeitosas da vida de ambos", ainda que "a imaginação patriarcal tenha nos apresentado (por exemplo, na psicanálise) como de fusão" (Irigaray, 1992).

O que permite o vínculo e a relação é a diferença, a heterogeneidade. O intercâmbio entre o que se dá e o que se recebe. A placenta, já desde o biológico, anuncia que somente a partir da produção de diferenças é possível conviver.

Roberto Esposito (2005) realiza uma desconstrução léxica dos discursos médicos que excluem os corpos da evolução da multiplicidade. Questiona a descrição habitual do *sistema imunitário*, descrito como um dispositivo militar defensivo e ofensivo cuja função seria rejeitar e destruir todo o que não reconhece como parte do próprio corpo. Então, Esposito recorre também ao exemplo oferecido pela biologia do organismo feminino na gravidez, pois a relação imunitária que ali se produz mostra, paradigmaticamente, que a imunidade não se dá através da rejeição ao estranho.

Esposito (2005) explica assim:

> O fato de ser a heterogeneidade – e não a semelhança – genética do embrião o que favorece sua aceitação por parte do sistema imunológico da mulher significa que este último não pode ser reduzido a uma simples função de rejeição frente ao estranho, mas que, em síntese, deve ser interpretado como sua caixa de ressonância interna, como o diafragma, através do qual a diferença nos envolve e nos atravessa, enquanto tal.

A placenta como superfície (transitória) de inscrição

Considero a placenta como precursora biológica dos espaços de diferenciação em que se alojará posteriormente a atenção. A placenta é uma superfície biológica de sustentação que, tal como as posteriores superfícies de inscrição que o humano precisa para humanizar-se (quer dizer, incluir-se, diferenciando-se), tem uma existência transitória. Quando a criança nasce deve buscar outras superfícies onde se alojar, outros *espaços atencionais* devem ser oferecidos. Espaços onde desenvolva sua atividade atencional. Alguém o olha e ele pode alojar sua atenção no olhar que o contempla. Alguém o escuta, fala e ele pode alojar-se na palavra. Alguém o sustenta, o acaricia e ele pode alojar-se no gesto do outro.

Volto a citar Luce Irigaray (1992), para quem a placenta é um sistema regularizador de intercâmbios que se comporta como um órgão quase independente:

> Joga um papel mediador em um plano duplo. Por uma parte, é o espaço mediador entre a mãe e o feto o que significa que os tecidos maternos e os tecidos embrionários nunca chegam a fundir-se. Por outra, constitui um sistema regulador de trocas entre ambos os organismos que não se contenta em organizar quantitativamente esses intercâmbios (substâncias nutritivas da mãe para o feto, resíduos no sentido inverso), mas que modifica o metabolismo da mãe; transforma, empilha e redistribui, por sua vez, os materiais maternos para ela mesma e para o feto. Estabelece, assim, uma relação entre mãe e feto que permite a este último crescer sem esgotar a mãe, e sem ser um simples devorador de substâncias nutritivas.

Atrevo-me a considerar a placenta (construção biológica entre o filho e sua mãe) como precursor biológico da diferenciação necessária a todo vínculo humano criativo e saudável. Ela anuncia o espaço de diferenciação que, posterior ao nascimento e durante toda a vida, será o lugar onde se desenvolverá a atividade atencional.

Capacidade de atender e ambiente facilitador do brincar

O brincar é a primeira e, sequencialmente, a constante atividade na qual nos desenvolvemos e nutrimos nossa capacidade de atenção. É também a primeira superfície de alojamento da subjetividade, e ali, a criança assemelhando-se e diferenciando-se, constitui sua singularidade.

A primeira experiência de autoria é no brincar. Algo que se faz sem que haja demanda do outro e sem a exigência da necessidade. Surge nessa zona intermediária que não é nem interior e nem exterior. Nela o ser humano, desde bebê, toma sua voz para balbuciar, seus pezinhos para fazer um movimento, ou desfruta do chocalho oferecido, fazendo experiências de autoria que inauguram o pensar e o atender. Brincar nos permite tomar a realidade do objeto para transformá-la. O pensar e o atender nascem mediante a resolução desse desafio. Somente se atende quando nos atendemos.

Através do brincar vai-se construindo o corpo e vai-se experienciando a autoria gestual. O bebê, atendendo a si próprio ao ser atendido, vai desenvolvendo a *atividade atencional*.

Gilberto Safra, psicoterapeuta brasileiro, reconhece o sofrimento que se produz nas situações iniciais que cerceiam a autoria gestual do bebê: mães e pais que censuram ou impedem o gesto espontâneo do filho. Sabemos que a criança cria o objeto através de seu gesto, e também vai criando a si mesma. Diz Safra (1999):

> Em muitas situações clínicas, nos encontramos com alguns pacientes que possuem uma gestualidade tímida e contida, acompanhada de um profundo temor de prejudicar, sobrecarregar e machucar o analista. São pessoas com uma hipertrofia do estado de preocupação (*concern*) estabelecida em etapas bastante iniciais do desenvolvimento do *self*. Foram, na maior parte das vezes, filhos de mães que temiam profundamente a vitalidade de seus bebês, levando-os a ter consciência precoce da destruição do outro. Eles vivem uma sensação de serem, onipotentemente, destrutivos. É uma situação em que a própria experiência de existir parece colocar a estabilidade do mundo em perigo.

E, winnicottianamente, continua dizendo que "o gesto cria o objeto e cria, concomitantemente, o braço ou qualquer outra parte do corpo implicada na ação criativa. Abre-se, assim, a própria capacidade de conhecer o outro e o mundo. O gesto inaugura o criar, o conhecer e o amar" (Safra, 1999).

A criança participa da *criação* das superfícies que a alojam, e as superfícies devem ser *entregues*, ou seja, apresentadas. É no fazer (agarrar, manipular) que a criança vai construindo a inteligência e a capacidade de atenção, que se coloca em jogo, respondendo com atração ou recusa, de acordo com a carga afetiva dessas superfícies.

O primeiro ato de amor é também o primeiro ato de conhecimento e o primeiro movimento da atenção.

O bebê não recebe o mesmo que lhe é dado. Sem dúvida, com aquilo que lhe é dado irá produzir algo e também entregará. O modo como o ambiente recebe aquilo que a criança entrega incidirá, por sua vez, na construção de sua capacidade de atenção.

A capacidade de criar o mundo

Conceituar – *que é atender* – coloca-se como uma tarefa anterior a diagnosticar um déficit de atenção. Do mesmo modo, devemos analisar que significado tem o conceito de *atividade* quando se fala de *hiperatividade*.

Donald Winnicott, pediatra e psicanalista, fornece-nos uma sustentação teórica para pensar na *capacidade de atender* e na *atividade de atenção* necessárias para aprender.

Destacaremos os primeiros vínculos da criança com os objetos e as pessoas que a rodeiam e cuidam para pensar nos complexos processos que habilitam o desenvolvimento da *atividade de atenção*, que, por sua vez, são requeridas para *prestar atenção* aos objetos de conhecimento oferecidos pelos professores e, simultaneamente, construí-los. Sabemos que o desenvolvimento da capacidade para relacionar-se com os objetos depende do ambiente que recebe a criança e que não é uma questão de simples processo de maturação.

Com essas referências presentes transcreverei a seguinte tese exposta por Donald Winnicott (1993c):

> Quando a cena não é dominada pela privação, nem pela perda, e, em consequência, o ambiente facilitador pode ocorrer com o suporte da teoria das etapas mais iniciais e formadoras do crescimento humano, desenvolve-se no indivíduo, gradualmente, uma mudança na natureza do objeto. *O objeto, que, em princípio, é um fenômeno subjetivo, converte-se em algo percebido objetivamente.* Esse processo leva tempo, e devem passar meses, inclusive anos, antes que as privações e perdas possam ser acomodadas pelo indivíduo sem nenhuma distorção dos processos essenciais básicos para a relação com o objeto*.

---

* O destaque é meu.

A aceitação da realidade é sempre uma tarefa não conclusa, que necessariamente se inter-relaciona com a *"capacidade de atenção"* e com a *atividade pensante e criativa do jogar.*

Donald Winnicott explica que sem a possibilidade de jogar a criança estaria exposta, tendo que adaptar-se, sem mediação, às exigências da mãe. A criança ficaria então, no temor, na complacência e na sedução que estão na origem do *falso self.* Por outro lado, o autor diz que, se uma mãe se fecha na *tarefa séria de* satisfazer as *"necessidades reais",* acaba por posicionar-se como *"escrava de seus deveres, criando a criança na escravidão".*

Podemos perguntar o que pode ocorrer se o docente se comporta fechando-se na *tarefa séria* de transmitir somente informação de conteúdo para que seus alunos alcancem o nível escolar superior.

É no espaço potencial entre a criança e sua mãe, entre o sujeito e seu ambiente que se desenvolve a capacidade de atenção e se constrói o corpo. Corpo que *atende,* "presta atenção", a partir de sua própria atividade.

Quanto à relação entre a atividade da criança e a oferta ambiental, Donald Winnicott (1975) diz que a função ambiental implica: "1) agarrar; 2) manipular; 3) apresentar o objeto." *Agarrar* supõe pegar com força, quer dizer, segurar, não apenas tocar. *Manipular* fala de um trabalho não apenas do trato com o objeto, mas também construí-lo como objeto. Por fim, *"apresentar o objeto",* indica a necessidade de outro que outorgue presença ao objeto. As três ações são uma intervenção inseparável.

Winnicott insiste na importância que tem para o bebê descobrir o objeto criativamente e diz que "é muito importante que o bebê crie o objeto, e o que deve fazer a mãe é situar o mamilo de seu seio justo ali, no momento oportuno, para que seja seu mamilo aquilo que o bebê cria."

Como bom pediatra que era, Winnicott sabia da necessidade de alertar a instituição médica (e as enfermeiras que às vezes são formadas no saber médico hegemônico) acerca de que, aquilo que nutre não é o leite, mas a criação que o bebê pode realizar para construir o objeto (eu diria – o próprio leite como *objeto entre*) a partir de seu fazer.

Winnicott (1993b) nomeia como uma "arte" a postura (que eu estendo a todo professor) de aceitar que o que ele entrega é aquilo que o aprendente constrói a partir dali. Diz, então, que: "Para conseguir que um bebê se iniba no tocante à lactância, ou qualquer alimentação, basta introduzir o seio sem dar-lhe a oportunidade de ser criador do objeto que irá encontrar."

O leite entre o seio e o bebê

O bebê precisa, diz Winnicott, acreditar que cria o seio. Porém, entre o seio e a sucção está o leite. O leite que se produz *entre*. O leite que se produz graças à atividade da criança. A tangibilidade do leite, com sua materialidade própria, oferecida e produzida, é metáfora clara daquilo que chamamos "objeto de conhecimento", como um *terceiro* a atender.

Transcreverei uma cena relatada por uma mãe, que creio ser ilustrativa, para explicitar o espaço "entre", como um *espaço diferenciador*. Lugar onde o bebê vai criar o "objeto leite": Uma criança de 20 meses está transitando pelo período de desmame. Um dia, enquanto está mamando, suspende momentaneamente a sucção, afasta seu rostinho do seio da mãe e vê sair um jorro de leite do mamilo. Olha-o, descobre-o pela primeira vez e, perplexo, diz: "leite!" Sai da teta o leite!

A criança reconhece que o leite surge do seio da mãe. Esta descoberta a conduz ao abandono da prévia e necessária ilusão de que somente sua sucção criava o leite. Pode perceber, então, a sua própria identidade, recortá-lo como objeto e reconhecer sua autoria na atividade de sucção. Entre sua ação de sugar e a mãe está o leite, ou melhor ainda, entre a mãe e ela se produz o leite.

O que é que permanece da ação de sugar (uma vez finalizada), que permite à criança reconhecer sua autoria ao alimentar-se, sem que necessite da ilusão de produzir o que está fora? Permanece o vestígio da ação produtora da satisfação. E, mais que uma marca, é uma ponte.

Para onde se desloca a inicial e necessária *onipotência criativa*? Para a experiência prazerosa de reconhecer que, com seu fazer, (recordemos que afeto, etimologicamente, provém de *fazer*) pode "fazer próprio" aquilo que era alheio, transformando-o, ou melhor, criando-o como objeto de conhecimento.

O brincar, a atenção e a construção do objeto

Fazendo uma breve síntese: analisamos algumas das superfícies nas quais vão se alojando o corpo, para constituir-se como próprio, em concomitância com o desenvolvimento da atividade atencional. Consideramos, inicialmente, *o brincar* como superfície constante e inaugural a partir do nascimento, no entanto, antecipada biologicamente pela placenta. Logo, nomeamos a *cena do espelho* e a *nova cena*, que oferecem passagem – sem suprimir as anteriores – às seguintes superfícies, que permitem atender aos *objetos de conhecimento com relativa independência dos sujeitos que os portam*.

É em um espaço terceiro, diferenciador, espaço transicional, paradoxalmente interno e externo, que se constrói o corpo e se desenvolve a atividade atencional.

E como se atende ao objeto de conhecimento?

A capacidade atencional sustenta-se na capacidade lúdica e esta, por sua vez, na *capacidade de estar a sós em presença de outro disponível*. Ambas relacionam-se com a *capacidade de interessar-se no outro** e, portanto, nos objetos externos. Objetos que vão transformando-se em objetos de conhecimento.

Sabemos que aquilo que o bebê cria não é igual ao que a mãe lhe apresenta, mas esse paradoxo de ser e não ser é permitido e permite a construção do espaço de brincar. Inicialmente, há uma adaptação, quase exata, das mães às necessidades do bebê e, Winnicott (1993b) assinala que isto proporciona ao bebê a ilusão de haver criado objetos externos.

> Gradualmente diminui a capacidade da mãe de adaptar-se à necessidade emocional, porém, o bebê dispõe de modos e de meios para abordar essa troca. É engano pensar no estabelecimento do sentido de realidade, no bebê, em função da insistência da mãe sobre o caráter das coisas externas.

A partir das palavras de Winnicott, podemos perguntar: como seria um modo suficientemente bom de propiciar espaços educativos que possibilitem o atender necessário para a aprendizagem? Como propiciar escolas e universidades que favoreçam a adaptação dos professores às necessidades emocionais de seus alunos? Precisamos *distrair-nos* da exigência de transmitir *informações* (que são sempre externas) e *atender* a produção de sentido que se constitui nos espaços "entre". Atender às autorias dos alunos e dos professores, que sem dúvida precisam de informações que devem funcionar como um terceiro entre ambos. A insistência acerca do caráter de verdade das mesmas e a avaliação a serviço da repetição só consegue esvaziar, "anular", "secar" a produção de sentidos. Winnicott fundamenta que se tudo está bem no ambiente que atende a criança, podemos assistir "a conversão gradual da necessidade em desejo" (Winnicott, 1993b).

Como propiciar espaços que permitam favorecer a conversão gradual da necessidade de estudar em desejo de estudar? Recordemos que só se atende aquilo em que se investe libidinalmente e, para que isto se produza,

---

* O Capítulo 12 aborda estas duas capacidades descritas por Winnicott.

é preciso tempo. Talvez, possamos falar de tempo lúdico. O bebê não tem necessidade imediata de leite, insistirá Winnicott (1993b), dizendo: "O bebê que descobriu o mamilo, e cuja mãe está acessível para oferecer-lhe a mão ou a boca, pode usar seu tempo, se for necessário, para começar a sugar".

Parto de que o atender é algo que vai-se aprendendo ainda que não se possa ensinar. Nesse ponto, ele coincide com o jogar e com a produção de humor.

Situamo-nos próximos à alegria potencializadora da atenção e longe da indiferença propulsora da desatenção.

Analisar como se apresenta o objeto a ser atendido pelo bebê pode ajudar-nos a pensar como se apresenta o objeto a ser atendido pelo aluno.

Tendo em conta que a vida cultural é equivalente no adulto aos fenômenos transicionais da infância, poderemos começar a responder como se atende ao objeto de conhecimento ou, melhor ainda, a uma "informação" dada por um/a professor/a.

A potência atencional da alegria da/na arte

Partindo da ideia de que a atividade criativa supõe prestar atenção, nos perguntamos: Que diferença existe entre o atender do criador de uma obra de arte e o atender do cientista? Responderei, provisoriamente, que essas diferenças não são de oposição, já que ambos devem, com diferentes procedimentos, criar espaços *entre*... buscas e descobertas, caminhos retos e circulares. O atender que supõe o aprender daquele que estuda (ler um livro, escutar o professor) é mais parecido ao atender do artista ou ao do cientista, ou, pelo contrário, envolve ambos, seja qual for o conteúdo da matéria estudada?

Sara Paín nos ensina que nem a elaboração lógica e nem a elaboração dramática esgotam o campo do estético, do imaginário e do corporal. Dirá, também, que é importante realizar uma análise profunda da atividade artística, pois sua problemática mostra-se irredutível ao conhecimento e ao desejo.

Considero que a atividade artística, por sua vez, permite-nos analisar alguns aspectos da atividade da atenção*.

Theodor Adorno, em um belíssimo texto chamado *A arte é alegre?*, fornece algumas chaves para pensar a atenção como uma capacidade. A arte

---

* Recomenda-se a leitura do interessante livro de PAÍN, S. *En sentido figurado: fundamentos teóricos de la arteterapia*. Buenos Aires: Paidós, 2008.

não tem uma finalidade e a atenção não se submete a uma. Diz Adorno (2001) no artigo citado:

> A não finalidade da arte é escapar à coerção da autopreservação. A arte incorpora algo de liberdade no seio da não liberdade... Há algo de verdade na trivialidade da alegria da arte. Se ela não fosse – sob alguma mediação qualquer – fonte de alegria para muitos homens, não haveria conseguido sobreviver na mera existência que contradiz e a qual opõe resistência.

Entre o que o artístico convoca e o que o sujeito produz trabalha a atenção. A alegria da autoria nutre a capacidade de atenção e permite prestar atenção ao processo de produção.

Tanto para quem produz a obra de arte, como para quem ela tem significado, a atenção trabalha entre as frestas da distração criativa, vai-se produzindo no *prestar atenção*. Assistindo a um filme, lendo um livro, escutando música, contemplando uma pintura ou escultura também existe um processo de produção de um "entre", no qual a atenção se desdobra.

Quão longe estaremos dos espaços de autorias se identificamos – como é costume hoje – *capacidade de atenção* com focalização da atenção!

Não é por acaso essa mesma tensão (da qual fala Adorno) aquela que pode sustentar espaços de ensino-aprendizagem em que a criatividade e a autoria sejam possíveis?

"Ensinar não é suficiente": objetividade ou objetivação

Para pensar como se apresenta o objeto de conhecimento a ser atendido pelo aluno, começamos desde os primeiros vínculos do bebê com o mundo. Mundo ao qual o bebê pode prestar atenção na medida em que é atendido por outros humanos, e mundo, por sua vez, que é construído a partir da própria atividade da criança. Isso quer dizer que o próprio objeto de conhecimento está sendo construído a partir daí. A criança vai encontrando e criando superfícies de inscrição para que essa atividade seja possível. Resta-nos continuar analisando como vai desenvolvendo-se a atividade da atenção em períodos posteriores e, principalmente, quando a criança precisa dar conta dos conteúdos de conhecimento ensinados por outro.

Para precisar essa construção devemos analisar os processos de atenção presentes nos processos criativos de todo ser humano.

Donald Winnicott, no prólogo do livro *On not being able to paint* de Joanna Field, oferece algumas ideias, de certo modo surpreendentes para a psicanálise ortodoxa, porém, elas vêm de encontro às questões que, no âmbito da Psicopedagogia, estamos assinalando. Partindo de que a criatividade surge da não identidade daquilo que se concebe e daquilo que há para perceber, diz que:

> Os psicanalistas e também os professores estão menos acostumados a considerar o efeito embrutecedor sobre o espírito criativo de uma insistência muito grande na objetividade. Essa insistência na objetividade concerne não apenas à percepção, mas também à ação; a criatividade pode ser destruída por uma insistência muito grande quando o fazer o que se está fazendo precisa ser sabido de antemão. (Winnicott, 1994).

No prefácio do livro citado anteriormente, Winnicott diz ainda:

> Para a mente objetiva de outra pessoa que está vendo de fora, aquilo que é externo a um indivíduo nunca é idêntico ao que está dentro desse indivíduo. Porém, pode e deve haver, para a saúde, um ponto de encontro, uma superposição parcial, um nível de ilusão, intoxicação, transfiguração. Nas artes, o ponto de encontro é, de modo proeminente, encontrado através do veículo, aquele fragmento de mundo externo que assume a forma da concepção interna. A autora está recordando aos psicanalistas e a todos os professores que ensinar não é suficiente; cada estudante tem que criar o que há de ser ensinado e dessa maneira chegar a cada nível de aprendizagem a seu próprio modo.

Por sua vez, Winnicott resgata o lugar da espontaneidade, assinalando que a criatividade pode ser destruída pela insistência de objetividade. Herdeiros desse despojo são aqueles setores que hoje propõem o ato de "prestar atenção" como se pudéssemos exercitá-lo isolado do contexto que o subjetiva.

Objetividade/subjetividade e atencionalidade

O termo *subjetivo* tem sido associado como algo pouco válido e alheio a um pretendido critério de verdade. A partir dessa posição positivista é difícil explicar os processos da atenção. Embora existam diferenças entre objetividade e subjetividade, tal diferença não é de oposição. Um suposto enfrentamento entre "objetivo" e "subjetivo" pode ser derrubado, mesmo entre as "duras" matemáticas: a fita de Moëbius demarca o espaço em movimento, no qual o externo (pretensamente objetivo) e o interno (pretensamente subjetivo) estão em simultaneidade.

Denise Najmanovich (apud Bleichmar, 1994) refere-se ao termo *objetivação*, diferenciando-o da suposta objetividade, e assinala que uma epistemologia que pretenda a *objetivação* no lugar de objetividade abre as portas da diversidade. As objetivações dependem de um consenso coletivo que consegue, no âmbito dos conceitos, que valores e novos procedimentos instrumentais juntem-se e legitimem-se em um imaginário compartilhado. A partir disso, as teorias não são representações de algo anterior, mas produtos de um processo complexo de fertilização cruzada entre o *imaginário social* e o *subjetivo*. A autora diz que "a novidade somente pode emergir graças à ação criativa do sujeito, e este, por sua vez, pode conceber-se como um 'ressonador' que permite a emergência do novo latente no imaginário social."

Buscando dar conta da produção pensante, Sara Paín descreve duas *elaborações*: uma *objetivante* e outra *subjetivante*. Ambas são consideradas como movimentos que estão em contínua e estreita colaboração. Sublinhemos que a autora fala de elaborações, quer dizer, trabalhos psíquicos que vão estabelecendo uma trama na qual existe uma tensão produtiva. É através desse trabalho que se constitui o objeto de conhecimento, que é – simultaneamente –, externo ao sujeito e construído por ele. Não existe, portanto, motivação externa que possa orientar, por si só, a atenção. Sara Paín (1999) nos diz:

> Quando é preciso devolver à criança sua paixão de saber, é necessário desmanchar os nós, não somente o simbólico do operatório, como temos insistido até aqui, mas também liberar a atitude estética quando está paralisada pelo pragmatismo e desencanto precoce, e neutralizá-la quando tende a girar no vazio...

Aprende-se a prestar atenção, a brincar, a pensar e a amar, ainda que não se possa ensinar a fazê-lo. O que foi dito anteriormente não desautoriza os professores, pelo contrário: os realça. O aluno poderá atender de acordo com o ambiente facilitador, confiável e confiante que lhe for proporcionado, e esse ambiente deve ser oferecido pelos professores.

5

Capacidade de acreditar criando

Capacidade de acreditar em...

A atividade pensante trabalha acompanhada pela *capacidade de crer em* que aquilo que pensamos pode ser possível.

Crer é um processo ativo, supõe um sujeito pensante.

A capacidade de acreditar em... abre um terreno fértil no qual o pensar vai trabalhando sustentado e sustentando a atividade atencional. Em contrapartida, a insistência solidificada como *não pensáveis* das *crenças* deixa o sujeito em um lugar passivo, apático, desatento.

Donald Winnicott, em várias oportunidades, mencionou a "capacidade de acreditar em(...)". Capacidade que estou relacionando com a capacidade atencional e com a experiência de autoria.

A "capacidade de acreditar em..." não tem qualquer relação com a atitude ingênua, nem com as *crenças solidificadas*. Pelo contrário, seu desenvolvimento previne a solidificação dessas *crenças* que insistem para além de sua verossimilhança e apesar das provas que as contradizem. Surpreendentemente, obtêm sua força no fato de não serem desativadas pela realidade que opõe-se a elas. O filósofo esloveno Slavoj Žižek (2006), como exemplo de resistência à rigidez de certas crenças e às evidências em contrário, relata uma piada do século XVIII em que a mulher encontrava seu esposo na cama com outra mulher e o marido dizia: "Se me amas de verdade, não há ninguém ao meu lado." Então, a esposa não via a outra mulher. O mesmo autor acrescenta: "na atualidade, certas crenças não apenas não desaparecem, como passam a funcionar como convicções subjetivas. Quer dizer, como crenças instituídas, garantidas pela ordem simbólica institucional".

Quando o ceticismo, o desânimo e a descrença em projetos coletivos ganham as subjetividades aumenta a difusão de crenças supersticiosas e demoníacas que, ao se enrijecerem, vão desativando o que Winnicott chamou de *capacidade de acreditar em**. Capacidade que toda criança possui, mas que, para se desenvolver, necessita que o mundo adulto ofereça uma superfície onde possa se sentir sustentada.

Para uma criança ou jovem, ter pais que não acreditam em nada é quase tão negativo quanto ter pais que exigem acreditar naquilo em que acreditam.

Na atualidade, muitas pessoas de diversos grupos sociais têm sido acompanhadas pelo esvaziamento da esperança e pela desconfiança em projetos coletivos, situação que unida a uma *exigência de decidir* antes de pensar conduz a *optar focalizando* a atenção em somente uma ou duas ofertas.

Optar não é escolher. Escolher supõe um sujeito ativo, participando na invenção de novas possibilidades. Por outro lado, para optar, só precisamos focalizar nossa atenção entre o que nos oferecem e decidir rápido. Escolher, ao contrário, é um processo que põe em jogo uma disposição atencional aberta e flutuante. Para escolher, precisa-se tempo para pensar e incluir-se ativamente, confiando nas próprias possibilidades e em uma superfície social que, de algum modo, ofereça um certo futuro. Segundo Peter Sloterdjik (apud Matos, 2008): "A monotonia que impregna a sociedade de massas coincide com o 'esquecimento da política' e a descrença nos projetos coletivos; seu esvaziamento produz 'realismo político' e 'decisionismo', ideologias que são pseudoteorias do real".

O autor ainda acrescenta que: "a facticidade é uma deusa cruel, acompanhada por um assistente também cruel, a decisão".

A decisão resulta de um complexo processo de atividade atencional que se ancora no desejo do impossível, fazendo trabalhar o pensamento para que algo faça possível o impossível e algo torne provável o possível. Então, o sujeito vai *criando* as condições para que seu acreditar seja possível. É neste *fazer-fazer-se*, que a decisão cobra sentido. O *decisionismo*, ao matar a autoria, mata a decisão, pois podemos dizer que a "decisão decisionista" focalizou uma única opção, sem atentar para outras alternativas.

---

* D. Winnicott, "Aprendizagem Infantil". Trabalho lido em um congresso sobre pregação do Evangelho na família, realizado pelo Instituto Educativo de Cooperação Cristã, no Kingswood College for Further Education, 5 de julho de 1968; "A ética e a educação", Conferência pertencente a um ciclo, pronunciada no Instituto de Educação da Universidade de Londres, em 1962, e publicada pela primeira vez (com o título de "The Young Child at Home and at School") em Moral Education in a Changing Society, com. De W. R. Niblett (Londres, Faber, 1963).

A capacidade de acreditar em... sustenta e permite o desdobramento da capacidade atencional, razão pela qual torna-se necessário estudar e promover seu desenvolvimento.

O desenvolvimento da capacidade de acreditar em... a capacidade de acreditar/criando

Pensar e brincar necessitam-se mutuamente. Um depende do outro. Brincar supõe crer e não crer que as coisas são como são. Para uma criança brincar de piloto de avião, utilizar uma só cadeira é suficiente; emitir um som e realizar um gesto é suficiente para ser um piloto. A cadeira é e não é um avião. Se a criança acredita que a cadeira é um avião, joga-se da sacada, mas se ela não acredita que é um avião, não pode brincar. Como se produz esse espaço subjetivo\objetivo onde o brincar desenvolve-se e onde nutre-se a atividade pensante e atencional? Outra situação ainda mais complexa: como podem duas ou três crianças brincarem juntas desenvolvendo espontaneamente uma trama lúdica única, que atende simultaneamente à invenção de cada uma? Como intervém a atividade atencional para atender, ao mesmo tempo, aquilo que cada criança deseja incorporar ao argumento que vai se criando e ao que o companheiro oferece?

Sara Paín costuma dizer que quando uma criança deixa de acreditar nos Reis Magos, não dizem "os Reis Magos não existem", mas sim, "Os Reis Magos são papai e mamãe". Não se muda abruptamente de "Papai Noel não me traz presentes" a "Papai Noel não existe", mas precisa se abrir um espaço lúdico-pensante-atencional no qual o "Papai Noel não existe e não é meu pai" e "Os Reis Magos são e não são meus pais". Nesse espaço transicional e transitório, a criança situa seu pensar e sua atenção. A *capacidade de acreditar em...*, em conjunto com as capacidades de pensar e atender, trabalha, de forma simultânea e transicional, o desejo e a realidade fática.

Para a criança, é possível realizar esse processo em que o brincar e o pensar andam de mãos dadas se os adultos previamente entram no espaço lúdico. Desse modo, a criança não se sentirá desapontada, nem enganada (como se, em um momento pontual, descobrisse que Papai Noel não existe), pois ela torna-se construtora de um novo conhecimento que não implica anular todo o anterior, nem desautorizar-se como pensante, nem a seus pais como professores. Os Reis Magos e Papai Noel, a partir desse momento, não desaparecem, mas passam a fazer parte do mundo da fantasia, dos personagens de contos, do espaço lúdico cultural compartilhado.

Se a criança tivesse que, abruptamente, deixar de crer nos Reis Magos para concluir que eles não existem, provavelmente, como adulto, continuaria buscando "reis magos" no espaço da realidade fática.

A *capacidade de acreditar em...* vai se construindo desde os primeiros vínculos da criança com o ambiente facilitador que oferece sustentação e reconhecimento.

Donald Winnicott, em uma conferência solicitada por um grupo religioso, advertiu:

> Ao educar uma criança, podem transmitir-lhe as crenças que têm sentido para vocês e que correspondem ao âmbito cultural ou religioso em que nasceram ou que escolheram... Porém, só serão bem-sucedidos se a criança for capaz de acreditar em alguma coisa. O desenvolvimento desta capacidade não depende da educação. Depende da experiência que o indivíduo teve em matéria de cuidados quando era um bebê e uma criança em desenvolvimento.

Na mesma ocasião, esclarecendo o sentido amplo que outorgava à ideia de *crer em*, assinalou:

> Somos pessoas que acreditam. Estamos aqui nesta sala ampla e ninguém se surpreendeu pensando que o teto poderia desabar. Acreditamos no arquiteto. Somos pessoas que acreditam porque alguém nos iniciou bem. Durante certo período, nos comunicaram em silêncio que nos amavam, no sentido de que podíamos confiar na provisão ambiental e, portanto, prosseguir nosso crescimento e desenvolvimento (Winnicott, 1993a).

Winnicott fala do desenvolvimento da capacidade de *acreditar em...* desde as primeiras etapas da vida humana. Por sua vez, estou considerando que também possa servir para todo adulto, como um ingrediente necessário para flutuação da atenção entre a posição professor e aluno. Se um professor *acredita* na capacidade atencional de seus alunos, ele vai responsabilizar por *criar* as condições (ambiente facilitador) para que seus alunos possam *prestar atenção*, reconhecendo que, para ensinar, precisa situar-se na posição de aluno.

A *capacidade de acreditar em...* possibilita que o sujeito realize movimentos criativos pensantes que, por sua vez, permitem questionar suas crenças. Por isso, previne-se da *credulidade*. O crédulo deixa-se seduzir pelo outro. O crédulo não consegue confiar. *Com-fiar* é uma proposta ativa que se realiza entre dois.

Winnicott, já desde aqueles tempos, adverte algo que hoje (nos tempos telemáticos), devemos sublinhar: "A questão da sustentação e da manipulação introduz o tema da confiabilidade humana. As coisas que tenho me referido não poderiam ser feitas por um computador; deve se tratar de *confiabilidade* humana"*.

O verbo confiar (com-fiar), recorda-nos que a confiança não é uma posição passiva, nem conseguida a *priori*, mas uma tarefa comum, um *fiar* juntos, uma espera e um fazer ativos.

No idioma espanhol, quando se conjugam os verbos "crer" e "criar" na primeira pessoa do presente do indicativo, temos a mesma palavra: *creo*, tanto para referir-se a *acreditar*, como a *criar*, mostrando a inter-relação entre *acreditar* e a responsabilidade individual de *criar* as condições para que algo do que se *cria* seja possível.

A *capacidade de acreditar em...* permite confiar ativamente, atendendo/atendendo-se. Seu desenvolvimento previne a credulidade e o desencanto, com suas derivações naquilo que poderíamos chamar de *tédio atencional*. Assim, quando ficamos fascinados/seduzidos por outro e a realidade logo nos mostra o engano, sobrevém a frustração e o fastio. Como a *capacidade de acreditar em...* implica diferenciação, ela supostamente ocupa um lugar paradoxal e de simultaneidade entre a dúvida e a certeza. Uma certeza na responsabilidade de assumir o que creio e uma posição atenta que se sustenta em um certo "pessimismo da razão e otimismo da vontade".

Em contrapartida, as crenças solidificadas, fixas e não pensáveis, supõem uma atitude de derrota e passividade, de atenção aprisionada, e conduzem ao *tédio atencional*.

Voltamos a Winnicott (1993a), que nos diz: "O ensino intervém sobre a base daquilo em que a criança individualmente é capaz de crer", e acrescenta que à:

> a criança necessita pôr a prova o amor pré-verbal – a sustentação, a manipulação, etc. – e ver se resiste à destrutividade inerente do amor primitivo. Quando tudo vai bem, a destrutividade é sublimada em coisas como comer, bater, brincar, competir".

A destrutividade da qual fala Winnicott pode ser pensada como a agressividade necessária e saudável inerente ao processo de pensar, autorizando-se a criar. Agressividade que, em determinadas situações, pode aparecer como destrutiva, mas se sublima, *criando* e reconhecendo-se autora.

---

* O destaque é nosso.

Por tal motivo, estou denominando a *capacidade de acreditar em...*, como *capacidade de acreditar criando...* Criando os espaços *entre*, quer dizer, as *superfícies placentárias* onde torno possível (através da própria autoria), aquilo que vou acreditar-criando.

Impensáveis e não pensáveis

A *capacidade de acreditar-criando* debilita-se com a solidificação de crenças que funcionam como *não pensáveis*.

No livro *O saber em jogo* (Fernández, 2001a), trabalho a diferença entre *impensáveis* e *não pensáveis* e sua diferente participação como energia saudável ou inibitória da autoria de pensar. Considero que podemos inter-relacionar esses conceitos com as questões da atenção, pois os *impensáveis*, na medida em que incentivam o desejo de pensar, também promovem a capacidade atencional; em contrapartida, os *não pensáveis* funcionam como barreiras inibitórias.

A atitude que podemos chamar "credulidade" conduz ao adormecimento da atenção. Em contrapartida, a atividade da *capacidade de acreditar em*, favorece a ampliação e flutuação atencionais.

Para poder pensar, as situações devem ser plausíveis de serem pensadas. Quer dizer, pensáveis. Os *impensáveis* (por exemplo, a *morte* é um deles, a incomensurabilidade do universo é outro), ao se conectarem com os limites humanos e intrínsecos da própria capacidade de pensamento, promovem a atividade pensante, desafiando e instigando a criação.

Em contrapartida, os *não pensáveis* (por exemplo, os segredos, o repúdio) dificultam o pensar, não são limites, mas funcionam como buracos, espaços vazios e de esvaziamento. Impõem uma proibição ao pensar e uma barreira à atividade atencional.

Um não pensável estabelece-se a partir de um *quantum* de angústia que pode cobrir, tapar, bloquear, inibir ou perturbar o desejo de conhecer, e adormecer a atenção. Então, certas questões podem ficar fora da possibilidade de serem pensadas, tanto para uma pessoa, quanto para uma cultura.

Diversos "problemas de aprendizagem" engendram-se nos espaços carcomidos pelos *não pensáveis* que crescem e vão se tornando cada vez mais rígidos. Quantas crenças instituídas operam como não pensáveis e podem até afetar as teorias "científicas". Maria Cristina Rojas e Susana Sternbach (1994) dizem que:

> Quando se transmitem crenças constitutivas de um código inquestionável, este dificilmente pode transformar-se e descontextualizar-

-se com relação ao entorno. As significações não contextualizadas em terceira geração têm a possibilidade de funcionar como significados cristalizados[...] a transmissão, aberta à resignificação que simboliza, é discurso de vida. Só torna-se mortífera quando conforma um discurso totalizante, sem fissuras, o que implica destino, fatalidade.

As heranças culturais (onde incluem-se as teorias) precisam ser transformadas e recicladas para não encarcerarem nossa atenção e nosso pensar. O ato de herdar não é receber uma herança, mas fazer algo com ela, diz Castoriadis.

Por sua vez, quando as crenças são transmitidas como código inquestionável, transformam-se em *não pensáveis* no interior de uma família, correndo o risco de aprisionar a inteligência de algum de seus membros. Algo similar também acontece na sociedade em seu conjunto (perigo a que estamos mais expostos hoje), podendo *aprisionar* a atenção de alguns "diagnosticadores".

A psicanalista argentina Silvia Bleichmar (1994) considera que, na organização do saber:

> [...] mesmo nas teorias científicas, quando algo insiste, pode ter uma função semelhante às "recordações inibidoras", estudadas pela psicanálise. Toda vez que um saber insiste em ser irremovível, sustentado por um sujeito ou uma comunidade, com frequência, é um saber cristalizado como obstáculo ao avanço do novo conhecimento; um obstáculo que, como as recordações encobridoras, também pode ser oportunidade de advertir ao que está subjacente.

Pretendo abrir a oportunidade de "advertir o que está subjacente", no que diz respeito às crenças, hoje expandidas, que sustentam que "a criança não aprende por ser TDA/TDAH e que um medicamento pode resolver o problema". Assim como a crença de que "toda manifestação de distração e/ou desatenção respondem a um déficit."

Partindo da inteligência aprisionada à atenção *aprisionada*

Durante o século XX, professores, psicólogos, pedagogos, junto a reconhecidos pensadores, reformularam o conceito de inteligência construindo novas e saudáveis práticas pedagógicas que começaram a se difundir.

Todavia, nos últimos 20 anos, o ataque à subjetividade, praticado por setores do poder globalizado, alcançou o interior das práticas psicológicas, pedagógicas e psicopedagógicas, tentando destituí-las dos saberes adquiridos, assim como da capacidade de questionamento sobre suas próprias práticas.

Há duas décadas, quando publiquei *A inteligência aprisionada* (Fernández, 1991), a indústria farmacêutica não havia penetrado nas escolas do modo como faz hoje, pois os efeitos devastadores do neoliberalismo capitalista não colonizavam as mentes de tantos profissionais quanto na atualidade. Além disso, já estava suficientemente questionado o pretendido caráter orgânico e hereditário da inteligência, desde a epistemologia genética, a psicanálise, a sociologia da educação e a própria psicopedagogia.

Sobre o tema da atividade intelectual, naquela época, estavam amplamente estudados três conceitos básicos: a) que a inteligência se constrói; b) que tal construção nasce e é crescente na intersubjetividade – razão pela qual não pode ser explicada somente a partir do neurológico; c) que os meios ensinantes (familiares, educativos, sociais) participam favorecendo ou perturbando a capacidade para pensar.

Apoiando-me nesses saberes, que contextualizam a inteligência humana em um sujeito inserido em um meio familiar e social, pude explicar, naquele momento, possíveis e diferentes "armadilhas" e propor outros modos de "diagnosticar" a capacidade intelectual como um aspecto da capacidade de aprender. Postulamos e implementamos modalidades diagnósticas diferentes às estabelecidas por aqueles que pretendiam fazê-lo através de "quocientes intelectuais" (QI) e "percentil" (Fernández, 1991).

Insisto em que pudemos realizar esta nova proposta psicopedagógica questionadora dos modos instituídos com apoio em teorias que, durante o século XX, vinham rebatendo as ideias de épocas anteriores que a consideravam uma disposição orgânica, mais ou menos isolada das transformações culturais, sociais e desejantes.

Atualmente, frente ao tema da *atenção* e aos métodos difundidos para diagnosticar seus déficits, estamos ante uma situação muito diferente: a) persistem *crenças* rígidas, convertidas em *não pensáveis* que descontextualizam a atenção com respeito ao entorno. b) Existem poucos estudos específicos sobre a *capacidade atencional* que possam ser utilizados para pensar as problemáticas atuais que afetam a mesma. c) Realizam-se diagnósticos de "déficit de atenção" sobre suposições (não explícitas) que desconhecem os avanços produzidos no século XX com relação ao estudo da subjetividade humana e da inteligência.

Essa suposição, que subjaz a maioria dos diagnósticos de "déficit de atenção" (TDA/TDAH), baseia-se na psicologia experimental do século XIX, que entende a atenção como uma *função* caracterizada por focalizar, com continuidade no tempo, certos estímulos "privilegiados", neutralizando os estímulos "secundários" que perturbam a focalização. Essa postura confunde *capacidade atencional* com *focalização da atenção*. A partir de tal equívoco, costuma-se diagnosticar como "déficit de atenção" toda diferença na modalidade atencional que não responda a esses parâmetros, assim como qualquer diminuição do foco de atenção. Como as modificações e/ou diminuições do foco podem ser necessárias, saudáveis e criativas, ou produto de patologias severas, o questionamento do conceito tradicional de atenção torna-se imprescindível.

A concepção de atenção, baseada no foco, serviu ao modelo fabril da chamada sociedade industrial, que pretendia que o operário em uma fábrica rendesse muito e pensasse pouco, para não *distrair-se* com estímulos secundários. Modelo transportado aos alunos, que deveriam se colocar em posição de receber conhecimentos *sem distrair-se* com perguntas, associações, recordações, analogias ou reflexões consideradas "impertinentes".

Tratava-se – tal como apontava Michel Foucault – de domesticar os corpos a serviço do rendimento exigido. A produção em série, com sua "esteira de produção*", deixava o operário sem deslocamento corporal e com toda sua atenção dedicada à máquina que opera e aos "parafusos" que coloca.

Um jovem de 13 anos realiza o seguinte desenho, respondendo à ordem: "Desenhe uma pessoa que está prestando atenção".

Pessoa prestando atenção.

---

* Ver GONÇALVES DA CRUZ, M. S. El potencial transformador de la desatención. *Revista EPsiBA*, n. 12, 2006.

Nas escolas, tal concepção de atenção serviu ao modelo que pretendia imobilizar as crianças, prisioneiras em suas classes, com suas energias dirigidas a registrar e prestar atenção ao que era pedido. Quer dizer que, tanto para a produção industrial, como para a escola tradicional, a atenção requerida como norma era a focalização descontextualizada. Compartilhando ideologia similar, a nosografia psiquiátrica *diagnosticava*: Lesão Cerebral (LC), Disfunções Cerebrais Mínimas (DCM), Dislexias, Disgrafias, até chegar ao TDAH (Transtorno de Déficit de Atenção/Hiperatividade) e TDO (Transtorno Desafiador de Oposição) atuais.

Maria Aparecida Moysés (1993), em um brilhante texto, "A história não contada dos problemas de aprendizagem", fundamenta como a psiquiatria, a partir de raciocínios hipotéticos, foi outorgando entidade a supostas patologias. A autora vai historiando como se chegou da *lesão cerebral* ao TDA. Por exemplo, na primeira década do século XX, os Estados Unidos sofreram uma epidemia de encefalite letárgica que deixou, nos sobreviventes, sequelas na linguagem (leitura e escrita que já haviam adquirido). A partir dali, construiu-se a hipótese de que aquelas crianças que apresentavam dificuldades similares poderiam padecer de uma *lesão cerebral* pequena que não era detectada, ainda que não tivessem padecido de infecções ou traumas encefálicos. Criou-se, então, o diagnóstico de LCM (Lesão Cerebral Mínima), o qual, em que pese a inexistência de verificação empírica, tornou-se um "diagnóstico" corrente desde os anos de 1920 até os anos de 1960. Em 1967, conclui-se que não há tal *lesão* anatômica, mas com o mesmo raciocínio hipotético, passa-se a supor que poderia haver um problema funcional. Criou-se, assim, um novo diagnóstico, sem comprovação alguma: a DCM (Disfunção Cerebral Mínima) que logo, por um processo e metodologia similar, derivou para o atual TDAH.

O que aconteceu nas escolas?

Durante várias décadas, tentou-se imobilizar os alunos para que prestassem atenção, mas quando o fracasso de tal propósito foi-se fazendo visível em algumas escolas, modificaram-se as técnicas, os recursos e alguns docentes mudaram de postura. Paulatinamente, a influência saudável de diversas e fecundas experiências pedagógicas escolares (educação popular, alfabetização de adultos...), baseadas em práticas e teorias pioneiras, como as de Paulo Freire, chegaram ao interior de algumas instituições educativas em diferentes países da América do Sul.

Nos meios docentes, difundiram-se essas novas e saudáveis teorias e práticas que colocavam em evidência o fato de a escola não receber *organismos* e cérebros, mas seres humanos que passaram por diversos contextos econômicos; com desejos, frustrações, ilusões e esperanças às vezes dilaceradas. Pode-se comprovar, então, quantas oportunidades de aprendizagem surgiram a partir de uma mudança de posturas do educador. Essas novas e saudáveis práticas consideraram a inteligência como construção intersubjetiva e levaram em conta a importância de um meio familiar e/ou educativo "suficientemente bom" para que essa construção fosse possível*.

Todavia, na atualidade, certos docentes e diversos profissionais das ciências humanas desconhecem o saber construído por suas próprias experiências, ficando, assim, entregues ao desânimo.

Questionando crenças cristalizadas

Quando o principal objetivo buscado situa-se no rendimento e na rapidez em alcançar um produto terminado, pouco se reconhece a importância das experiências do pensar, da reflexão, do brincar e, menos ainda, da alegria. Então o sentimento de impotência atravessa o docente, despojando-o de sua autoria e do reconhecimento de seu poder de ensinar.

Se bem que, como dissemos antes, desde o campo pedagógico, realizaram-se questionamentos importantes e experiências pioneiras, tais experiências e teorias não foram acompanhadas pelas disciplinas psiquiátricas que continuam, majoritariamente, com as mesmas posturas. Houve mudanças nas respostas e nos nomes das patologias, mas não modificaram-se as perguntas, nem as atitudes.

Desse modo, a questão da aprendizagem ficou postergada e, às vezes, não é nem sequer nomeada, nem pelos "encaminhadores", nem por aqueles que consultam e, às vezes, lamentavelmente, ela também é esquecida pelo psicólogo, pelo psicopedagogo, pelo médico consultado e até pelo professor. As enigmáticas siglas pretendem substituir as pessoas.

Para os educadores e profissionais da saúde existe um múltiplo desafio. Precisamos avançar no estudo da *capacidade atencional* e seus desenvolvimentos, pois só a partir daí seus déficits serão entendidos. Por outro lado, é necessário analisar os motivos que estão levando muitos profissionais ao autodespojamento dos próprios saberes e é imprescindível promover espaços de resgate da alegria de aprender, tanto para os professores, como para os diferentes "especialistas" que tratam de saúde e educação. Somente par-

---

* Por outra parte, aqueles que trabalham na chamada orientação vocacional percebem a cada dia que até para obter o pretendido e suposto êxito profissional/ocupacional a atenção focalizada leva ao fracasso.

tindo da potência atencional da alegria poderão ser mobilizadas as crenças solidificadas que dificultam *a capacidade de acreditar criando* e, então, abrir espaços de autorias. É a partir desse lugar que estou escrevendo esta obra.

A certeza das crenças cristalizadas defende-nos sintomaticamente. Fato que também opera nas instituições acadêmicas e nos profissionais, razão pela qual torna-se imprescindível analisar nossos modos de aprender e atender.

Em época alguma, as crianças que aprendiam o faziam respondendo ao suposto da atenção como focalização frente a um estímulo externo. Em contrapartida, aqueles que aprenderam conseguiram porque puderam sonhar, imaginar, recordar, *distrair* e, portanto, pensar. Hoje, o mito da atenção unidirecional faz-se mais absurdo, já que as novas tecnologias, assim como os novos modos de produção e de trabalho, promovem modos atencionais cada vez mais alijados daquele ideal de "concentração".

Atualmente, constituem-se *modalidades atencionais* (que começaram a se fazer visíveis em crianças e adolescentes) que não somente estão pondo em crise as modalidades atencionais tradicionais, mas estão produzindo uma mutação na atividade atencional que poderia chegar a enriquecer a capacidade criativa e pensante dos humanos.

Partindo do saber psicopedagógico, urge continuar construindo uma sustentação dinâmica que permita produzir fundamentos críticos e que propicie a reflexão constante sobre as modalidades atencionais que prevalecem no mundo atual, levando em conta as imbricações entre pensar, atender, aprender, autoria, brincar e alegria. Atividades que operam em uma superfície social.

Embora a tendência à "biologização" das transformações da aprendizagem se expandam, promovidas pela indústria farmacêutica e pela difusão midiática, tal transmissão não teria êxito se não se sustentasse em formas de subjetivação impostas pela sociedade capitalista do mercado globalizado.

O desafio que se apresenta, levando em conta as mudanças nos modos de subjetivação e conhecendo como estes intervêm no modo em que cada um de nós dá significado à sua posição e pensa suas práticas, exige:

- Diferenciar os movimentos de *desatenção reativa* dos saudáveis indícios de *distração criativa* e ambos das diferentes formas de *atenção aprisionada* e, por sua vez, os três anteriores dos poucos casos de dano neurológico que comprometem a atenção. Para poder realizar um diagnóstico diferencial entre as diversas situações nomeadas, urge trabalhar e estudar a *atenção como uma capacidade*, assim como a *atividade/agressividade lúdica* como espaço subjetivo/objetivo em que a chamada hiperatividade não seria necessária, evitando assim atos agressivos contra o entorno e contra si mesmo.

- Analisar os modos de subjetivação promovidos na atualidade e suas consequências na atenção, com o objetivo de encontrar recursos que promovam novas superfícies de inscrição e participem na produção de mudanças nos existentes atualmente.
- Prestar atenção às *novas* modalidades *atencionais* sem demonizá-las e encontrar as possibilidades que elas possam trazer.
- Participar na construção de uma teoria sobre os processos atencionais, os modos de promovê-los e as diferentes formas em que podem ser *aprisionados*, diminuídos ou inibidos.
- Estar atento a "mitos e crenças" inseridos nos atuais modos de desubjetivação que anulam nossos saberes e experiências.
- Escutar os novos sentimentos que afetam os adultos que têm a seu cargo crianças e jovens, nos ambientes familiares ou educativos.
- Diante dos processos que têm despojado os adultos de suas funções ensinantes e de suas responsabilidades, promover espaços de "autorias vocacionais" que permitam-lhes a conexão com a alegria de saber que seu fazer tem e produz sentidos.

6

Capacidade atencional e capacidade de estar distraído

Perguntando

O objetivo psicopedagógico tende a procurar as condições que promovam o desenvolvimento das capacidades com as quais conta cada ser humano. A *capacidade atencional* é uma delas.

Para estudar seu desenvolvimento é preciso fazer uma virada em nosso *modo de pensar* desfocando nossa atenção dos "déficits". Não é possível atribuir deficiência e, menos ainda, tratar de "reparar" aquilo que, supostamente, está diminuído, sem nos determos na análise de como opera o que se pretende "reparar".

Hoje nos preocupa, mais do que a chamada "hiperatividade" de crianças, a *hipoatividade pensante, lúdica e criativa*. Essa hipoatividade é um terreno fértil para o aborrecimento, cujas expressões podem manifestar-se através da "falta de atenção", do desinteresse e da apatia.

Não é suficiente continuar com a necessária denúncia sobre os abusos cometidos contra milhões de crianças e adolescentes medicados para serem aquietados, disciplinados e calados, em prol de que não inquietem os adultos *atentos* ao mercado e ao imperativo do êxito. Deve ser uma obrigação ética para o psicopedagogo abrir um espaço de pergunta em torno do que se produz quando um profissional enuncia que uma criança "não presta atenção" e/ou que "é hiperativo". Que efeito vai ter sobre os pais da criança tal descrição feita pelo psicopedagogo e/ou professor? Que cadeia de circunstâncias vai suscitar? Como vai entrar essa "queixa" no mercado consumista? Vai ajudar a pensar e modificar atitudes? Ou estará o profissional, sem saber, levando mais uma criança para a medicação? O que os adultos esperam das crianças? Que atenção falta a elas?

Conhecendo como opera e se desenvolve a *capacidade atencional* – não estudada e nem nomeada por aqueles que diagnosticam déficits segundo os manuais – estaremos em condições de promover espaços grupais, familiares e educativos, favorecedores de seu desdobramento criativo.

O trabalho de escrita vem permitindo responder a algumas questões que, por sua vez, criaram novas questões. Na continuidade, apresentarei uma série dessas perguntas, mesmo que algumas eu não tenha ainda conseguido expressar com clareza e outras eu já tenha começado a responder. Desejo manter todas as perguntas abertas, pois pretendo fazê-las trabalhar, assim como as crianças pequenas, que fazem trabalhar os seus insistentes "porquês", ou seja, continuar perguntando ainda depois de haver conseguido certas respostas, permitindo esclarecer as perguntas e criar outras.

Como fazer para precisar a terminologia de modo que seja possível a distinção entre "capacidade atencional", "atividade atencional", "prestar atenção", "espaços atencionais", "modalidades atencionais", "atencionalidade" e "disponibilidade atencional"?

Atividade atencional e prestar atenção, em que se diferenciam? Pode considerar-se o prestar atenção como o aspecto consciente da atividade atencional?

É possível circunscrever a atividade atencional ao prestar atenção?

O inconsciente intervém de algum modo no prestar atenção?

Podem ser distinguidos períodos na construção da capacidade atencional?

A capacidade de atender de uma criança pequena é diferente da de uma criança com mais idade, de um adolescente e de um adulto? Essa diferença – se há – supõe um aumento gradativo, uma diminuição ou uma transformação? Se houvesse uma diminuição da atenção, ela viria acompanhada de um aumento na capacidade de *distrair-se*?

Atender supõe uma construção inteligente?

Como se relaciona atender com escolher e decidir? Escolhe-se somente ao que se atende?

Como alcançar que nos estudos sobre a atencionalidade, os necessários recortes de esferas de análise (neurobiológico, intelectual, desejante, social) não conduzam a reducionismos teóricos ou práticas manipuladoras do exercício de poder que supõe diagnosticar?

Qual é o atender que se requer para aprender?

Que relações existem entre os processos atencionais, a memória e o recordar?

Quais são as diferenças entre atender e incorporar informação?

Como se atende ao objeto de conhecimento?

Desde onde se atende: desde o sujeito, desde o outro, desde o objeto ou desde as superfícies de inscrição-diferenciação?
Como se gestam os espaços atencionais?
Em que sentido se pode falar de "capacidade atencional" e de "capacidade de distrair-se"? A capacidade de atender supõe distrair-se?
Constroem-se diversas "modalidades atencionais" em relação aos diferentes modos de ser atendido?
As modalidades atencionais vão modificando-se historicamente de acordo com as características da cultura? Há correspondência entre modalidades atencionais e modos de subjetivação dominantes?

Pensar e atender ancoram-se na história singular e coletiva

Pensar e atender correlacionam-se. Uma atividade requer a outra. É impossível atender deixando de lado o significar. A atividade atencional supõe certa *seleção*. Seleção que está condicionada por nossa história singular e pelas circunstâncias.

Assim como não escutamos tudo o que é audível, nem vemos tudo o que é visível, não podemos prestar atenção a tudo que nos rodeia. Aquilo que *chama* nossa atenção surge de um chamado, que mesmo emergindo do espaço exterior, *nos* chama pois, poderíamos dizer, "conhece nosso nome".

Dizemos "chama-me a atenção" – sábia expressão que demarca dois aspectos simultâneos: o objeto que nos "chama" e a implicação pessoal na formulação reflexiva *me* chama (sou chamado pelo objeto, e por sua vez, respondo ao chamado).

As atividades pensante e atencional nascem na intersubjetividade

A atividade de pensar nasce na intersubjetividade. É promovida pelo desejo e pela necessidade de "fazer próprio" o que nos é alheio e de dar ao outro o que nos é próprio. A que refiro-me com a expressão "fazer próprio"? Longe estou de uma ideia de apropriação privada – excludente do outro. Pelo contrário, somente na medida em que o pensar é entregue ao outro é que se pode tornar próprio, ou seja, o sujeito pode reconhecer-se autor e responsabilizar-se.

O sujeito autor constitui-se quando os posicionamentos *ensinante e aprendente* em seu interior pessoal podem entrar em diálogo. Quando e como se produz a abertura ao diálogo a partir do posicionamento ensinante? Quando o sujeito autoriza a si mesmo (e lhe permitem) mostrar/mostrar-se no que aprende, ou seja, interagir com o outro. Às vezes, só se pode conhecer o que se sabe a partir de mostrar ao outro.

Quando um professor procura ensinar um tema é quando mais aprende sobre o mesmo, já que ensinar supõe colocar-se no lugar da pergunta do outro. Pergunta que, simultaneamente, abre a capacidade de perguntar, impulsionando um "pensar *entre*". Entre o que se conhece e o que se sabe. Entre o saber e o reconhecimento da ignorância. Entre a dúvida e a certeza.

Assim, um professor, ainda no momento de preparar uma aula, graças ao desconhecimento que supõe no outro, pode habilitar-se para indagar seu próprio desconhecimento e deixar aparecer suas dúvidas e também seu saber/experiência/intuição. Jogo entre dúvidas e emergências de saberes que sustentam-se no desejo de conhecer.

O pensar alimenta-se do desejo de diferenciar-se do outro, portanto, do desejo de que esse outro nos aceite como seu semelhante. São desejos, aparentemente, contraditórios, porém, juntos vão armando a trama do nosso existir em sociedade.

A eficácia do pensamento, em seu sentido mais radical, supera a racionalidade pragmática. A sustentação do pensar situa-se *entre* aquilo a alcançar e o já construído, porém, consegue manter-se vivo quando atreve-se a incursionar nas frestas do já pensado.

Onde desenvolve-se a atividade de pensar? A produção dos pensamentos não se situa nem "dentro" nem "fora" do sujeito pensante, localiza-se "*entre*". Utilizo a palavra *entre* como um conceito que faz referência a um espaço subjetivo/objetivo, um espaço intersubjetivo. Mesmo que a atividade pensante trabalhe solidariamente com a atividade atencional e ambas gestem-se na intersubjetividade, suas operações são diferentes.

Nos capítulos anteriores, analisei os *espaços entre* como diversas superfícies de inscrição/diferenciação (o brincar, a cena do espelho, *a nova cena*...) de onde desenvolve-se a atividade atencional. Analisarei agora o modo de operar da *atividade atencional*, dizendo que a partir dessa atividade constitui-se a própria "capacidade atencional".

A *atividade atencional* não é redutível a uma função autônoma, ela é reconhecida por seus efeitos. Efeitos que não podem ser isolados de outros múltiplos fatores que intervêm quando alguém "presta atenção" a algo. A atividade atencional é mais ampla e mais difusa do que prestar atenção.

Consideramos que, em algumas circunstâncias, prestar atenção permite deixar em suspenso, por alguns instantes, certas demandas internas (sensações corporais, dor física ou psíquica) e outras tantas externas. Porém, onde situa-se essa suspensão? Quem a sustenta e a autoriza? Essa suspensão situa-se em uma zona intermediária de criação, no espaço transicional.

Mesmo que Donald Winnicott não tenha tratado, especificamente, do tema da *atenção*, ele oferece conceitos teóricos e experiências clínicas que, entrelaçadas com nossos saberes psicopedagógicos, permitem dizer que a atividade atencional situa-se no espaço transicional. Espaço transicional de criação constituído e constituinte de outras capacidades estudadas e inter-relacionadas por ele: "capacidade para estar a sós na presença de outro disponível" (*capacity to be alone*) e "capacidade para interessar-se pelo outro" (*capacity for concern*) (Winnicott, 1993e). Ambas são nutrientes do espaço de brincar e de criar, ao qual Winnicott denomina como "espaço de confiança". Por sua vez, a atividade atencional, também imbrica-se com a "capacidade de acreditar em...", descrita pelo mesmo Winnicott, com a "capacidade de estar em repouso", referida por Masud Khan (1991) e, talvez também, com o que estamos chamando "capacidade de distração". No transcurso de toda esta obra trabalho com essas inter-relações.

Capacidade atencional, atividade atencional e "atender"

Estamos estudando a *atenção* como uma capacidade e o *atender* como um trabalho psíquico (inconsciente/pré-consciente/consciente) inerente à atividade pensante-desejante e, portanto, ao aprender.

Diferenciar *atividade* de *capacidade* atencional evidencia que essa atividade é produzida no terreno da dramática intersubjetiva, utilizando os recursos cognitivos através da corporeidade.

Atender é cuidar. Cuidar amorosamente algo. Escutar. Entender. Aguardar. Ser solícito. A etimologia da palavra *atenção* está assim assinalada: *attentio*, no latim, e refere-se a "cuidado, solicitude, esmero, cortesia". Já a palavra *atender* é, no latim – *attendere*, e refere-se a "satisfazer um desejo, rogo ou mandato, aplicar o entendimento a um objeto espiritual ou sensível, cuidar de alguma pessoa" (Corominas, 1991)*. Por isso diz-se "fui bem atendido", para referir-se a como alguém foi recebido e escutado, ou ainda diz-se "a funcionária do local é muito atenta", ou ainda "o doutor atende das

---

* Em relação a etimologia da palavra "atenção", Regina Orgler Sordi e Maria H. de Nardin, recorrendo a Crary, assinalam que as raízes da palavra "atenção" remetem a duas inflexões: por um lado "tensão" e por outro "espera sem tensão".

8 às 14h". Porém, "atenção" remete a estar alerta. "Atenção! Perigo!" A palavra *"atentado"* tem sua origem etimológica em "atenção".

Várias tensões entre sentidos opostos entrecruzam-se no conceito de atender e na origem etimológica do termo. Quando os professores pedem: "Prestem atenção", pretendem que os alunos cuidem amorosamente de algo ou que defendam-se de um perigo iminente? Quando um professor solicita: "Atendam porque isto é para o exame" – qual das acepções estará promovendo?

Quando um especialista diagnostica déficit de atenção – inclui em sua análise as múltiplas causas individuais e sociais que podem alterar os modos atencionais?

Possíveis aprisionamentos da atividade atencional

Devemos ser cuidadosos no momento de diagnosticar as vicissitudes da atenção. É necessário diferenciar modos e circunstâncias em que pode apresentar-se o *estar* desatento. Recordando que nenhum ser humano pode *ser* desatento.

Uma criança ou jovem pode *estar desatento* na escola por diversos motivos, alguns deles circunstanciais e outros duradouros, alguns saudáveis e outros como efeito secundário de patologias severas. Isso ressalta a importância do olhar do professor detectando situações permanentes de um "estar desatento". Atitude que pode ser um grito mudo que denuncia a existência de vivências extraescolares ou escolares (*bulliyng*, violências, abusos, segregações e outros) que atrapalham sua atenção ou uma simples reação ante um ambiente educacional que precisa modificar seu "modo de atender".

Portanto, é imprescindível diferenciar a variedade de "estar desatento", que dificulta a aprendizagem, daqueles outros modos de "desatenção", que também perturbam, mas que são manifestações de outros sintomas. Por outro lado, não deve-se confundir a variedade de "estar desatento" com a criativa *distração* – necessária a toda aprendizagem.

Um aluno pode se mostrar desatento porque sofre de abuso ou violência familiar; porque se sente em perigo; porque sente o mundo ameaçador; porque está deprimido; porque se sente castigado; porque está em "trabalho de luto" (elaborando alguma perda); porque não são interessantes os conteúdos que estão sendo ensinados; porque o que ensinam é pouco atrativo; porque quem o ensina não o *atende* como ser pensante e desejante. Pode, além disso, simplesmente, estar afetado, como todos nós, pelos desenvolvimentos teletecnomidiáticos que estão a serviço da sociedade de mercado.

É significativo que entre as chamadas "novas patologias" que, evidentemente, relacionam-se com as condições sociais atuais, podem ser observadas sintomatologias que estão ligadas a reações (opostas) ante a dificuldade de escolher, provocadas pelo excesso e pela vertiginosidade do mundo atual.

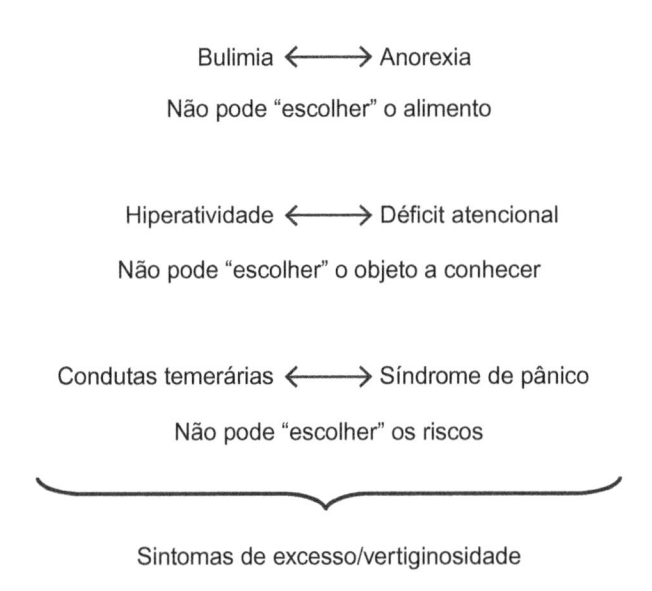

Bulimia ⟵⟶ Anorexia
Não pode "escolher" o alimento

Hiperatividade ⟵⟶ Déficit atencional
Não pode "escolher" o objeto a conhecer

Condutas temerárias ⟵⟶ Síndrome de pânico
Não pode "escolher" os riscos

Sintomas de excesso/vertiginosidade

Nos transtornos alimentares a *bulimia* expressa-se consumindo em excesso e a *anorexia* evitando consumir alimentos. Tanto em um caso como no outro, o sujeito não autoriza-se a escolher* – contatar-se com o objeto alimento para, ao transformá-lo, fazê-lo parte de seu próprio corpo.

O *sintoma bulímico* conduz a "tomar" (consumir) tudo para logo expulsá-lo vomitando.

A *hiperatividade* conduz a "tomar" (tocar) tudo, em movimentos velozes e expulsantes que impedem o gesto significante que permitiria a apropriação da experiência.

O *sintoma anoréxico* "obriga" a evitar entrar contato com o alimento, despojando o sujeito da sensação de fome e de prazer em saborear. O corpo desconhece sua capacidade e direito de escolher incorporar o alheio para construir o próprio.

---

* Em relação às vicissitudes de "escolher", a velocidade e o excesso consultar Capítulos 13 e 14 da presente obra.

O *sintoma desatencional* "obriga" a evitar ter contato com os objetos a conhecer, despojando o sujeito da capacidade de interessar-se e do prazer de sentir-se interessante.

Por outro lado, um grande número de jovens produz *condutas temerárias* buscando situações de perigo (acidentes, abusos de drogas,...) e outros jovens, ou os mesmos em outras circunstâncias, caem na *síndrome de pânico*, o que os faz sentir como perigoso todo e qualquer sair/estar no mundo público.

Através de *condutas temerárias* o jovem expõe-se ao máximo, "incorporando" em excesso o desafio ao perigo, como se nenhum dano pudesse atingi-lo e, como se não conseguisse escolher (discernir) quais situações temíveis devem ser atravessadas e quais devem ser evitadas.

A *síndrome de pânico* "obriga" o jovem a evitar ter contato com os desafios que a saída ao mundo externo propõe, pois o pânico o paralisa quando não se permite sentir medo. Se o entorno social identifica o êxito a qualquer preço como valor e, além disso, como insígnia de masculinidade, o jovem precisa ter uma coragem saudável para autorizar-se a construir seus projetos, reconhecendo que todo desafio inclui ensaios e uma cota de temor.

A *desatenção* opera colocando barreiras ante o interessante do mundo – distancia o sujeito "anoréxico" do novo que poderia nutri-lo, coloca-o em um mudo aborrecimento como defesa em relação a uma angústia não dizível que o *pânico* vocifera.

Os pares contrapostos formados por *bulimia-anorexia; conduta temerária-síndrome de pânico; hiperatividade-déficit atencional,* convocam ao estudo das relações entre capacidade atencional e a necessária abertura de espaços onde o escolher seja possível.

É imperioso despatologizar nosso olhar. Comecemos diferenciando *distração* de *desatenção* para encontrar recursos de promoção de espaços atencionais "placentários"* e, além do mais, para entender aos diversos modos de *estar desatento*. Digo, não confundir distração com desatenção, pois a distração é um aspecto necessário à própria atividade atencional.

A capacidade de estar distraído

Pode ser surpreendente nomear o *estar distraído* como uma capacidade, nesses tempos em que nossa "cultura ocidental" está monopolizada por interesses que tendem a direcionar nossa atenção, alienando-nos com as aparências. O "ter" foi substituindo o "ser" e o "parecer ter ou ser" impôs seu foco.

---

* Em relação aos espaços "prazerosos" consultar Capítulo 4.

Quando, a partir da "motivação" – tão apreciada nos círculos educacionais – é proposto interessar os alunos, a partir de algo que está fora deles, o êxito é de curto prazo. "Parece" que os alunos aprendem, porque talvez respondam positivamente às avaliações, porém não aprendem. Pior ainda, "desaprendem" o valor de sua "capacidade de distração". Então, o lugar vazio deixado pela capacidade de distração, que foi golpeada, pode ser ocupado pelo *estar desatento* – já que a *capacidade de distração* permite que a capacidade atencional desdobre-se.

Associo a capacidade de estar distraído com o que Masud Khan* chamou *capacidade de estar em repouso*, assinalando-a como uma "capacidade poderosa em um indivíduo bem abonado, seguro, disciplinado e personalizado" que permite sustentar um "estado de animação livremente flutuante" em que a atividade atencional possa trabalhar.

A expressão *repouso* é utilizada por agricultores para referir-se ao necessário repouso da terra para que dela brotem os cultivos. É um repouso ativo, no qual as minhocas vão oxigenar a terra, enquanto o arado e a chuva a umedecerão. Nas palavras de Masud Khan (1991):

> Estar em repouso é um estado transicional de experiência, uma forma de ser que é tranquilidade alerta e consciência receptiva, desperta e ágil. Mesmo que o ânimo de repouso seja essencial e inerentemente íntimo e pessoal, necessita de um ambiente de companheirismo que lhe dê suporte e manutenção. Em uma situação de isolamento ou privação, não é possível chegar a esse estado de ânimo e nem mantê-lo.

Escutando os poetas, os artistas, as crianças pequenas e os adolescentes, bem como compartilhando os ensinamentos de Winnicott e, inter-relacionando-os com minha experiência clínica, posso afirmar que a *capacidade atencional* nasce e nutre-se no espaço transicional da criatividade e do brincar.

Os bebês e as crianças pequenas evidenciam como sua vivacidade distraída permite que a potência atencional alcance, por brevíssimos instantes, um máximo de atenção. Maravilhosa potência da curiosidade, que produz a alegria de descobrir o que os outros nos entregam.

Fernando Pessoa o anuncia belamente: "Sentir é estar distraído".

Chico Buarque dá sua voz às "meninas do Morro de Tuiuti": "Uma menina igual a mil, que não está nem aí, tivesse a vida pra escolher, e era talvez ser distraída, o que ela mais queria ser".

---

* Masud Khan, discípulo de Donald Winnicott, consegue incluir algo da atitude do pensamento oriental nas práticas terapêuticas psicanalíticas.

O pintor Eduardo Sued (2005), fazendo referência à frase de Kierkegaard: "As portas do céu somente se abrem para fora", diz: "não adianta forçar, somente quando se alcança a disponibilidade de estar distraído é que, de repente, a porta se abre." (Sued, 2005)

A jovem Lucía Gonçalves da Cruz, brindando pelo futuro em um início de ano, escreveu:

> Pela impaciência; pela gargalhada; pelo vento que levanta poeira; pelo acaso; pelo agora; pela música e pelo eterno presente dos corpos que dançam; pela desobediência; pelas mãos que desatendem os bolsos; pelas pandorgas; pela sutileza de grosserias que precisam ser ditas; pelo deleite; pelas perguntas incômodas e pelas cômodas... pelas perguntas; pelo andar errante; pelos "encontros fora de hora, os verdadeiros"; pela poesia; pelas casas com janelas abertas e pelos pés sujos de caminhadas descalços; pelas chamadas imprevistas; pela pele arrepiada; por dizer mais do que é necessário; por não desistir; pelos detalhes; pelas cicatrizes; pelo amor... para que o futuro nos encontre felizmente distraídos: por isso brindo.

Clarice Lispector (2004) em *Por não estar distraídos* constrói um bonito relato que atrevo-me a reproduzir integralmente:

> Havia a levíssima embriaguez de andarem juntos, a alegria como quando se sente a garganta um pouco seca e se vê que por admiração se estava de boca entreaberta: eles respiravam de antemão o ar que estava à frente, e ter esta sede era a própria água deles.
>
> Andavam por ruas e ruas falando e rindo, falavam e riam para dar matéria e peso à levíssima embriaguez que era a alegria da sede deles. Por causa de carros e pessoas, às vezes eles se tocavam, e ao toque – a sede é a graça, mas as águas são uma beleza de escuras – e ao toque brilhava o brilho da água deles, a boca ficando um pouco mais seca de admiração.
>
> Como eles admiravam estarem juntos! Até que tudo se transformou em não. Tudo se transformou em não quando eles quiseram essa mesma alegria deles. Então a grande dança dos erros. O cerimonial das palavras desacertadas. Ele procurava e não via, ela não via que ele não vira, ela que, estava ali, no entanto.
>
> No entanto ele que estava ali. Tudo errou, e havia a grande poeira das ruas, e quanto mais erravam, mais com aspereza queriam, sem um sorriso. Tudo só porque tinham prestado atenção, só porque não estavam bastante distraídos. Só porque, de súbito exigen-

tes e duros, quiseram ter o que já tinham. Tudo porque quiseram dar um nome; porque quiseram ser, eles que eram.

Foram então aprender que, não se estando distraído, o telefone não toca, e é preciso sair de casa para que a carta chegue, e quando o telefone finalmente toca, o deserto da espera já cortou os fios. Tudo, tudo por não estarem mais distraídos.

Pablo Picasso diz: "Eu não busco, encontro". Sara Paín, sem dúvida, nos ajuda a pensar que necessitamos estar suficientemente distraídos para nos surpreendermos e suficientemente atentos para não deixar passar a oportunidade.

Aquilo que se cria entre a distração e a atenção pode tornar-se pensável, pois a atividade atencional não trabalha linearmente, em uma continuidade, mas produz-se entre a recepção ativa de "impressões" e o trabalho de produzir sentidos. A dimensão estética cumpre aqui um papel importante, gestando espaços de descontinuidade. Quando omite-se a dimensão estética e a subjetiva, imaginando uma passagem direta do estímulo para a resposta (como a psicologia cognitiva propõe), despojam-se tanto o "prestar atenção" como a potência do pensar que a descontinuidade da distração leva à atenção.

Sara Paín (2008) nos lembra que por ser o mundo mutável e descontínuo, a distração é a atitude mais habitual. O pensamento, portanto, deve saltar de uma coisa a outra, fixando-se de forma intermitente, porém acertadamente, "de vez em quando uma faísca produz um acontecimento, tornando o mundo interessante e memorável"*.

Quero pensar junto com o leitor sobre um aspecto, assinalando "a distração" como nossa atitude mais habitual e o pensamento como a ajuda para reter. Assim, atendendo a um mundo que, graças a essa direcionalidade, é também tão breve como uma faísca, pode-se incluir a dimensão lógica e ética nas ações humanas.

A atenção não pode ser um processo contínuo, focalizado, descontextualizado, pelo contrário, a própria atividade atencional supõe certa errância e flutuação. As psicopedagogas Regina Orgler Sordi e Maria Helena de Nardin (2006) dizem que:

> A atenção não possui apenas a qualidade de focalização, embora esta seja excessivamente enfatizada e privilegiada na sociedade moderna, bem como treinada. Há pelo menos uma outra inflexão da atenção

---
* Ver o Capítulo 1.

que estabelece um corte radical com os processos de uma atenção que se pretende objetiva. A estética do final do século XIX deixou claro, embora frequentemente esquecido, o fato de ser a atenção um conceito volátil, incompatível com um modelo de uma estética do olhar fixo e sustentado. A atenção sempre conteve dentro de si as condições para sua desintegração e foi assombrada pela possibilidade de seu excesso – situação conhecida por todos sempre que tentamos olhar ou escutar qualquer coisa por muito tempo. Como é, então, essa atenção que transborda os limites de si mesma, perde-se do foco, mas ganha em alcance e amplitude? Que, ao romper-se o limiar de suportabilidade do foco, ainda assim, não pode ser considerada patológica e, ao contrario, possibilita novas aberturas ao pensamento?

O movimento entre a distração e a atenção é o que permite-nos aprender. É nas fendas da atenção que a distração produz, e é onde nossa singularidade encontra-se para construir sentidos. Ou seja, é onde abre-se a alegria da autoria.

A tensão constante, contínua e persistente entre distração e atenção é o lugar psíquico no qual podem se sustentar os espaços de ensino-aprendizagem. Essa tensão também está entre a alegria e a tristeza que, sendo diferentes, tem como oponentes: o tédio, o descontentamento, a apatia (desatenção reativa). É o que observamos nos jovens sul-americanos quando usam como expressão, repetidamente, a palavra "nada", ou quando os portugueses usam "secou". Produzimos lágrimas tanto quando estamos tristes, como quando estamos alegres. Somente a indiferença nos "seca", nos faz um "nada", nos "nadifica", nos torna "desatentos", sem capacidade de nos co--mover. Quem não pode produzir lágrimas de tristeza ou de indignação ante a dor ou ante a injustiça que sofre o outro não poderá criar lágrimas de alegria pela própria autoria.

A distração criativa está longe da desatenção, e creio que evita sua instalação, pois é a "capacidade para distrair-se" que nutre a atenção, provendo-a de âncoras para descansar nos desejos, nos "espaços de intimidade"* e assim poder ir e vir do íntimo ao comunitário, e, da "comunalidade"** à "intimidade".

---

* Sobre o tema "espaço de intimidade" consultar Capítulo 12.
** *Comunalidade*: consultar Capítulo 12.

7

A capacidade de "estar no silêncio" e o atender

Habitar o silêncio para não silenciar

> Para habitar o país da palavra é preciso saber estar no território do silêncio.
>
> Alicia Fernández (psicopedagoga)

> Às vezes o silêncio é perturbador, no sentido de nos mostrar nossa própria poesia.
>
> Eduardo Sued (pintor)

> ...o relacionar-se e comunicar-se significativamente é silencioso.
>
> Donald Winnicott (pediatra/psicanalista)

> Que possam brincar no silêncio ou simplesmente estar sem (im)por palavras ao que fazem... constitui alívio e cura.
>
> Ricardo Rodulfo (psicanalista)

> Silêncio: um chão onde pisar, uma página branca para rabiscar, uma superfície onde atuar, uma piscina onde mergulhar.
>
> Andréa Bomfim Perdigão (eutonista)

> ...Sem silêncio não há sentido.
>
> Eni Puccinelli Orlandi (analista de discurso)

> O silêncio exige renúncia à puerilidade e entrega.
>
> Marco Antonio Spinelli (médico psiquiatra)

> Eu preciso retornar ao silêncio, é uma necessidade para mim.
> Sem o silêncio eu murcharia.
>
> Gilberto Safra (psicanalista)

> Na hora que o silêncio surge, a pessoa fica grávida do estranho que ela carrega em si mesma.
>
> Gilberto Safra (psicanalista)

> O silêncio que guarda permite resistir aos silenciamentos que escondem.
>
> Alicia Fernández

Estar *no silêncio* não é o mesmo que estar em silêncio, menos ainda é silenciar ou se calar. Estar *no silêncio* permite escutar e escutar-se. Habitar os "espaços entre", lugar onde nascem as palavras.

No belíssimo filme "Rapsódia em Agosto", de Akira Kurusawa, assistimos a uma comovente e inquietante cena para nossa mente ocidental: duas anciãs encontram-se depois de longo tempo. Ambas sofreram os bombardeios atômicos de Nagasaki. Ali, haviam morrido seus maridos. O encontro foi preparado com dedicação amorosa por uma delas que receberia sua antiga amiga em casa, na mesma ocasião em que seus jovens netos estavam passando ali uma temporada. A ansiada visita chega. Os netos se retiram e espiam o encontro pela janela. Não escutam palavras. As amigas sentam-se, uma junto à outra, compartilham um chá no silêncio, se olham, atendem-se, servem-se de mais chá... conclui-se o esperado encontro. Quando a amiga vai embora, os netos, assombrados, perguntam à avó por que não haviam falado durante toda a visita, ante a qual ela explica que só em silêncio podem comungar alguns sentimentos para os quais não há palavras.

Prestar-se atenção. Entregar atenção uma a outra. Estar no silêncio, habitá-lo, estar próximo, olhar-se, tocar-se com os olhos, acompanhar-se, estar a sós junto ao outro. Tempo breve no qual *aquietar-se*, que não é ficar passivo, é estar aqui: aqui estar, *aquietar-se*.

Quanto dessa presença compartilhada podemos oferecer, como terapeutas, para os pacientes!

Deixar falar o silêncio e saber escutá-lo

Os psicopedagogos, por vezes urgidos pelo padecer de seus pacientes, cujos sintomas não permitem mostrar com palavras a dor que os embarga, aumentam os ferrolhos de suas prisões, exigindo que eles falem e/ou propondo tarefas e instruções sem dar espaço ao silêncio.

Sei, por haver experienciado, quão difícil é dar lugar a que o silêncio se produza. Construir em nós mesmos uma espera criativa, sustentada por um olhar flutuante – olhar que não exige, olhar que habilita – para realizar propostas abertas que permitam à criança desenhar, escrever, falar ou iniciar um jogo, oferecendo espaços à entrada do silêncio em nós e no atendido sem insistir se a criança não aceita nossa proposta.

Recordemos que a insistência (que pode se camuflar com roupagem de sedução: "você pode", "sabe fazê-lo", "eu sei que pode") altera a atividade atencional. Por sua vez, apressar-se com "interpretações" ou ainda com expressões superficiais e automáticas como: "que bonito!", "que bom que você fez isto!", pode deixar o sujeito desamparado em duplo sentido. Digo em duplo sentido, pois a criança provavelmente reconhece que o produto realizado (desenho ou escrita) não é aquilo que ela esperava. Além disso, a criança pode sentir uma dor indizível – feita visível por sua produção – ainda que não possa identificá-la. A não recepção a essa dor por parte do terapeuta pode conduzi-lo a reforçar os ferrolhos que inabilitam os recursos cognitivos e estéticos para expressá-lo.

A psicanalista Maud Mannoni (1995a) considera que tem eficácia terapêutica "dar às crianças pequenas a possibilidade de pintar, inventar um mundo", e diz ainda que:

> (...) é importante, na medida em que assim podem (...) transformar em uma linguagem sem palavras aquilo que os mortificou, ainda que ignorem aquilo que insiste em seus rabiscos. O fundamental é que sua solidão, seu desamparo e sua "loucura" tenham a possibilidade de expressar-se e isto sem que o adulto obrigue-se a imediatamente dar-lhes sentido.

Jorge Gonçalves da Cruz amplia e redimensiona a questão, pois reconhece não somente o valor de expressão que a linguagem gráfica outorga a algo não dizível, mas também destaca a importância de desenhar como possibilidade de abrir espaços nos quais o sujeito pode se inscrever em suas próprias produções. Diz que:

> As crianças não desenham para outros, mas antes de tudo para si mesmas. Quando mostram aos outros seus desenhos não é para que os "interprete", mas para que, com seu olhar, esse outro sirva como companhia, suporte, testemunha, legitimador... do trabalho que o desenho acarreta. Pensar "nas crianças do desenho" implica que nossa tarefa principal é propiciar e acompanhar o processo de apropriação, de autoria... da própria criança. Ajudar a criar um espaço para que a criança possa olhar seu próprio fazer, inscrever-se em suas próprias produções (Gonçalves da Cruz, 2004).

A atitude excessivamente loquaz do terapeuta pode produzir uma certa inibição atencional momentânea.

Nossas propostas lúdicas ou gráficas não se dirigem a que o desenho ou o jogo ocupem o lugar da palavra, mas a criar espaços onde o silêncio possa operar.

O valor do silêncio e as pausas nas práticas pedagógicas

Uma vez, quando me retirava da conferência que proferira, entre mim e uma assistente da conferência estabeleceu-se o seguinte diálogo:

>Assistente (surpreendida) – Parece que você pensa enquanto fala.
>Alicia – E como poderia dar-se uma conferência sem estar pensando enquanto se fala?
>Assistente – Tá certo..., acontece que... é que algumas pessoas ao meu lado diziam que parecia que você não preparou a conferência, porque havia silêncios enquanto falava... E, pelo contrário, quero dizer que seus silêncios permitiam-me recordar cenas minhas e, assim, entender. Pude prestar atenção.
>Alicia – Que interessante o que você diz. Isso é prestar atenção. Prestar. Entregar. Prestar a mim mesma meus próprios saberes para permitir que o outro empreste-me os seus. Tanto quem ensina como quem aprende, para prestar atenção ao outro é necessário atender-se pensante para produzir algo novo.

Recordei o diálogo anterior ao ler um comentário de um psicanalista brasileiro, Gilberto Safra, que relata o quanto precisa de uns 5 a 10 minutos do próprio silêncio antes de começar a dar uma aula, para se situar, para olhar, para ver como está. Diz, além disso, que muitos professores consideram que a falta de atenção de seus alunos deve-se a uma falta de silêncio (entendendo "silêncio" como estar calado); por isso, exigem que seus alunos emudeçam para começarem a falar. Repetem constantemente, com voz cada vez mais alta, que "façam silêncio". Esse silenciar não permite habitar o silêncio. Observei minha própria experiência, tal como expressa Safra, que o simples fato de permanecer em meu próprio silêncio, quando entro em uma aula agitada, atendendo-lhes com o olhar, permite com que vá se estabelecendo a possibilidade de comunicação. Posso olhar-me neles e eles, provavelmente, olham-se em mim.

Gilberto Safra considera que professores que não conseguem habitar espaços internos de silêncio são aqueles que costumam promover excesso de informação em suas aulas, obstruindo a necessidade de que seus alunos possam habitar o silêncio para poder pensar, para poder construir a partir do que o professor transmite.

Diz Affonso Romano Santana (apud Carvalho, 1998):

> Costuma-se pensar que o professor é aquele que "fala", que enche, com seu discurso, uma aula de 50 minutos ou um seminário de 3 horas. Este é um conceito de ensino "oracular" por parte do professor que se complementa com a passividade "auricular" de parte dos alunos. Todavia, assim como um espaço em branco é importante no poema, assim como a pauta organiza a música, o saber pode brotar do silêncio. A catarata contínua de palavras pode ostentar ansiedade. O conhecimento pode se instalar no entreato. O silêncio também fala."

No livro *A mulher escondida na professora*, relato o processo de tratamento psicopedagógico realizado por uma professora universitária. Tendo sido sua terapeuta, aprendi sobre o sofrimento de quem padece de uma modalidade ensinante que está relacionada com não poder habitar o silêncio. Modalidade ensinante "bulímica" que exibe aquilo que, por não poder guardar, expulsa antes de digerir. Quando essa modalidade ensinante instala-se de forma constante, vai minando a disponibilidade atencional tanto de quem ensina como de quem aprende, produzindo uma petrificação que, como posição subjetiva, assenta-se no desconhecimento do valor do silêncio.

O silêncio oferece um ninho ao pensar

O silêncio (como expressa muito bem Fernando Ulloa no parágrafo que logo citarei) oferece um ninho ao pensar. Um ninho não produz vida, mas dela cuida antes mesmo que se faça visível, para que possa nascer. No silêncio aninham-se o flutuar do pensar e da atencionalidade errante.

Dar lugar ao necessário flutuar do pensar permite transitar entre a certeza e a dúvida, crer e não crer naquilo que se institui, ancorar nos desejos, aceitar as imprecisões, fugir do rigor da focalização do raciocínio como condição para que a autoria trabalhe sem cair na onipotência.

> Um analista se abstém artesanalmente de opinar. Assim, vai preparando o ninho afetivo no qual aninhará o próprio pensamento. Um pensamento promotor de memória; a das recordações pessoais, possivelmente ativadas, a memória casuística que recorda casos semelhantes e circunstâncias parecidas em outros momentos dessa história. Vai abster-se de falar de tudo isso e, sobretudo, não falará sua memória teórica. O prêmio será o surgimento do impensado, como correlato e expressão do impensável inconsciente, o que não havia estado presen-

te até então. O impensado, assim entendido, poderá surgir tanto no analista quanto no analisado, sendo oportunidade de interpretação ou a própria interpretação. É nessa estrutura de demora abstinente que a clínica psicanalítica afasta-se dos caminhos médicos (Ulloa, 1994).

Se o que Fernando Ulloa chama "estrutura de demora abstinente" é importante na escuta do analista, tanto mais o é na escuta do psicopedagogo, pois nossa tarefa está orientada para criar *espaços atencionais* como lugares onde o pensar possa aninhar-se.

Desde a "Análise de Discurso" (disciplina tão nova quanto a psicopedagogia), Eni Puccinelli Orlandi estuda "diversas formas" ou tipos de silêncio. Considera que alguns silêncios interrompem a palavra e a produção de sentido, enquanto outros, pelo contrário, são necessários a essa produção e têm caráter de "espaço diferencial" ao permitir que o sujeito siga diferentes vias sem perder-se e sem que sua atenção fique focalizada em um único centro. O silêncio é, portanto, um acontecimento essencial da significação e matéria significante por excelência. A citada autora diz que:

> É assim, a respiração (o alento) da significação, um lugar necessário para poder significar para que o sentido faça sentido. Reduto do possível, do múltiplo, o silêncio abre espaço para o que não é "um", para o que permite o movimento do sujeito (Orlandi, 1997).

Às vezes, estar em silêncio sem *estar no silêncio*, pode ser tanto causa como consequência do próprio silenciar. Pelo contrário, *estar no* silêncio, habitá-lo, tanto ao falar como ao escutar, abre-nos para a multiplicidade, conecta-nos com nosso saber e permite reencontrar-nos com nossas experiências.

Patologias da falta de silêncio

Há algumas décadas, a repressão da sexualidade era o mecanismo que predominava produzindo neuroses. Hoje, as neuroses que "povoam" nossos consultórios não se relacionam tanto com a repressão, mas com o excesso, a rapidez, o aturdimento, a banalização, a desubjetivação.

Jorge Gonçalves da Cruz assinalava, já em 1996:

> O ideal da rapidez como sinônimo de êxito infiltra-se de diversos modos na modulação das demandas que recebemos tanto na clínica, quanto nos espaços pedagógicos... ir rápido, ainda que não se saiba aonde, nem escapando do quê, criar *air bags* que sejam acionados por si mesmos no momento de nos chocarmos contra algum muro em direção ao qual insistimos em avançar, acelerando...

Os desafios desse contexto tornam maior a necessidade de criar espaços de autoria de pensamento, que são espaços de subjetivação, tanto para o educador e o terapeuta quanto para aqueles a quem dirigem-se suas intervenções. Seguramente, essa criação de espaços é factível se algo de invenção pode se produzir, se algo de alegria pode circular neles. Isso sugere pensar a alegria, inclusive a de pensar (Gonçalves da Cruz, 1996).

Gilberto Safra, analisando os últimos 30 anos de experiência na clínica, percebe uma transformação frente à questão do silêncio em seus pacientes. Observa que o que mais aparecia há alguns anos era um silêncio obstrutor. Entretanto, o que predomina hoje como obstáculo é o temor ao silêncio ou a impossibilidade de alcançá-lo. Analisa, então, novas formas de sofrimento "como consequência do fato de que as pessoas, na atualidade, estão constituídas no ruído". Chega a dizer que "a atenção é silêncio".

Alguns autores consideram TDA/TDAH como uma *patologia de falta de silêncio*. Dentre eles, encontra-se o psicoterapeuta brasileiro Marco Antonio Spinelli, que relaciona a falta de silêncio com uma série de quadros psiquiátricos que hoje abundam, dentre os quais, menciona os Transtornos de Déficit de Atenção/Hiperatividade em crianças e adultos, quadros de manias, de aceleração global de todos os processos mentais, como o Transtorno Bipolar (antigamente chamados Psicoses maníaco-depressivas) e diz:

> são patologias de falta de silêncio, porque nesta sociedade, tudo estimula, tudo te sacode. Quantas mensagens subliminares nosso sistema nervoso vai recebendo? "Compre isto", "faça aquilo". Estamos sendo bombardeados, o que nos retira de qualquer foco. Esse bombardeio constante faz com que uma criança, hoje, ao chegar em casa, ligue imediatamente o televisor. Criamo-nos em uma sociedade intolerante ao silêncio e isso se reflete no aumento de diagnósticos e intervenções medicamentosas. Parece que hoje, para silenciar, é necessário tomar um remédio (Spinelli, 2005).

Talvez seja adequado falar de sintomas que denunciam a ocupação dos necessários espaços de silêncio, pela banalidade, pela simulação de completude e pelos excessos. Quer dizer, por toda expropriação da subjetividade.

Em tais circunstâncias, a sintomatologia do TDA/TDAH, estaria aplacando algo que, ao querer suprimir com medicamentos, só conseguirá *aprisionar* o que, ainda que de forma mascarada, está podendo enunciar.

Os silêncios necessários ao escutar

Toda escuta inclui um diálogo com o próprio silêncio e o do outro. A escuta atenta necessita do silêncio de estar distraído para poder surpreender com o que não se conhecia nem se previa. A alegria de descobrir aparece quando nos permitimos brincar que as coisas são e não são ao mesmo tempo.

A sabedoria que Freud nos legou, tecida artesanalmente na escuta clínica, consegue atravessar o racionalismo de sua época. Assinalou, de forma pioneira, o caráter lúdico da atenção – afastando-a, portanto, das prisões que pretendem colocá-la ao lado da razão e/ou do sistema nervoso – ao definir como "atenção flutuante"* a atitude de escuta analítica. Embora Freud não nos ofereça sua gestualidade e seu brincar no deslocamento físico de seu corpo – como todo analista que atende crianças precisa fazer – é sua própria atenção quem escuta, brincando "que as coisas são e não são como se diz que são."

Masud Khan (1991) esclarece que:

> a "atenção flutuante", na análise, está condicionada a que o analista esteja livre de mecanismos excessivamente repressivos. De fato, Freud pedia, em uma relação terapêutica, aquilo que Coleridge esperava do poeta e do crítico: "uma suspensão voluntária da incredulidade" de cada uma das partes interessadas.

Capacidade de estar distraído. Possibilidade de habitar o silêncio e deixar-se habitar por ele, sem silenciar-se. Aninhar a espera ativa, permitindo que a atenção flutuante, ludicamente, seja um recurso que evite cair na "surdez" do sentido.

O silêncio da *posição terapêutica* não significa estar calado, mas deixar falar as posturas e os gestos, o corpo e a palavra. Ricardo Rodulfo (2006) diz assim:

> Quando o analista sabe acompanhar com seu silêncio – que estruturalmente nunca é simétrico ao do paciente – o silêncio de sua posição, o que não significa estar literalmente calado, ao modo de uma técnica, implica outras comunicações silenciosas (posturas gestuais, visuais, cinestésicas), assim como um falar oblíquo, às vezes de "nada em particular" ou de temas relativamente e/ou aparentemente neutros, desprovidos do *look* de "psicanalista", consagrado pelas instituições profissionais e pelas historietas"**.

---

* Com respeito à "atenção flutuante", consultar Capítulo 8 da presente obra.
** O destaque é nosso.

As crianças que povoam os consultórios psicopedagógicos, muitas vezes chegam a nós supercarregadas de múltiplas exigências, aturdidas por ordens e propostas familiares e educativas, como se só conseguissem silenciar ante o ruído do televisor ou do jogo eletrônico. Como nos diz Jorge Gonçalves da Cruz:

> Desse modo, cobra novo relevo a definição do fazer clínico como um "dispositivo de lentificação", uma doação de tempo, um alargamento do espaço "entre"... entre as "premências da vida" e o sofrimento psíquico, entre o destino e o projeto, entre a perseveração e a autoria, entre o emburrecimento e a alegria (Gonçalves da Cruz, 1996).

Donald Winnicott escreveu, ainda quando as chamadas "patologias do excesso e da ausência de silêncio" não haviam se alastrado e conseguiu fundamentar o valor do silêncio e dos espaços de intimidade na própria constituição psíquica, a partir de sua prática clínica com crianças, adolescentes e adultos. Oferece-nos, portanto, uma rica contribuição teórica com a qual dialogamos em nosso trabalho psicopedagógico e a partir da qual podemos responder algumas das perguntas que formulei no capítulo anterior.

Com relação ao silêncio e à atenção, quero destacar a importância que Winnicott outorga a duas capacidades: "capacidade de estar a sós em presença de outro disponível"*, e "capacidade para interessar-se pelo/em outro"**, relacionando ambas com o espaço transicional do brincar, interveniente na constituição psíquica do ser humano.

> Em quase todos os nossos tratamentos psicanalíticos há momentos em que a capacidade para estar só é importante para o paciente. Na clínica, isso pode aparecer como uma fase de silêncio ou uma sessão em silêncio; esse silêncio, longe de manifestar resistência, é uma conquista do paciente (Winnicott, 1993e).

Levar em consideração a *capacidade de estar a sós em presença de outro disponível* não é importante somente na clínica psicanalítica, mas também, na psicopedagógica, e creio que, em nossa prática, cobra maior relevância ainda. Uma folha em branco no meio de um caderno escolar não é uma folha vazia. Pode dizer muito se a deixamos falar (Fernández, 2004). Da mesma forma, o silêncio de quem chega aturdido pelo fracasso escolar pode,

---

* Para ampliar o conceito de "capacidade de estar a sós", consultar Capítulo 12.
** Para ampliar o conceito de "capacidade para interessar-se no outro", consultar Capítulo 12.

às vezes, querer dizer "deixe-me pensar" ou "deixa-me pensar naquilo que posso e não posso pensar" ou "deixa-me *guardar* algo para mim" ou "posso pensar, mas não posso dizer".

Winnicott (1993e) destaca que há uma maneira de *não se comunicar do paciente como contribuição positiva.* Diz-nos que, como terapeutas, devemos diferenciar essa não comunicação como contribuição positiva do desgosto que produz uma falta de comunicação. Uma vez que a capacidade de estar a sós em presença de alguém que não está exigindo nada é um fato natural na vida da criança, mas mais tarde é *uma questão de aquisição da capacidade para retirar-se sem perda de identificação com aqueles para os quais a retirada se produz. Essa capacidade aparece como aptidão para concentrar-se em uma tarefa.*

A capacidade de estar a sós em presença de alguém disponível permite que a atenção se "concentre", o que não significa o mesmo que focalizar e possibilita que a capacidade de interessar-se (atender – tender(a) – cuidar) pelo outro, possa se desenvolver.

Não é de estranhar, portanto, que quanto mais estreitam-se os espaços de silêncio, mais aumentam os silenciamentos da subjetividade e quanto mais individualismo propugna-se, mais os "indivíduos" tratam de escapar do *tédio atencional,* abafando com psicofármacos as vozes de seu silêncio.

O silêncio que guarda protege do silenciamento que esconde

Sempre surpreendeu-me o silêncio espontâneo que se produz em um grupo agitado quando seus integrantes se posicionam para serem fotografados. O que será que os leva a deixar de emitirem sons, se todos sabem que a imagem fotográfica não grava áudio? Será um modo de dar à imagem a possibilidade de narrar o silêncio que, por si só, lhe cabe? Será um modo de abrir à multiplicidade de sentidos que o futuro poderá lhe dar? Será acaso também um modo de abrir-se ao enigma do desconhecido de cada um, do qual o silêncio é um vestígio? Talvez seja porque, como diz Gilberto Safra,"na hora em que o silêncio surge, a pessoa fica gestando o estranho que ela porta em si mesma e isso sempre é considerado como algo extremamente perturbador" (Safra, 2005) e também provavelmente porque o silêncio registra e informa nossa incompletude.

8

Modalidades atencionais

O contexto é texto a partir do qual se atende

Estudamos – nos capítulos anteriores – como se constitui a capacidade atencional, seu desenvolvimento e modo de operar desde o nascimento. Detivemo-nos na análise dos *espaços atencionais* possibilitadores de atividade, definindo-os como "superfícies de inscrição-diferenciação". Além disso, assinalamos alguns possíveis modos em que a *atividade atencional* pode se inibir ou *se aprisionar*.

Nosso propósito é pensar modos de *inter-vir*, que não se transformem em *inter-ferir*.

Para efeito de continuidade do estudo, precisamos levar em conta que nas últimas décadas as condições de subjetivação estão mudando a um ritmo acelerado e que, nessa mudança, intervém a emergência de meios teletecnomidiáticos. Por sua vez, esses meios têm incidência preponderante na transformação dos modos de *prestar atenção*.

Proponho analisar o que estou denominando "modalidades atencionais", que paralelamente às modalidades de aprendizagem, (Fernández, 1991, 1994, 2001c) vão se construindo ao longo da vida de cada indivíduo.

Assim como as *modalidades de aprendizagem* se constroem, em relação às *modalidades de ensino* dominantes, no meio familiar e social, as *modalidades atencionais* singulares se constroem em correspondência com os *modos de ser atendido* e com os *modos atencionais* propostos e/ou impostos pela sociedade.

O pensar somente mantém-se ativo se for tramado com vínculos de outros, em espaços intersubjetivos nos quais a capacidade atencional nasce e nutre-se propiciando modalidades atencionais que caracterizam cada cultura. Atende-se de modo diferente a realidades diferentes. Consideramos que a capacidade atencional se constrói tomando como "matéria-prima" não somente o entorno familiar oferecido, mas também o entorno social.

Concordo com María Sol Gonçalves da Cruz quando diz: "Somente é possível falar de 'novos modos atencionais' pensando que a capacidade atencional se constrói e que essa construção é solidária aos modos de subjetivação próprios de cada época e de cada contexto." Ao comentar a proposta de entrevista para a realização da investigação "Pessoa Prestando Atenção*" assinala que:

> Assim como não se pode analisar a modalidade de aprendizagem de um sujeito isolando-a de modalidades ensinantes com as quais está imbricada (modalidades ensinantes históricas e presentes; escolares, familiares e sociais), tampouco podemos analisar a modalidade atencional desvinculando-a do modo em que o sujeito foi e está sendo atendido por seu entorno (Gonçalves da Cruz, 2006).

Os *espaços atencionais* são, para as *modalidades atencionais*, o que as modalidades de ensino são para as modalidades de aprendizagem. Quer dizer, assim como as modalidades de aprendizagem se constroem utilizando como parte de seu próprio conteúdo as modalidades de ensino dos pais, dos professores e dos meios de comunicação de massa, as modalidades atencionais se constroem utilizando aos "espaços atencionais", não somente como substrato, mas também como alimento.

Permanência e mudança

Afirmamos que a *modalidade atencional* se constrói solidariamente aos contextos sociais** próprios de cada época. Os recursos teletecnomidiáticos atuais impõem transformações que modificam os modos de representação da realidade e a própria percepção. A percepção – que tem um importante papel na atividade atencional – não é um fato meramente biológico. É uma construção ancorada na história e em particular no contexto social. A psicanalista argentina María Lucila Pelento (1998) diz que: "A fragmentação dos meios de comunicação introduz e estabelece (...) um controle muito

---

* Desde o ano 2000, EPsiBA. (Espaço Psicopedagógico de Buenos Aires) coordena uma Investigação denominada SPPA. (Situação da Pessoa Prestando Atenção), que funciona em rede em cinco países. Trata-se de uma investigação de caráter qualitativo e exploratório em torno das modalidades atencionais e as representações sociais acerca dos processos atencionais nos contextos atuais.

** A respeito da "incidência dos contextos sociais" consultar Capítulo 13.

estrito sobre a percepção, mudando sua modalidade e desarticulando o pensamento e o discurso." Os tempos telemáticos atuais introduzem novas escrituras e "inscrituras". A psicopedagogia precisa intervir com seu olhar na análise dessas "novas escrituras" que transformam a representação do tempo e do espaço, bem como conformam as modalidades atencionais.

Há algo de potência criativa nas novas modalidades que vemos surgir entre os jovens? O que permanece e o que muda?

Podemos contar com a contribuição de Piera Aulagnier ao explicar que o acontecimento psíquico responde a dois princípios, em constante inter--relação: *princípio de permanência* e *princípio de mudança*.

Quero destacar, nesse momento, alguns dos múltiplos aspectos que incidem na transformação ou talvez na mutação* das modalidades atencionais atuais, considerando o efeito de pensarmos no que permanece e no que muda nas mesmas, em relação às modalidades anteriores.

- As representações de tempo e de espaço mudaram, na atualidade, em função dos meios teletecnológicos**, produzindo novas demarcações virtuais para as noções de vizinhança/proximidade e de longe/remoto, impondo a miniaturização e a vertiginosidade, que por sua vez exigem atenção veloz e aberta simultaneamente***.
- A estética do videoclipe, segundo denominação descrita por Jorge Gonçalves da Cruz (1998), introduz uma atenção volátil ou flutuante.
- A força do imperativo midiático de *estar conectado* (o que por si só não significa *comunicado*, nem *relacionado com*) exige atender simultaneamente a uma multiplicidade de mensagens superpostas e modifica a participação corporal. Isto pode tanto fragmentar a *disposição atencional*, como ampliá-la.

---

* Mutação é diferente de crise. Sobre o tema consultar: NOVAES, A. (Org.). *Mutações*: ensaios sobre as novas configurações do mundo. São Paulo: SESC/SP, 2008. Vários autores contemporâneos assinalam que hoje estamos ante fenômenos que, por sua velocidade e ausência de intervalos através dos quais o pensamento possa trabalhar, remetem mais à ideia de "mutação" do que de "crise". Mutações são passagens de um estado de coisas a outro, que pode deixar-nos perplexos, sem encontrar conceitos que os definam, principalmente porque os caminhos para essas transformações não foram abertos pelo pensamento, mas pela tecnologia. Isso pode trazer uma sensação de resignação do trabalho pensante e sucumbir ao poder da ciência como algo externo e divorciado do humano. As "crises", ao contrário, remetem a potência de transformação do pensamento.

** Esta temática é abordada na CUERPO, aprendizaje y acto creativo en los tiempos de informática y la telemática. *Revista EPsiBA*, n. 6, 1998.

*** Sobre ese tema consultar GONÇALVES DA CRUZ, M. S. El potencial transformador de la desatención. *Revista EPsiBA*, n. 12, 2006.

- A exigência de estar *informado* (incorporar informação) dificulta conhecer e pensar. O excesso e a não significação de informações inibe a atividade atencional. Sem dúvida, a disponibilidade de informações em tempo real, assim como a possibilidade de ser um emissor das mesmas, no lugar de ser um receptor, abre o campo de disponibilidade atencional.
- Atualmente, as crianças, desde muito pequenas, passam por experiências que as contatam com a diversidade e a heterogeneidade do mundo e das pessoas. Situação essa que lhes possibilita *descentração e abertura atencional*. Embora para a maioria delas essa oportunidade seja reduzida às telas de televisão e a um desarraigamento forçado, para outros agregam-se fequentes viagens ou contato em tempo real com parentes residentes no exterior.
- As condições de trabalho atuais provocam instabilidade e constantes mudanças, gerando diminuições dos espaços de intimidade e retirando o tempo necessário para gerar laços duradouros de amizade. São criadas novas exigências para manter os lugares conquistados. Já não se dispõe de uma fonte laboral. Quem tem trabalho, exerce-o em fragmentos ocupacionais diversos e simultâneos, o que exige um tipo de atenção "dispersiva".
- As configurações familiares atuais mudaram – a família nuclear tradicional (estável, idealizada e fechada) já não é o único e principal modo de organização familiar. As novas configurações familiares são mais dispersas: "pais", "mães", "filhos" e "irmãos" se disseminam em diversas figuras com mobilidade e superposição espacial e temporal, promovendo uma atividade atencional diferente*.

Mesmo que os sete tópicos mencionados não cubram o conjunto dos fatores que hoje incidem na transformação das *modalidades atencionais*, eles permitem-nos perguntar se a magnitude dessas mudanças não estaria reestruturando a própria *capacidade atencional*. Quer dizer: estamos ante uma possível mudança ou ante uma mutação da capacidade atencional? Faço essa questão pensando nas formas de promoção da capacidade atencional.

---

* Sobre a atencionalidade e as novas configurações familiares, consultar Capítulo 13.

Novas modalidades atencionais

Os contextos atuais apresentam aspectos negativos, mas também abrem múltiplas e saudáveis possibilidades. Para que estas últimas possam se desenvolver, deve-se reconhecer que as *modalidades atencionais* estão mudando. Os aspectos negativos se sobrepõem ao insistirmos na manutenção das mesmas posturas ante realidades que estão em transformação.

Nomeamos entre os fatores possibilitadores: multiplicidade de recursos internéticos e telemáticos em geral, maior acesso às informações extraescolares e aumento de visibilidade dos conflitos. Dentre as condições obstaculizadoras: a precarização e a instabilidade laboral, a hiperatividade social, a ausência de horizontes para o futuro, a deslegitimação do lugar ensinante na escola e dos adultos em geral.

Entre os modos atencionais que ainda são considerados "normais*" e aqueles que possibilitam aprender, existe uma oposição que se faz mais evidente na atualidade. O aluno que professores e mestres esperam, como assinala Cristina Corea (2004), não é tal como o aluno que chega. Isto produz desânimo e irritação nos docentes e "desatenção" e "hiperatividade" nos alunos. É esperado um *aluno com a atenção focalizada e contínua*, porém, chega uma *criança ou um jovem com a atenção dispersa e descontínua*. Essas mudanças na atencionalidade (que estão atravessadas pelas reconfigurações das representações de tempo e espaço impulsionadas pelas novas tecnologias) podem trazer condições benéficas para o desenvolvimento da capacidade atencional, quando é oferecido um *ambiente facilitador*. Ao contrário, convertem-se em obstáculos ou impedimentos, quando encontram um "ambiente" que considera-os inúteis ou patológicos.

Uma maior mobilidade e rapidez para atender a simultaneidade de múltiplos estímulos (que é evidente nos jovens) podem propiciar uma ampliação dos horizontes atencionais de acordo com o maior grau de complexidade que apresenta a realidade a atender. Essa ampliação poderia permitir uma "direcionalidade" multifacetada ao pensar e ao trabalho de autoria. Em contrapartida, se a esta emergência de "novas modalidades atencionais" não é oferecido um ambiente que sustente a elaboração, a *dispersão/ampliação* pode resultar em *fragmentação atencional*, inibindo a potência de autoria pensante.

---

* O conceito condutista de atenção ainda hoje se mantém imóvel, mesmo que muitos tenham conseguido questionar o modo condutista de pensar a inteligência e os processos de aprendizajem em geral.

Crianças e adolescentes são constantemente interpelados como *consumidores*, exigidos desde pequenos a ficarem"superatentos" à multiplicidade de produtos que lhes é oferecido, para sentirem-se incluídos/reconhecidos. O bombardeio de: "Estejam atentos a tudo", "Não fique fora de nada", "Concentre-se em tudo", "Não descarte nada", "Corra", faz-se extensivo a todos.

Mesmo os profissionais são compelidos a uma absorção "bulímica" de novidades e especializações. *Atualizar-se* com novidades não conduz à produção de algo verdadeiramente novo. Se o último se transforma no melhor (como na televisão, onde a novidade – a "primeira notícia" passa a ser mais importante que o conteúdo da notícia, como se absorver esta última novidade correspondesse à aquisição da verdade) nos deixaremos conduzir a uma certa *atenção aprisionada* pelas ofertas (de objetos, de ideias, de estéticas) de mercado.

Grande parte dos jovens que recebem o rótulo de *"déficit de atenção"* não sofre de déficit, mas de excesso – excesso de focalização e rigidez atencional. Paradoxalmente, costuma-se exigir deles que prestem atenção com a mesma modalidade de que padecem, agravando o problema. A exigência de unidirecionar a atenção e a repetição mecânica do objeto ensinado não põe em jogo a atividade atencional e, portanto, não permite aprender. A seguinte piada expressa claramente: *uma criança, por não prestar atenção, escreveu cabeu em lugar de coube. O professor lhe ordena escrever 100 vezes "não se diz 'cabeu', mas sim 'coube'". A criança realiza a tarefa escolar com a maior atenção e dedicação. Ao entregá-la para o professor este lhe pergunta – Por que escreveste 99 vezes "não se diz 'cabeu', mas sim coube'" e não as 100 vezes como te mandei? O aluno, timidamente, responde: – Perdão, professor, é que não cabeu na folha.*

A atenção focalizada nunca serviu para desenvolver a criatividade. Em tempos anteriores, apesar dessa exigência, era possível aprender ou obter relativos e momentâneos êxitos escolares. Era factível, então, (mesmo que não fosse necessário nem saudável) que os alunos se isolassem em casa ou ficassem quietos no banco da escola*. Hoje os contextos sociais e as novas tecnologias tornam difícil e quase impossível às crianças (e mais ainda aos adolescentes) *concentrarem-se* isolando-se para estudar e, menos ainda, para aprender.

Como estudam, atualmente, os adolescentes que aprendem? Simultaneamente, leem, escrevem, "twitam", escutam música, riem, contam-

---

* Sobre as condições sociais atuais, consultar Capítulo 13.

-se coisas, atendem o celular, "chateiam", "tomam mate"* e até preparam alguns sanduíches. Questionam, criticam e, simultaneamente, podem estar atentos às vicissitudes do último capítulo da série televisiva, e aprendem. Provavelmente, além disso, participam de algum movimento social. Nada parecido ao modelo de atenção unidirecional. Eventualmente, alguns deles não "prestam atenção" na escola ou não se destacam no rendimento acadêmico, como forma reativa a um sistema escolar pouco interessante e que não os sustenta, ao não oferecer-lhes um lugar "nem aí" (como expressam muitos deles ao dizer: "não estou nem aí"). Quando aprendem os conteúdos escolares, não é por terem *focalizado* sua atenção exclusivamente nos temas exigidos, mas sim por manterem uma *disponibilidade atencional* que lhes permite estar atentos, o que supõe "moverem-se com" o mundo, encontrando ali um nutriente a mais para que o desejo de conhecer e aprender desperte. A atenção pode *concentrar-se* nos objetos escolares de conhecimento, se houver o desenvolvimento de uma flexibilidade para *descentrar-se* e *concentrar-se*. *O contexto é texto a partir do qual se atende.*

Por outro lado, o que acontece com outros jovens, aqueles que recebemos nos consultórios psicopedagógicos (que estão ali por causa de "déficit de atenção")? Costumam ser adolescentes que se mostram desvitalizados, abúlicos ante a vida, desinteressados dos acontecimentos do mundo e do entorno social. Frequentemente, têm sua atenção focalizada (aprisionada) fragmentariamente, em algumas "insígnias" e modelos proveniente da mídia ou do entorno familiar.

Que aqueles diagnosticados com "déficit atencional" sejam, justamente, os mais exigidos na *atenção unidirecional*, é um absurdo que leva ao desânimo e ao despojamento da potência atencional. Alguns profissionais, equivocadamente, prescrevem-lhes métodos "reeducativos" para que estudem, exigindo o mesmo tipo de atenção. Estes profissionas supõem que para evitar o fracasso é necessário apenas modificar o "foco atencional" impondo outro por obrigação ou por medicação.

Contudo, tanto aqueles alunos que triunfam quanto aqueles que fracassam na escola estão submetidos a exigências contraditórias, que muitas vezes anulam-se entre si, pois a vida em sociedade requer, cada vez mais, as modalidades atencionais próximas da *dispersão criativa*. E as avalia-

---

* N. de T.: Tomar mate corresponde a um costume próprio da Argentina e do sul do Brasil. *Mate* é o mesmo que chimarrão – bebida elaborada com a infusão de erva-mate em uma cuia – recipiente adequado para seu preparo.

ções pedagógicas, assim como os parâmetros de diagnósticos da psiquiatria dominante, esperam e exigem *focalização atencional*, confundindo focalização com concentração.

Precisamos reconhecer que as modalidades atencionais estão se transformando para possibilitar novos modos diagnósticos e novos recursos ensinantes. Recursos que destinam-se a utilizar a ampliação do *espaço atencional* e o aumento da oferta de informações para nutrir a necessária *flutuação atencional* em direção à produção de sentidos. Desse modo, poderá ser evitada a *volatização-fragmentação* e o cansaço ou *tédio atencional*.

Tempos de atenção flutuante

As modalidades atencionais que – hoje mais do que em outras décadas – são necessárias para possibilitar o aprender, estão mais próximas ao que Freud chamou "atenção (livremente) flutuante", do que a focalização unidirecional em algum objetivo previsto.

No texto *Conselhos ao médico sobre o tratamento psicanalítico*, Freud (1969) propõe para a escuta do analista:

> (...) uma técnica muito simples [que] desautoriza todo recurso auxiliar, mesmo o de tomar notas, consiste meramente em não querer se fixar em nada em particular e em prestar a atenção a tudo quanto alguém escuta, com a mesma "atenção livremente flutuante". A regra pode ser formulada assim: a pessoa deve afastar qualquer ingerência consciente sobre sua capacidade de se fixar e abandonar-se às suas "memórias inconscientes" (...).

Não pretendo entrar na rica e necessária discussão que, nos meios psicanalíticos, realiza-se em relação à *atenção flutuante*. Simplesmente, a partir das possibilidades que me outorga o estar simultaneamente trabalhando no Brasil e na Argentina, tenho me perguntado acerca da diferente tradução, que em uma e em outra língua, se faz para o termo alemão *gleichschwebende Aufmerksamkeit** que é traduzido para o espanhol como *atención flotante*. No idioma português é traduzido como *flutuante*, pois em português não há a palavra *flotante*, que nos oferece o espanhol. A matiz que se introduz ao utilizar a palavra *flutuante* no lugar de *flotante*, ou mesmo usar as duas, abre outros espaços para a análise das diversas modalidades atencionais que atualmente apresentam as crianças e os jovens.

---

* Em francês é *attention flottante* e em inglês *suspended (evenly poised) attention*.

Um objeto que flutua (flota), por exemplo, na superfície da água, pode permanecer quieto, caso a água esteja parada, ou pode acompanhar o movimento das correntes permanecendo na superfície. Em troca, um objeto pode *flutuar* tanto nas profundezas como na superfície, movendo-se e acompanhando, ou não, o movimento das águas.

Poderíamos dizer que as novas modalidades atencionais que apresentam os jovens, aproximam-se de uma *atenção flutuante (flotante)* entre a multiplicidade de estímulos. E, talvez, seja uma de nossas tarefas oferecer espaços onde possa atuar a autoria de pensar, para permitir que o *flutuar (flotar) atencional* oriente-se em direção ao *pensar significante* através de uma *atenção flutuante*. É preciso reconhecer a existência de novas modalidades atencionais, sem diagnosticá-las como patológicas ou deficitárias, para que possam se transformar em ferramentas criativas.

Para o sujeito em análise, considera-se que o *brincar* explica mais acertadamente a chamada "associação livre" que se espera do mesmo. Já para descrever a escuta clínica do terapeuta poderíamos falar de "atenção flutuante" – que se cria e é criada no entrelaçamento, *entre* o *brincar* do terapeuta e o paciente. Espaço lúdico que permite a flutuação entre *concentração-distração-descentração-atenção*, em grau, intensidade e tonalidades em constante deslocamento. Movimento que apenas em alguns instantes, como nos momentos estéticos ou de perigo, deixa em suspenso quase tudo, ficando a atenção suspensa (*suspended*) no objeto. Êxtase que somente quando é fugaz não levará à alucinação ou ao aprisionamento da atenção.

Na saúde, a atenção e a distração encontram-se em constante imbricação, permitindo o trabalho inteligente de *desadaptação criativa** ao novo que nos oferece e ao conhecido de nós mesmos.

Podemos atender simultaneamente a várias situações, pois *prestar atenção* encontra-se entre a *concentração e a descentração*. A atividade atencional, portanto, está mais próxima de jogar que do trabalho alienado.

A arte adianta-se à ciência e pode visibilizar o que a experiência clínica produz. É como diz Fernando Ulloa (1994):

> As obras de arte e algumas composições teóricas representam expressões moderadas – comedidas, no sentido de mensuráveis em sua extensão, de uma entrevista excessiva ou contemplada fugazmente (...). A partir daí, a flecha vai se "des-sutilizando" na velo-

---

* Sobre o conceito de inteligência como desadaptação criativa, consultar Capítulo 16.

cidade/soltura/fragmentação da ilusão da cavilação que parece mover-se por ambos os lados do espelho da reflexão inteligente*.

Particularmente, a arte atual dá conta das transformações que hoje estamos observando nas modalidades atencionais.

No teatro, a fronteira do cenário algumas vezes desaparece, e, outras, quando o cenário está delimitado no espaço dos espectadores, dentro de sua área acontecem, simultaneamente, várias cenas com temáticas e recursos técnicos diferentes. Coexistem, no cenário, atores representando uma cena da vida atual, dizendo em algum momento frases extraídas de alguma obra clássica; imagens diversas projetadas em uma tela; orquestra ao vivo, dança – que não apresentam entre si uma unidade argumental. Tais expressões artísticas demandam do público uma atenção flutuante e difundida entre a diversidade, simultaneidade e rapidez das cenas. A amplitude que tais propostas estéticas oferecem, promovem no espectador, a flutuação atencional, criando, assim, diversos "espaços entre". Espaços que ampliam, simultaneamente, a força dramática da encenação e as possibilidades de significação que o espectador possa realizar.

Sara Paín, referindo-se a pintura, assinala algo semelhante, mostrando como na arte atual a separação entre a obra e o espaço que a rodeia é difuso.

> A arte clássica procurava isolar a obra em relação ao seu exterior. O marco e o pedestal eram os mediadores, enquanto limitavam o lugar da ficção e classificavam a obra entre os móveis. De modo que ficção e realidade não se confundiam. Na arte atual situa-se a obra de maneira tal que às vezes é difícil concentrar-se nela, pois o entorno reclama constantemente a atenção. A obra se des-obra nessa dispersão, perde seus limites.

Em que se assemelha e em que se diferencia a atividade atencional posta em jogo para *atender* a uma obra de arte daquela que devemos pôr em jogo para atender a um objeto de conhecimento? Volto a reiterar as seguintes questões: como "prestar atenção" sem *atrapar* a atenção? Como se situar ante as exigências contraditórias, que se neutralizam en-

---

* ULLOA, F. In: BLEICHMAR, S. (Org). *Temporalidad determinación azar*: lo reversible y lo irreversible. Buenos Aires: Paidós, 1994. "Da mesma maneira que o primata transcendeu do garrote aos atuais artefatos, a criança 'amiga das novidades transcendeu, nunca de todo, dessa condição. Já adulta e vinculada a algum ofício, a construção de seu pensamento também supõe um recorrido, no qual haverão de jogar os pontos disposicionais que restam do recorrido da criança".

tre si e podem levar ao esgotamento, ao tédio e à perplexidade? Digo "exigências contraditórias" porque, por um lado, para aprender requer-se modalidades atencionais próximas da *flutuação atencional em dispersão criativa*, e, por outro, exige-se a todos os alunos (e mais ainda aos que "fracassam") a focalização atencional.

Se a capacidade atencional opera por *descentração e dispersão criativa* e/ou requer momentos de *descentração/concentração*, essa é uma das questões que continuaremos estudando. No momento, podemos afirmar que as crianças e os jovens que aprendem têm conseguido um tipo de *concentração / descentração* que supera e atravessa a focalização, adaptando-se sem submetimento. Quer dizer, desadaptando-se criativamente, pois seu desdobramento em dispersão criativa permite ao sujeito reconhecer-se autor, confiar nas possibilidades de acreditar criando, sustentando o pensar no brincar.

Escrevo indo e vindo, separando e juntando temáticas que resistem a uma análise se isoladas. De alguma maneira estou me obrigando, para efeitos expositivos, a delimitar quatro dimensões:

1. Estudar a capacidade atencional como uma construção e precisar o conceito de modalidade atencional.
2. Analisar as características dos contextos socioeconômicos e políticos atuais em sua incidência na transformação ou mutação das modalidades atencionais.
3. Considerar as transformações nas modalidades atencionais como um aspecto das mudanças nos modos de subjetivação. Realizar uma revisão de conceitos e práticas diagnósticas e de tratamento sustentadas pelos profissionais da saúde e da educação.
4. Analisar as posições subjetivas e os mecanismos inconscientes que promovem ou mantêm a exclusão, ainda que no interior das bem-intencionadas práticas pedagógicas inclusivas.

Nos próximos capítulos nos deteremos nesses aspectos e em suas inter-relações.

# 9

O recordar e a capacidade atencional

Para "atender" o presente, recordar o passado

Recordar, aprender, pensar e atender se entrelaçam. Cada acionar depende dos outros. Sem *aprender* (que supõe transformar), a permanência da atenção equivaleria à fria memorização das máquinas, quer dizer, a um triste treinamento "desubjetivante".

O *aprender* introduz o "novo" no "antigo", a novidade no existente, o que é dos "outros" em "nós".

O *recordar*, por sua vez, introduz o próprio, o singular, o nosso naquilo que é dos outros, para ter significado, e o que é dos outros, naquilo que é nosso, para aprender. Os processos atencionais participam tanto no aprender quanto no recordar.

Costuma-se considerar como dois momentos separados a aquisição do conhecimento e sua manutenção, todavia, os dois movimentos estão intimamente relacionados, pois ambos são construções e nessa constante construção/reconstrução operam os processos atencionais.

Não se pode *atender* o presente, nem projetar o futuro, sem recordar o passado. Isso vale tanto para uma pessoa quanto para os povos.

A gestualidade e o fazer corporal são lugares privilegiados onde situam-se os processos atencionais que permitem manter o conhecimento adquirido. A reprodução do gesto ativa a recordação. O saber corrente tem isso presente, pois quando não recordamos o lugar onde esquecemos algum objeto, sabemos que, se reconstruímos o caminho por onde andamos, podemos recordar onde deixamos o que foi extraviado.

Recordamos recordando-nos.

O organismo *memoriza*, mas o corpo *recorda*. Ao dizer *corpo*, fazemos referência ao organismo atravessado pela inteligência e pelo desejo, em interação com os outros.

A escrita chinesa torna isso presente, pois o próprio ideograma "pensar" se constitui reunindo o desenho do cérebro e do coração (Mcnaughton e Ying, 1995).

Por sua vez, a palavra "recordar", surge etimologicamente de *voltar a passar pelo coração*. Na demora entre o fato e a recordação produz-se um trabalho de reconstrução afetivo-pensante que amplia a possibilidade de apropriar-se da experiência recordada. A *atividade atencional* intervém em todo esse processo.

Recordar supõe um trabalho de elaboração pensante-desejante de autorias compartilhadas. Recordar é atrever-se a reconhecer um outro de si. Olhar-se desde outro lugar. Aceitar-se diferente. Questionar-se. Inscrever-se na própria história. Encontrar um lugar a partir do qual "prestar atenção" ao mundo forma parte da pulsão de vida. Se o objetivo do "prestar atenção" humano fosse evitar os perigos de um mundo ameaçador, não teriam surgido as artes, nem a cultura, nem a música, nem a diversidade de idiomas; só os uivos teriam sido suficientes.

Atender é guardar/aguardar amorosamente o objeto. Adotá-lo simbolicamente

Nossa recordação não é do "real" do objeto apresentado. Não é a retenção de imagens auditivas ou visuais. Tal retenção é aquela operada por uma máquina de gravação, filmadora ou fotográfica, que não recorda, somente reproduz.

O que recordamos? Recordamos a situação ou o objeto recordando-nos da situação ou em relação ao objeto.

Como um conhecimento se inscreve como recordação? O que fica inscrito ao recordar o previamente atendido é o gesto amoroso de *querer* a produção ou o gesto de cuidado ou rejeição frente ao objeto.

Existe uma íntima relação entre querer as próprias obras, o reconhecimento da autoria em sua produção e o desejo de "guardá-las" como uma maneira de cuidá-las.

No idioma português, utiliza-se *guardar* como sinônimo de *recordar*. As crianças que falam espanhol também têm esse saber. Escutei uma criança de menos de 3 anos dizer com tristeza: "Às vezes minha cabeça não *guarda* as coisas que diz", quando queria expressar: "Às vezes, não recordo".

Aqueles que chegam à consulta psicopedagógica normalmente apresentam dificuldades para recordar. Seus pais e professores costumam dizer: "*só tem memória para algumas coisas porque não presta atenção*". Essa pseudoexplicação adquire caráter de "científica" e verdadeira em determinados manuais de psiquiatria que consideram o extravio de objetos como um indicador de déficit atencional. Um dos critérios para o diagnóstico de TDA ou TDAH do DSM-IV (American Psychitric Association, 1995) diz textualmente: "com frequência extravia objetos necessários para tarefas e atividades (por exemplo, jogos, exercícios escolares, lápis, livros e ferramentas)*.

Em contrapartida, a partir de minha experiência clínica e de inumeráveis colegas, posso corroborar que, na maior parte das vezes, as "falhas na memória" não são causadas por indicadores de problemas de atenção, mas sim, inversamente, as dificuldades para recordar/recordar-se/historiar-se (guardando o gesto próprio) podem manifestar-se como "falta de atenção". Por um lado, é necessário um certo *distrair-se* das demandas externas para atender as próprias perguntas e o próprio saber; além disso, ao não ficar inscrito o *gesto*, perde-se a recordação da ação (o *movimento*, por si só, não dá suporte ao sentido. Só o gesto é singular e plausível de gerar experiência). Ao perder a recordação, diminui-se a possibilidade de reconhecer a própria autoria e desdobrar a atividade da atenção.

O trabalho psicopedagógico, ao promover o brincar e o psicodramatizar, dá abertura para que, a partir dos *movimentos* insignificantes, possa advir uma gestualidade significativa.

---

* Item G dos Critérios para o Diagnóstico do Transtorno de Déficit de Atenção/Hiperatividade. *DSM-IV*.

Esquecer e recordar

Alguns psiquiatras e psicólogos desconsideram os aspectos subjetivos da "memória humana" e a tratam segundo a lógica da informação, como se fosse possível seccionar, fragmentar, apagar (*deletar*) ou copiar conteúdos gravados no cérebro com a simples vontade ou desejo de fazê-lo.

Como os humanos não arquivam informações desconectadas de significação, nosso modo de tratar as vivências pessoais é muito diferente da maneira como os computadores processam informações.

Lendo autores de diversas disciplinas (neuropsicologia, psicanálise, ciências da computação), encontro contribuições que são interessantes para trabalhar as relações entre a atenção e a memória, articulando as dimensões orgânica, corporal, intelectual e desejante. Assim, Paula Sibilia (2008), sobre a memória e o esquecimento, retomando o filósofo Bergson, diz que:

> A função do cérebro não consiste em arquivar recordações, mas em "suspender a memória", uma forma de esquecimento necessário para a vida e a ação. Porém, suspender não equivale, de modo algum, a "deletar", porque tudo permanece na virtualidade do espírito e tudo pode, sempre, retornar.

E acrescenta que "a suspensão bergsoniana teria o objetivo de filtrar as percepções e as recordações como uma proteção contra o fluxo avassalador que paralisava o memorioso personagem de Borges."

A genialidade literária de Borges criou o personagem "Funes, o memorioso" que, ao tentar memorizar tudo, não pode recordar, nem viver. Um certo esquecer forma parte do trabalho significante do recordar, pois para produzir sentido, há que se incluir no recordado, quer dizer, de algum modo, "eleger" o que guardar e o que excluir: historiar-se, incluir-se como sujeito ativo na cultura.

Para que nos serve o cérebro então? Como diz Maria Cristina Franco Ferraz (2005): "o cérebro não serve para guardar ou 'arquivar' recordações, mas, ao contrário, para suspendê-las, para evitar que nos importunem, impedindo-nos de atuar no mundo."

Considerar a função subjetivante do recordar põe em relevo a inter-relação entre esquecer e recordar. Questão que nos permite ampliar a compreensão da participação da atividade atencional nesse processo.

Algumas comprovações da neurobiologia concordam com temáticas com as quais viemos corroborando clinicamente em nossas disciplinas.

Sabemos da plasticidade de nosso sistema nervoso. Há algum tempo que as investigações neurobiológicas acabaram com a falsa ideia que localizava, para cada função do cérebro, uma área específica. Herdamos "disposições para...", "possibilidades para...", pois nada está definido geneticamente de forma pontual. Os neurônios e suas conexões possuem plasticidade, maleabilidade, possibilidade de mudança para adaptarem-se às exigências do meio.

O psicanalista Sergio Rodriguez (2009b), reconhecendo a importância e a necessidade de estabelecer colaborações recíprocas entre os desenvolvimentos atuais da neurobiologia e a psicanálise, propõe algumas questões extensivas às teorias e práticas psicopedagógicas. Tais colaborações também podem se ampliar para a análise da capacidade atencional.

Faz tempo que os estudos das neurociências (analisando os mecanismos pelos quais a memória se armazena no cérebro) relacionam a formação do hipocampo e do bulbo olfativo à memória. As investigações atuais assinalam que essas áreas têm neurogênese contínua, quer dizer, estão continuamente se renovando para que não fiquem saturadas de informação. O sistema nervoso opera arborizando-se em multiplicidade de conexões. Ao longo de toda vida há gênese, evolução e involução dessas conexões. Sergio Rodriguez dirá que essa gênese constante de conexões torna irrelevante a discussão acerca da incapacidade ou capacidade de reprodução dos neurônios, já que possuímos uma dotação milionária inicial que torna desnecessária uma produção maior.

O neuropediatra Julio Castaño explicita, a partir da biologia, uma questão que estudamos na psicanálise (Winnicott, Ricardo Rodulfo e outros), na psicologia genética (Piaget, Wallon, Vigotsky) e na psicopedagogia clínica: o bebê é um ser ativo. A dependência do recém-nascido e a necessária presença de cuidados maternos e paternos não deve ser confundida com prematuridade, nem com falta de atividade. O citado neuropediatra diz que:

> O estado de dependência em que encontra-se o lactante, desde o nascimento e durante o primeiro ano de vida, induziu a pensar que seu cérebro era igualmente imaturo, o que gerou o conceito de que trata-se de um período de latência funcional. Todavia, modernos estudos de investigação clínica e novas técnicas de exploração funcional do cérebro revelaram notáveis capacidades do cérebro infantil, que realiza uma tarefa ativa de incorporação e processamento de informação que recebe do entorno durante esse lapso, que é crítico para o desenvolvimento das funções egoicas (Castaño, 2005).

O organismo memoriza, mas o corpo recorda. Recordar supõe significar, interpretar, ressignificar, em que *esquecer* forma parte do *recordar*, para não perder a "memória" ao incluir-lhe a autoria do recordar.

Por outra parte, os neurobiólogos falam atualmente do que chamam "poda" ou *pruning* nas conexões dos dendritos, reconhecendo a existência de um *pruning* inicial e, depois, outro que ocorre na puberdade e na adolescência, relacionando esta última com o período em que os hormônios reconfiguram todo o sistema nervoso, acompanhando o desenvolvimento dos genitais até a forma e o nível adulto.

Sergio Rodríguez (2009b) relaciona a "poda" ou *pruning* adolescente com a reorganização das representações infantis que reconfiguram-se a partir das experiências próprias da sexualidade e da inclusão no mundo público e assinala que:

> É importante sublinhar não só a coincidência com o descobrimento freudiano, mas também o valor das transformações anatomo-histo-fisiológicas desta idade como sustento exigente a partir da biologia e do real: o radicalmente não sabido por esses púberes e adolescentes sobre esse corpo que os surpreende e que os exige no terreno simbólico imaginário.

Não podemos deixar de relacionar a cotemporalidade entre o *pruning* puberal e o *trabalho psíquico* de "fazer-se" adolescente, que Piera Aulagnier (1991) chama "construir-se um passado para projetar-se um futuro", proposta mais próxima à psicopedagogia do que o modo habitual de pensá-la como um momento de elaboração de lutos. Sabemos que o aprender nos conecta com a necessidade de "perder" algo velho, mas a energia do mesmo surge da possibilidade de utilizá-lo para criar o novo.

Questão que permite tornar a valorizar a proposta de "historiar-se". Reconhecer-se autor a partir de suas produções e vínculos subjetivantes com os semelhantes.

Diz Piera Aulagnier (1991):

> (...) no curso da infância, o sujeito deverá selecionar e apropriar-se dos elementos constituintes desse fundo de memória, graças ao qual

---

* Com relação aos trabalhos de luto na adolescência estudados por Arminda Aberastury, não estou desconsiderando-os, mas assinalando que necessitamos incluir os trabalhos construtivos psíquicos (de aprendizagem) para entender o que acontece na adolescência. Neste sentido, o livro de RODULFO, R. *Estudios clínicos*. Buenos Aires: Paidós, 1992, pode ajudar a pensar a questão.

poderá tecer a tela de fundo de suas composições biográficas. Tecido que pode assegurar-lhe que o modificável e o inexoravelmente modificado de si mesmo, de seu desejo, de suas eleições, não transformem aquele que ele se torna em um estranho para aquele que ele tem sido, que sua "mesmidade" persiste nesse Eu condenado ao movimento e, por aí, à sua automodificação permanente (...). Mas o que importa é a persistência desse nexo garantidor da ressonância afetiva que deverá se estabelecer entre o protótipo da experiência vivida e a que ele vive, por mais diferentes que sejam a situação e o reencontro que a provoquem (...). Nesse trabalho, durante o qual esse tempo passado e perdido transforma-se e continua existindo psiquicamente com a forma de discurso que lhe fala, da história que o guarda na memória, que permite ao sujeito fazer de sua infância esse 'antes' que preservará uma ligação com seu presente, graças ao qual se constrói um passado como causa e fonte de seu ser.

Criar espaços terapêuticos nos quais o jovem possa *atender* ao novo de seu desejo. Que o novo de suas escolhas não transforme *aquele que ele se torna* em um estranho que o persegue ou o isole de seu passado. Que *aquele que ele se torna* possa se ancorar em sua história, reconhecendo-se como coautor. Que possa olhar suas cicatrizes sem negá-las e sem ficar na dor das feridas. Que possa olhar suas cicatrizes recordando sua capacidade para curá-las.

O trabalho psíquico necessário do recordar está presente desde o início da vida. Nesse trabalho, o corpo utiliza a memória *orgânica* realizando uma seleção ou "poda" do que não necessita, do que não consegue significar, mas não o perde, guarda, atrevo-me a dizer, como perguntas do saber inconsciente. *Quase-perguntas,* promotoras de buscas dirigidas ao ambiente humano que o recebe. Sustento que uma das funções centrais do que Winnicott chama "provisão ambiental" consiste em prover ao sujeito respostas que não escondam nem desmintam sua história.

A importância do "guardar" no tratamento psicopedagógico

Os objetos que há décadas *guardavam* com sua presença corpórea as marcas de nosso vínculo com eles, hoje são rapidamente descartados pela novidade de outros objetos que os substituem. Por exemplo, as fotografias no papel ocupam um lugar entre as coisas, têm uma presença espacial, precisam ser guardadas e esse guardar também supõe um tempo de manipulação e apropriação. Por sua vez, as fotografias digitais, a partir da facilidade para obtê-las, costumam, por seu excesso, "perder-se" nos espaços virtuais*.

Quando a criança inicia tratamento psicopedagógico, alguns terapeutas oferecem uma caixa pessoal para guardarem seus materiais e produções, sem dar importância ao "trabalhar" o desejo de guardar, nem à relação entre o *guardar-mostrar,* recordar e *atividade da atenção*. Se a criança não tem experiência com a necessidade de guardar, oferecer-lhe uma caixa para guardar só serve como objeto ordenador para o psicopedagogo.

Nosso trabalho deve promover o *desejo de guardar* a partir do qual o sujeito reconheça suas produções e possa apreciá-las. Esse apreço não se dirige a encontrá-las lindas, menos ainda, perfeitas, mas em reconhecê-las como próprias. Recordar-recordando-se. Atender-atendendo-se.

"Fazer tempo"

A psicopedagogia, ao trabalhar com o sujeito aprendente, não pode deixar de pensar nele como transformado, situando-o no tempo e na história. Por história não entendemos linearidade. O tempo, em sua formulação cronológica, se diferencia da temporalidade**. A temporalidade é o tempo de historiar que, enquanto marca a irreversibilidade dos fenômenos vividos, impulsiona nossa autoria.

Os giros idiomáticos, tal qual um arquivo vivo de posições subjetivas, podem aproximar-nos de certos sentidos múltiplos e paradoxais que os conceitos ainda não conseguem alcançar.

Por sua vez, as expressões verbais que em uma época se impõem mostram os modos de subjetivação imperantes. Quanto ao tempo, podemos deixá-lo passar ou passá-lo, tê-lo ou fazê-lo, porém, o tempo também nos *"faz falta"* e o que *nos faz* é provavelmente remeter-nos à nossa finitude e condição de seres mortais.

Podemos deixar falar algumas expressões mais utilizadas na atualidade: *me falta tempo; há que deixar passar o tempo, estou passando o tempo; estou matando o tempo, tenho ou não tenho tempo, fazer tempo...*

---

* Minha experiência, trabalhando com grupos de adultos e adolescentes, mostra a importância que costuma ter para eles recordar uma única fotografia tirada na infância. A abundância de fotografias digitais não lhes permite recordar a partir delas.

** No interessante livro de BLEICHMAR, S. (Org). *Temporalidad determinación azar: lo reversible y lo irreversible.* Buenos Aires: Paidós, 1994, encontram-se as exposições do colóquio convocado pela autora e outros psicanalistas para discutir com pensadores de outros campos, as questões das ciências a partir da pergunta sobre a problemática da temporalidade.

"Fazer tempo" é uma expressão instigante. O que é fazer tempo? A que tempo se refere a expressão "fazer tempo"? Pode se fazer o tempo? Creio que sim, e talvez disso se tratam os espaços terapêuticos e os psicopedagógicos. Tarefa cada vez mais necessária.

Potência recordativa dos espaços grupais e do psicodrama

No capítulo anterior, analisei as novas modalidades atencionais assinalando seu modo *flutuante* e *dispersivo* de operar e expus nosso propósito de criar condições para que não derive em fragmentação e banalização. Poderíamos falar, talvez, de um certo *"recordar flutuante"*. Recordar que retira sua potência do saber tecido nas redes grupais, onde o recordar de uns vai potencializando o recordar de outros. Então, as recordações liberadas de uma determinada organização inconsciente podem buscar outras configurações. As novas e múltiplas configurações possíveis tornam-se mais móveis, o que equivale a dizer, mais saudáveis e mais criativas.

O psicodrama gesta *potência atencional recordativa e reconstrutiva* necessária para o trabalho psicopedagógico.

O "recordar" do psicodramatizar possibilita soltar fragmentos de recordações para que o sujeito possa encontrar novos modos de ligação entre eles. Quer dizer, que seja seu autobiógrafo, que possa relatar desde de si mesmo, que se situe como *autor*.

Quando o psicodrama acontece no seio de um grupo, esse processo fica facilitado, pois ali vai armando-se um *acervo de cenas* que organizam-se em redes e constituem o que eu poderia chamar de *uma rede interpretativa*.

Como psicopedagoga, como terapeuta, como coordenadora grupal, meu lugar de interpretação é simplesmente colocar-me ali, às vezes conseguindo ler algo dessa rede interpretativa. Outras vezes, também intervindo no bordado, no tecido dessa rede, que é esse acervo de cenas que vai se construindo.

No espaço psicodramático pode tramitar a "desrepressão" das recordações. Processo que não é simples e que acontece de diferentes formas, segundo a modalidade de aprendizagem do participante e da posição que o terapeuta coordenador consiga ocupar na transferência. Em tal sentido, precisamos revisitar a diferença entre *saber* e *conhecer* para abrir espaços onde se possa tramitar a forma generativa do saber e do *atender* naqueles que nos consultam.

O centro da criatividade no viver se dá em uma dialética entre saber e não saber, entre *distrair-se* (descobrir, assombrar-se, soltar, perder-se) e *atender* (organizar, escolher, manter). Esse processo chama-se aprender*, que é a-prender, des-prender o prendido, para voltar a prender e desprender em um contínuo generativo de novos conteúdos de conhecimento e de algo novo para o próprio sujeito.

As recordações não aparecem completas, nem de repente, pois as cenas não estão armadas antes de começarem os relatos. Esta é uma das diferenças entre teatro e psicodrama e é um dos aspectos que dá ao psicodrama potência terapêutica para tratar os sujeitos que apresentam problemas nos processos atencionais.

A *cena* (residência provisória) *psicodramática* começa a produzir-se desde o momento em que põem-se em ação o desejo de relatá-la. Assim como quando relata-se um sonho, em que produz-se uma nova criação com o material sonhado e o material que provê a escuta e o olhar do interlocutor, as cenas relatadas e logo dramatizadas são novas criações. Às vezes, até sonhamos "para poder" contar o sonho, do mesmo modo como recordamos a partir do desejo de relatar. Os grupos, neste sentido, são espaços que potencializam o recordar e o atender. São espaços que potencializam a *atividade da atenção*.

Ao recordar, gesta-se algo novo com o material antigo. Produz-se tempo. Outro tempo transicional. Tempo lúdico, representado na frase que uma criança disse a outra para convidá-la para brincar de representar um personagem: "Faz de conta que você era..." Conjunção de passado e de futuro. A criança utiliza o verbo no passado, "era", para dizer que jogará esse personagem, depois, no futuro. Anuncia, ali, a gestação de um tempo novo, nem passado, nem presente, nem futuro. Um tempo que forma parte da realidade, mas de uma realidade para a qual não existem relógios.

---

* Ver FERNÁNDEZ, A. *O saber em jogo*. Porto Alegre: Artmed, 2001.

10

Promover "mostrar/guardar" para evitar "exibir/esconder"

Relações recíprocas entre modalidades de ensino-aprendizagem e modalidades de atender/ ser atendido

Na continuidade, penso ser necessário promover o encontro de aspectos pertinentes às modalidades de aprendizagem com as questões referentes à atividade atencional. *Mostrar/guardar* são aspectos característicos das modalidades saudáveis de ensino em contraposição ao *exibir-desmentir-esconder* que ferem essas modalidades e, em consequência, o aprender. Será uma análise extensiva, visando compreender como afetam não apenas as modalidades de aprendizagem, mas também a *atividade atencional*.

O *guardar* permite compartilhar, o *esconder* nos isola e o *exibir* nos esvazia.

Mesmo que *guardar* e *esconder* superficialmente possam parecer movimentos similares, são gestos quase opostos, pois implicam diferentes posições subjetivas. O *esconder* rompe o espaço de encontro, gerando uma situação de abuso de poder, de uma pessoa sobre outra. Em contrapartida, o "guardar" é inerente ao mostrar, já que ninguém pode mostrar tudo o que conhece, muito menos o que sabe. No professor, a aceitação do *guardar* – que é própria do outro – supõe o saudável reconhecimento de sua incompletude e o conhecimento do que tenta transmitir. Deixa em aberto o espaço da pergunta e da curiosidade. Em consequência, abre o *espaço atencional* entre quem ensina e quem aprende.

Além do mais, o simples ato de transmissão da informação implica uma seleção acerca do que dizer e do que não dizer. A seleção às vezes é espontânea, própria ao ato de ensinar e supõe levar em conta para quem se dirige essa transmissão. Como professor escolhe-se o que mostrar e o que não mostrar.

Quando não existe um limite entre o que se deseja guardar e o que se escolhe para compartilhar, paulatinamente vai-se desgastando a capacidade de *atender* aos nossos pensamentos. O pensar se dilui, se desmancha, vai se perdendo. Por sua vez, se não podemos escolher com quem compartilhar, perdem-se os vínculos subjetivantes com os outros. Quando a singularidade do outro torna-se indiferente, vai se apagando também a própria singularidade.

Diferentes modalidades ensinantes propiciam diferentes efeitos nas modalidades de aprendizagem e, consequentemente, nas modalidades atencionais.

Esquematicamente, podemos diferenciar três *posições ensinantes atendentes* que ferem*, que costumam perturbar a atividade atencional: esconder-exibir-desmentir.

1. Quando alguém, que está na função de ensinante – pais, professores, meios de comunicação – *esconde* a informação, aqueles que estão no lugar de aprendentes correm o risco de aprisionar seu pensar e sua atenção. Há diversos modos e motivações para esconder, consciente ou inconscientemente, por superposição, por omissão do contexto, por covardia intelectual, por temor de encontrar o desconhecido, pelo desejo de manipular o outro. Não se esconde apenas omitindo, já que a fragmentação e a banalização são modos mais camuflados de fazê-lo. Outro modo de *esconder* – para si mesmo – origina-se ao evitar o questionamento, por exemplo: quando não nos perguntamos pelas causas humanas, vinculadas às políticas e econômicas, que intervêm no aumento dos chamados "desastres naturais"; ao naturalizar e/ou patologizar os diversos mal-estares produzidos socialmente.

---

* O dispositivo de análise psicopedagógica referido encontra-se desenvolvido no livro de minha autoria: FERNÁNDEZ, A. *Os idiomas do aprendente*: análise das modalidades ensinantes com famílias, escolas e meios de comunicação. Porto Alegre: Artmed, 2001. Estamos falando da modalidade ensinante de quem (o que) está ocupando a posição e a função de ensinar. Portanto, não fazemos referência apenas aos pais, irmãos e professores. Também cumprem funções ensinantes outras pessoas próximas, os meios de comunicação e as figuras públicas (políticos, modelos, desportistas, cantores, atores e outros).

2. Quando alguém está na *função ensinante-atendente* e *exibe/se exibe*, aqueles que estão no lugar de aprendente correm o risco de *inibir defensivamente* a atividade de atender e a atividade de pensar, pois exibir supõe um excesso de informações, às vezes descontextualizadas ou fragmentadas. Surge o desinteresse, a indiferença, o tédio e a desatenção com sua faceta de "hiperatividade".
3. Quando alguém que está na função ensinante *desmente* aqueles que estão no lugar de aprendente (assim como aqueles que consomem "notícias" acriticamente) correm o risco de *oligotimizar-se*.* *Desmentir* é um esconder e um exibir simultâneo e, como tal, tenta fazer aos que suportam a *desmentida*, que *desmintam-desatendam* o que suas experiências indicam, colocando outra falsa experiência em seu lugar. Por exemplo, as situações: "isto que você vê não é o que você vê", "esta guerra que você está sofrendo não é guerra, é ajuda humanitária", "estes mortos não são mortos, são danos colaterais", "esta invasão é justiça divina". Corre-se o risco de *aprisionar* massivamente o pensar e estilhaçar a capacidade atencional, desvitalizando-se, "aborrecendo-se", empobrecendo a relação com o outro, com a palavra e com o gesto. A *desmentida* provoca perplexidade e confusão, podendo conduzir o sujeito a desatender/desentender-se do mundo e da conexão atencional necessária para mover-se nele. Perturba o trabalho inteligente de desadaptação criativa e a necessária dispersão criativa entre distração e atenção.

A *desmentida* é o mecanismo que atua ferindo mais fortemente a capacidade atencional, quando opera de modo constante, a começar pelas pessoas significativas que atendem a criança (pais, professores, meios de comunicação). A *desmentida* não é uma simples superposição entre esconder e exibir, tampouco é uma dupla mensagem entre o que alguém diz e o que faz. A *desmentida* trabalha no espaço que precisa se produzir entre quem atende e quem é o atendido – opera tratando para que esse espaço desapareça e em seu lugar seja colocada outra coisa. Pretende anular a experiência que o sujeito vivencia, levando-o a deixar de atender suas sensações e seus sentimentos, para absorver outra experiência, sempre a custa de estilhaçar a própria *atividade atencional*.

---

* Um forte exemplo de *desmentida*: em janeiro de 2010 a devastação – evidenciada por um terremoto – do povo haitiano, que foi o primeiro povo a rebelar-se contra os colonizadores, deixou uma quantidade de crianças perdidas e separadas de seus pais, que os estavam procurando. Nesse momento, alguns estrangeiros tentaram roubar essas crianças e declararam aos meios de comunicação que os estavam salvando.

Os posicionamentos ensinantes/atendentes de esconder-exibir-desmentir, que perturbam o desenvolvimento da capacidade atencional, operam tanto no interior das famílias como das escolas e na sociedade em seu conjunto. Sua intervenção patologizante se acentua, quando se consolidam no interior das famílias, como um modo constante de relação com a criança, gerando um rígido molde relacional.

A criança não é um sujeito passivo, ela pode operar de diferentes modos com as *modalidades de ser atendido*. Sem dúvida, na forma em que cada sujeito processa as *modalidades de ser atendido* participam contextos sociopolíticos. Tais contextos adquirem, na atualidade, uma força cada vez maior, pois os meios de comunicação intervêm diretamente sobre as crianças, sem mediação de pais e professores.

Flutuar entre decidir guardar e poder mostrar

A potência atencional da atitude curiosa outorga energia ao pensar. O aprender surge a partir da curiosidade ante o mistério que as coisas guardam. Se ao tentar acalmar a sede, supondo que o outro tem o saber desse enigma, e se o ensinante se coloca nesse lugar de poder/saber, pretende-se que tudo esteja visível, ou seja, *pré-visto* por ele e, mais ainda, espera-se que o aprendente dirija-se exclusivamente ao que ele mostra ou diz – como vai aparecer a curiosidade? Onde ficaria o desafio do desejo de descobrir o enigma e a alegria de tê-lo encontrado?

A curiosidade, promotora do desejo de aprender, surge a partir do flutuar atencional entre o *guardado* e o *mostrado*. Tal flutuar cria um espaço de liberdade entre aquilo que precisamos, ou o que nos obrigam a atender, e a amplitude não definida que chama nossa atenção.

Existem ocasiões em que o apagamento momentâneo da potência atencional da curiosidade é necessário e saudável. Nas circunstâncias de elaboração do luto, ou quando estamos expostos ao excesso de informação, necessitamos realizar um movimento transitório inibidor do atender. Por exemplo, ante a perda de um ser querido, costumam apresentar-se duas atitudes defensivas protetoras aparentemente opostas, a desatenção e a hiperatividade. Tais reações momentâneas não são patológicas, pelo contrário, concedem ao sujeito um tempo/espaço para começar a elaborar seu luto. Claro que para realizar o trabalho de luto, e não ficar fixado em alguma dessas duas atitudes, requer-se um ambiente amistoso, que as permita como reações do momento e não as julgue como patológicas. Muitas crianças e adolescentes que, levianamente, recebem diagnósticos de TDA/TDAH/Transtorno Desafiador de Oposição (sem atender ao ambiente em que se desenvolveu a "desatenção e ou a hiperatividade"), podem estar padecendo de ausência de ambiente facilitador. Aquilo que começou como proteção necessária pode derivar para uma rígida defesa que deixa de proteger.

Outra circunstância que pode levar ao adormecimento e à evitação da potência da atenção e da curiosidade é o excesso e a exibição de informação. Se nos é imposto dirigir o olhar ao sol do meio-dia, de forma direta, necessitaríamos fechar os olhos como proteção, para não ficarmos ofuscados e com nossa visão embaralhada. Porém, se mantivermos nossos olhos fechados para não machucá-los, já deixaria de ser proteção para passar a ser uma defesa contra aquilo que nos ataca. Além do mais, correríamos o risco de crer que não nos interessa olhar e/ou não há nada interessante para atender. Uma atitude semelhante se produz quando a inibição cognitiva se instala, ou quando está por instalar-se. Então, a criança ou o jovem mostra-se desatento, abúlico, desinteressado. Nada se ganha colocando-se próteses atencionais medicamentosas que podem mascarar a gênese de uma inibição cognitiva que poderia ter sido evitada.

Precisamos, então, possibilitar um entorno que permita ao sujeito encontrar-se consigo mesmo como interessante (o que não é o mesmo que importante). Nossa tarefa é gerar um ambiente de *heteroestima*, como diz Jorge Gonçalves da Cruz. Heteroestima que possibilitará a autoria e a emergência da potência atencional, da curiosidade e da alegria de sentir-se gestor e criador daquilo que descobre.

Como se aprende a prestar atenção? A gestação de espaços atencionais

O *prestar atenção* se aprende, sem dúvida, não se pode ensinar. O mesmo sucede com o brincar, o humor, a espontaneidade, a alegria, o amor.

Pode-se pensar que essa afirmação torna impreciso o lugar de ensinante, pelo contrário, reforça sua importância. Professores, pais, familiares, amigos e, ainda, os diversos integrantes dos meios de comunicação e figuras públicas, promovem ou abortam as possibilidades de aprender a brincar, a amar, a atender e a pensar. Não há conteúdos nem métodos que possibilitem essas aprendizagens. Elas ocorrem somente na relação com outro humano que ensine ao aprendente o caráter e a possibilidade de aprender.

Um ensinante é alguém que crê que seu aluno ou seu filho é um sujeito pensante e desejante. *Crer*, aqui, é sinônimo da capacidade do ensinante de considerar que o aprendente pode aprender e, assim, responsabilizar-se por criar as condições e o espaço subjetivo/objetivo – espaço entre – que permitirá o aprender e o atender.

Ao criar esse *espaço entre*, a responsabilidade pela aprendizagem é compartilhada entre quem ensina e quem aprende, retirando-se culpas expulsivas e imobilizadoras.

A função ensinante requer que quem a exerça possa:

- Autorizar-se a pensar, a atender e a ficar distraído.
- Permitir-se perguntar e habitar o silêncio.
- Deixar espaço para a imaginação e o prazer de aprender.
- Abrir-se ao brincar e à alegria, deixar-se surpreender.
- Promover sua autoria de pensar e sua capacidade de estar a sós.
- Atender-se e atender. Estar disponível.
- Prestar atenção atendendo-se.
- Promover os próprios espaços de intimidade (guardar/mostrar).
- Saber escutar/escutar-se.

Desse modo, a partir da função ensinante, propicia-se a quem encontra-se em posição aprendente que possa também autorizar-se a pensar; permitir-se perguntar; incluir a imaginação e a alegria de aprender; nutrir os próprios espaços de intimidade – ou seja, poder guardar, não sentir-se obrigado a mostrar; desdobrar sua autoria de pensar; atender-se e prestar atenção.

Nas relações assimétricas entre adulto e criança, cometem-se muitos pequenos erros que podem ir apagando a potência da *capacidade atencional* da criança. A maioria desses erros se produz em diferentes cenas, e podem ser triviais para os adultos, porém não são desprovidas de valor para a criança quando se repetem e se instalam como um molde relacional.

Descreverei uma série de cenas que se iniciam de modo semelhante, porém, cada uma delas tem um desenlace diferente, com o propósito de tornar pensável a importância do que estou designando como *espaço atencional*.

Inicio com uma das sete cenas:

Uma mãe e seu filho com um pouco mais de 2 anos "leem", interessada e atentamente, um livro de contos ilustrados. Neste dia, a mãe está com um colar composto de uma longa cadeia com três medalhões de cristal dispostos assimetricamente. Portanto, ao pender de seu colo, se o medalhão central ficar como o vértice inferior de um triângulo, os outros dois se dispõe de modo tal que um deles fica mais alto e o outro mais baixo. A criança, enquanto escuta a leitura do conto, afasta o olhar do livro e o dirige ao colar da mãe, tratando resituar os medalhões com as mãos. Coloca o do centro no vértice inferior e procura alinhar, simetricamente, os dois restantes, porém, devido ao modo como está desenhado o colar, tal simetria não é possível. Com surpresa, a criança exclama: "Está errado este colar!". A cena pode continuar de diferentes modos.

Eis os esquemas de alguns desenlaces possíveis:

Desenlace A:

Deixando-se surpreender pela surpresa do filho e voltando a olhar seu colar, a mãe, com uma disposição atencional lúdica flutuante entre sua própria lógica e estética e a lógica e a estética da criança, diz:

Mãe: Oh!... Vamos ver, está certo, esse medalhão poderia ir mais para baixo... Que bom! Viu isso! (tratando de colocá-lo simetricamente), mas, se alguém baixa um, o outro sobe! Bem! Foi feito assim!!!!

Criança: Está feio! (voltando a olhar atentamente o livro de contos).

Ambos retornam alegres e descontraídos para a leitura do conto. A criança foi atendida na sua distração criativa e pode continuar prestando atenção sem desatender-se.

Desenlace B:

A mãe pensando que o colar que estreia é lindo e custou caro, diz:

Mãe: Não querido, é assim mesmo, é assimétrico. Fica mais lindo assim! É lindo! As pedras são de cristal... Vamos continuar com o livro...

A criança volta resignadamente ao livro.

Desenlace C:

A mãe, incomodada pela interrupção diz:

Mãe: Agora estamos lendo o livro, depois brincamos com o colar... olha aqui! (assinalando uma ilustração do livro).

Criança: Quero água! (saindo da sala, agitadamente).

A criança se distancia do livro e da mãe.

Desenlace D:

A mãe está explicando a verdade e diz, muito compreensivamente.

Mãe: Não, meu amorzinho! É impossível que fiquem de forma simétrica, pois a distância entre um medalhão e outro devem ser semelhantes para que, ao cair, fiquem equilibrados, e então, o peso de um compensa o peso do outro. É a lei da gravidade! Você irá entender mais tarde.

A criança deixa de se interessar pelo colar e pelo livro. Permanece quieta com o olhar ausente.

Desenlace E:

A mãe está tratando de que o filho não se distraia, explica amavelmente, enquanto retira as mãos da criança do colar.

Mãe: Sim, filhinho! Eu vou concertar esta noite enquanto você dorme para que esteja direitinho depois. Vamos continuar com o livro agora. (E retoma imediatamente a leitura).

A criança, desanimada, aceita e fica olhando sua mãe.

Desenlace F:

A mãe, rindo e dirigindo-se a outro adulto presente, diz:

Mãe: Olha que gracinha o que o nenê disse! É muito inteligente! No outro dia ele também me disse algo genial, ele me disse que... (E conta o ocorrido.)

A criança, enquanto a mãe fala, se afasta deixando de atender o livro e o conteúdo do que foi pensado.

Desenlace G:

A mãe, continuando com o olhar no livro, move um pouco o colar sem olhá-lo e diz rapidamente:

Mãe: Ah sim! Já está bom. Vamos continuar lendo!

A criança fica em silêncio, mantém a mão no colar olhando para o outro lado.

Descrevi alguns desenlaces para uma mesma cena colocando para pensar questões que intervêm como facilitadoras ou dificultadoras do desenvolvimento da capacidade atencional de crianças, conforme for o posicionamento dos adultos que os atendem. Não proponho esse esquema de cenas como se fosse um manual a respeito de como responder às crianças, pois a resposta, suficientemente boa, nada tem a ver com uma técnica a adquirir. As múltiplas e incontáveis respostas suficientemente boas dependerão de inumeráveis fatores que não estou tratando neste momento, tais como o tipo de vínculo, as circunstâncias e a posição na qual o adulto se situa ante seu próprio saber e o saber da criança. O espaço atencional pode ser promovido ou interrompido pelo adulto.

O desenlace A favorece o espaço atencional, pois permite que a atenção flutue sem se dispersar. Supõe no adulto a capacidade de se deixar surpreender e uma atitude lúdica. Quanto aos demais desenlaces, eles perturbam o espaço atencional, ou ainda, não ajudam a mantê-lo. Nos últimos, o adulto fornece informações corretas ou emite juízos de valor estético que não evidenciariam nenhum motivo *em si* para serem aceitos ou rejeitados.

Devemos considerar que, para promover o desenvolvimento da capacidade atencional, assim como é prejudicial omitir-se e não participar, também o é querer dizer tudo e estar sempre na função de ensinante.

O espaço de desenvolvimento da capacidade atencional requer um ambiente que reconheça na criança a sua capacidade de pensar sem pretender que o conteúdo pensado seja correto ou coincidente com a lógica adulta.

Alguns adultos não perderam a sabedoria que reconhece que a atenção não é unidirecional, nem imposta de fora e, portanto, sabem se deixar surpreender com a modalidade atencional das crianças e desenvolver a própria. Sabedoria desatendida hoje por alguns "promotores de atenção *aprisionada*".

13

Contextos atuais e capacidade atencional

Novas superfícies de inscrição

A cultura é constitutiva do inconsciente. O outro está inscrito em nós, diz Silvia Bleichmar. Os diversos momentos históricos vão criando modos de subjetivação diferentes.

O pensar requer uma superfície onde situar-se, um "onde" intersubjetivo no qual se apoiar. Assim o enunciam as duas preposições *em* e *sobre* que, em nossas línguas latinas, utilizamos para situar o verbo "pensar": "eu estou pensando *em*..."; "eu estou pensando *sobre*...". Estes "onde" são suportes intersubjetivos (nos quais se apoiam as ações de pensar e atender), mas também têm uma substância material localizável em algum espaço físico. Muitos desses suportes estão passando a ser virtuais ou móveis. Até há pouco tempo, quem telefonava de um aparelho fixo, antes de escutar a voz do outro lado da linha, podia situá-la em uma determinada superfície. Hoje, quando nos comunicamos através de um celular, a primeira pergunta que surge é: "onde você está?" Precisamos dessa resposta para enquadrar nossa conversação. "Onde estou?" é também a primeira pergunta para enquadrar nossa atenção. Os adolescentes criaram uma resposta instigante: "não estou nem aí". E nós, onde estamos?

Novos cenários sociais e permanência de antigos cenários educativos

A disparidade existente entre os modos de *prestar atenção* que eram eficazes durante a infância e aqueles que hoje são profissionais dedicados à educação ou à saúde e as modalidades de atenção que apresentam seus alunos e pacientes costumam produzir certo desconcerto, perplexidade e desânimo nos adultos.

Alguns criadores de parâmetros de diagnósticos e muitos docentes pretendem que os alunos da atualidade prestem atenção do mesmo modo que lhes era exigido quando crianças. A ausência de uma análise dos *novos modos de atenção* leva os professores a descrer em suas possibilidades de ensinar e das possibilidades de seus alunos de aprender, conduzindo, por sua vez, a que os "diagnosticadores" encontrem patologias onde não existem.

Não podemos deixar de analisar a incidência das experiências da infância nas *representações sociais* que portamos quando adultos. Os docentes e terapeutas (médicos, psicólogos, psicopedagogos) que hoje têm entre 30 e 50 anos, viveram suas infâncias entre as décadas de 1960 e de 1980.

Quais eram os modos de atenção que imperavam nas escolas naquelas décadas?

Partindo de minha experiência, coordenando grupos de reflexão de profissionais*, comentarei algumas características dos cenários sociais daquele período a partir de cenas escolares que permanecem inscritas na recordação dos adultos participantes.

Entre a cenografia das escolas de suas infâncias (nas quais eram alunos) e as atuais (nas quais são professores), não encontram diferenças. Mas as diferenças se fazem enormes quando comparam suas próprias atitudes e movimentos corporais com os dos alunos atuais.

Os objetos para os quais seus professores demandavam atenção eram os mesmos antes e agora. O quadro-verde e os cadernos como centros principais de atenção para alunos e professores. Por um lado, o professor escrevia e os alunos copiavam; por outro, os alunos escreviam e o professor corrigia. O lugar onde situava-se e situa-se o objeto a atender era e é o quadro-verde (ainda que hoje se utilize algum *power point*, que costuma funcionar ao modo do quadro-verde). O lugar onde se mostrava – e se mostra – o "objeto" aprendido: o caderno. O tipo de atenção exigido antes e agora é semelhante: uma atenção focalizada nos objetos e na palavra do professor. Os alunos deviam ficar quietos, as mãos ativas somente para o escrever. Nos momentos em que não os utilizavam para essa tarefa, os braços deveriam estar cruzados. Somente era permitido levantar a mão para responder ao que o professor solicitava.

---

* Refiro-me a grupos de psicopedagogos e outros profissionais da saúde e educação nos quais se analisam e ressignificam as histórias e modalidades de aprendizagem dos participantes que trazem recordações familiares e escolares. As populações com as quais trabalho pertencem a zonas urbanas da Argentina, Brasil, Uruguai e Portugal.

É interessante observar que, ainda que nenhum professor pretenda que seus alunos mantenham antigas atitudes corporais, a "cena" que mantém na atualidade gráfica a "situação de prestar atenção" corresponde àquele passado e não à realidade de hoje. Na investigação SPPA*, também reflete-se a insistência, no presente, de uma representação social do passado. Assim, diante da instrução: "desenhe uma pessoa que está prestando atenção", uma proporção majoritária das reproduções gráficas obtidas como resposta é composta pelo professor em pé, assinalando um quadro-verde, e um aluno sentado e quieto mais abaixo.

Ainda que a mobilidade e o tipo de atenção que antes se exigia na escola nunca tenham sido propiciadoras de aprendizagem, para aqueles alunos era possível *obedecer* à disposição de deixar seus corpos quietos e atender de modo focal, pois, fora da escola, tinham espaço para mover seus corpos, jogar e se inter-relacionar ludicamente com seus companheiros. No caminho de casa para a escola e da escola para casa, em geral, não eram atemorizados pelos perigos do trânsito e, habitualmente, esse caminho se fazia a pé e em grupo. Podiam encontrar amigos, deslocarem-se, tinham a possibilidade de mover-se e até de serem acompanhados por pessoas com quem falar, fazer

---

* Desde o ano de 2000, EPsiBA (Espaço Psicopedagógico de Buenos Aires), coordena uma investigação denominada SPPA (Situação da Pessoa Prestando Atenção), que funciona em rede em cinco países. Investigação de caráter qualitativo e exploratório em torno das modalidades atencionais e representações sociais acerca dos processos atencionais nos contextos atuais. Agradeço à psicopedagoga Silvana Filadoro, integrante da investigação, pela facilitação do desenho publicado.

perguntas, mostrar sua raiva, suas tristezas e suas alegrias. Além disso, nos tempos extraescolares, aquelas crianças podiam dedicar-se a brincadeiras na rua ou na praça e, se tivessem uma televisão, os canais eram poucos e somente funcionavam algumas horas por dia.

Por sua vez, as brincadeiras de que eles dispunham quando meninos e meninas eram poucas. Estabeleciam-se vínculos duradouros e estáveis com eles, de tal modo que, ainda hoje, passados muitos anos, podem recordá-los com detalhes. A atenção das crianças atuais, pelo contrário, deve mobilizar-se com rapidez por múltiplas brincadeiras, em geral, de tamanho minúsculo e de existência efêmera.

Além disso, as "fontes" requeridas para realizar as tarefas escolares em casa eram poucas (alguma revista, o livro, o caderno escolar e algum familiar a quem consultar). Os telefones eram fixos e só existia uma linha por família. A maioria das imagens visuais e escritas eram imagens quietas que podiam ser manipuladas e atendidas uma por vez.

Para assistir a um filme, as famílias ou os amigos deviam dirigir-se, em grupo, a um lugar escuro e silencioso. Ali, às pessoas quietas em seus assentos só era exigido "focalizar" a atenção em uma única tela. Hoje, a atenção, mesmo diante da televisão, deve deslocar-se com velocidade, através de imagens simultâneas e textos, às vezes desconexos entre si, sobre um mesmo assunto.

Avós e netos, para receber notícias de seus amigos distantes, deviam esperar vários dias até que chegasse um senhor (chamado carteiro), que trazia um objeto palpável: uma carta. No envelope figurava um remetente que, com punho e letra, deixava escrito quem era e onde residia. No breve tempo que transcorreu entre a infância dos adultos, que hoje são pais e professores, e seus filhos e alunos, a vivência de esperar e receber uma carta se perdeu. Hoje, os únicos envelopes que as crianças enxergam e que são recebidos em suas casas são contas a pagar ou propagandas que incomodam seus pais. A materialidade do papel e o envelope que guarda sem esconder, que mostra o lugar de onde a carta provém, foi velozmente substituída pelos *e-mails* e mensagens de texto, instantâneos e breves, que podem ser recebidos e lidos enquanto dirige-se um automóvel, conversa-se, come-se, no trabalho ou na escola.

A atenção e a gestualidade requeridos, tanto ao assistir um filme no cinema como na leitura de uma carta, é completamente diferente daquela que impõe um *videogame* e a leitura de uma mensagem de texto.

Poderíamos diagnosticar "déficit de atenção" para os adultos que não conseguem emitir mensagens rápidas de texto enquanto caminham ou não prestam atenção à velocidade de um *videogame*, enquanto conversam? Ou devemos pensar que nossa *atividade atencional* foi habituada desde a infância a focalizar unidirecionalmente, razão pela qual apresenta hoje pouca plasticidade para atender a múltiplas, velozes e simultâneas demandas? Por que, então, pensar em "déficit de atenção" nas crianças e jovens que não respondem à demanda escolar de atenção focalizada?

Continuarei descrevendo outros aspectos da rotina extraescolar diária de uma criança na maioria de nossas cidades, com o objetivo de perceber sua intervenção na atenção.

O trânsito entre a casa e a escola costuma estar povoado de perigos reais e imaginários difundidos insistentemente e promovidos pelos meios massivos de comunicação. As crianças são transportadas em veículos particulares ou públicos, por avenidas ou ruas supertransitadas, conduzidas por adultos, em geral, preocupados pelo excesso de veículos e até pelo temor de serem assaltados. Tudo isso, reunido sob a pressão das preocupações laborais e o pouco tempo disponível, não oferece aos adultos condições para deterem-se e conversarem com a calma necessária. Se a criança quer olhar pela janela do automóvel ou do ônibus escolar, verá passar imagens voláteis que não poderá tocar nem com seus pés nem com suas mãos. O ruído do ambiente, assim como a contaminação do ar e o medo, obriga a fechar as janelas.

Quando a criança chega em casa, no melhor dos casos, encontra-se com algum adulto superatarefado. A televisão ligada com mais de 100 canais que transmitem 24 horas corridas. Quem não tem possibilidade de contar com muitos brinquedos, de qualquer forma recebe o excesso pela televisão, já que nestes últimos anos, as crianças, ainda bebês, têm sido diretamente compelidas a serem consumidores. A atenção delas, bombardeada e fragmentada por múltiplas demandas e cenas violentas, mesmo nos canais "infantis", exige que os corpos permaneçam quietos/inquietos com escassas oportunidades de processar essa inquietação através do jogo ou da palavra. A maior parte das crianças das cidades permanece fechada no pequeno âmbito espacial de suas residências, com poucas possibilidades de encontrar amigos na rua ou nas praças.

Em síntese, tanto os cenários como as demandas de atenção escolares não variaram nas últimas décadas, enquanto os cenários e demandas extra--escolares sofrem modificações velozes.

É necessário que a escola ofereça um lugar onde as crianças possam perguntar, ser escutadas e incluir-se em um grupo de pares como parte do próprio processo de aprendizagem e como sustentação da atividade atencional!

Como é importante que nós, que realizamos diagnósticos, levemos em conta as condições sociais atuais que afetam a atividade atencional dos jovens! A exclusão educativa costuma começar ou legitimar-se através dos "diagnósticos", principalmente quando são realizados por profissionais que não conhecem a realidade escolar, nem levam em conta a situação social. Como consequência, pode ser que se coloque como "déficit de atenção" da criança ou do professor o que pode ser um déficit no modo de diagnosticar.

Condições sociais atuais que incidem na atividade atencional

Os autores de diferentes disciplinas que inclinam-se a considerar que estamos na presença de mutações na subjetividade, fazem-no entendendo que as mudanças não se devem a um trabalho de pensamento, mas devem-se à tecnologia, e que, ao serem promovidos e utilizadas pelo "mercado" em um ritmo vertiginoso, seus efeitos podem ser compreendidos posteriormente.

Sem poder ainda definir se a velocidade das mudanças nas superfícies sociais produz ou não mutações na capacidade atencional, podemos constatar que os modos de subjetivação e as modalidades atencionais estão em transformação.

O ser humano, ao nascer, está provido de *capacidades para...* quer dizer, possibilidades abertas sem um conteúdo determinado nem fixado previamente. Se essas condições são consideradas como já dadas, supõe-se o ambiente como facilitador ou perturbador das mesmas. Ao contrário, se pensamos – como estou propondo – que em certas épocas da sociedade realizam-se novas contribuições subjetivas, podemos advertir que as mesmas não só modificam como também produzem novas potencialidades. Portanto, é necessário perguntar-se: como afetam a nossa atividade pensante e atencional as particularidades da superfície social atual?

Escapa das minhas possibilidades realizar a análise política, econômica e sociológica que a questão merece. Considerarei apenas alguns aspectos com o objetivo de construir recursos diagnósticos e terapêuticos adequados, tendendo a que as intervenções psicopedagógicas possam propiciar saúde, evitando que sejam utilizadas para mascarar ou "adoçar" a permanência de procedimentos patológicos. Se as manifestações sintomáticas do mal-estar social (aborrecimento, desânimo, agitação, desatenção) são atribuídas de forma automática a causas individuais ou orgânicas, desmentindo seu caráter social, aumenta sua incidência negativa.

Reiterarei duas questões que assinalo em todo o livro, resumindo em 11 itens os aspectos do contexto social que considero necessário levar em conta: 1) velocidade; 2) dessubjetivação; 3) (des)informação; 4) roubo da experiência; 5) abundância como excesso e devastação; 6) "decisionismo"; 7) cultura da imagem (exibição e "intimidade como espetáculo"); 8) mudança de figuras de identificação; 9) novas configurações familiares; 10) sociedade patriarcal em crise; 11) novas tecnologias.

Velocidade como vertiginosidade

Os objetos que hoje demandam nossa atenção caracterizam-se por sua fugacidade e por serem descartáveis. Exibem imagens de produtos e a suposta felicidade de seus possuidores. Os objetos tornam-se descartáveis para aumentar o consumo e aumentar os ganhos devastando a terra, as águas e o oxigênio.

A rapidez de transformações e o acúmulo desmesurado de novos objetos diminui o tempo de manipulação e apropriação necessários para que a *atividade atencional* trabalhe e dispersam nossa atenção. "Por fim, vamos nos acostumando com necessidades inéditas e desnecessárias" – diz Adauto Novaes, e continua – "o capital não cria apenas objetos para o sujeito, mas também o sujeito para os objetos." (Novaes, 2008).

A velocidade com que são produzidas essas mudanças é da ordem da vertiginosidade. Sabemos que a *vertigem* é uma sensação de insegurança e medo de ser absorvido ou sugado pelo vazio. O dicionário Enciclopédia Escalpa Calpe a define como:

> Transtorno de equilíbrio caracterizado por uma sensação de movimento rotatório do corpo ou dos objetos que o rodeiam e que costuma vir acompanhada de náuseas, vômitos, sudorese. Sensação de estar mareado, produzida ao aproximar-se de uma borda ou, às vezes, simplesmente ao ver outra pessoa se aproximar ou imaginar que alguém poderia se aproximar.

Tais explicações do termo *vertigem* estão próximas das sensações que descrevem aqueles que padecem de algumas das chamadas "novas patologias*" como a síndrome do pânico (com sua contrapartida de "condutas

---

* Com relação às "novas patologias", consultar o Capítulo 6.

temerárias") ou a bulimia (com sua outra face: a anorexia), ou a hiperatividade (com sua outra face: a atenção *aprisionada* ou desatenção).

Há poucas décadas, os objetos de manipulação cotidiana modificavam-se lentamente entre duas ou três gerações. Avós e netos, para ler, utilizavam papéis (diários, livros, receitas) e, para escrever, instrumentos (tinteiro, lápis, esferográficas) que modificavam-se lentamente. Hoje, os novos instrumentos para ler e escrever deixam perplexos até os irmãos maiores, com apenas quatro ou cinco anos de diferença, em relação aos menores. O tempo que antes havia que se esperar para a emergência de um novo recurso tecnológico permitia um certo processamento dessas mudanças, deixando espaço para que os usuários aprendessem e pudessem ensinar aos menores. Atualmente, são os menores que "ensinam/treinam" os maiores. Os adultos podem se sentir privados de sua possibilidade de ensinar e, por consequência, abdicar de sua posição ensinante. Situação que não é gerada pela técnica propriamente dita, mas pela confusão entre ensino e treinamento.

Talvez essa época nos forneça mais oportunidades para resgatar o sentido profundo de *ensinar e aprender*, que é muito mais do que *treinamento e transmissão* de uma habilidade. Reencontrar o sentido de ensinar supõe transferir uma atitude de abertura frente ao novo, capacidade de surpresa e desejo de aprender. Aprender é utilizar a experiência do antigo para criar o novo.

Dessubjetivação

É significativo que, paralelamente à dessubjetivação das pessoas, atribuam-se as sensações e os sentimentos humanos a "Mercados". O controle mundial exercido pelos sistemas financeiros esconde-se sob uma roupagem animista. Anuncia-se pela TV e escreve-se nos jornais que *os Mercados* estão "deprimidos, eufóricos, desconfiam, reclamam..." Isso gera uma sensação de inutilidade sobre o nosso acionar. Tais "mercados" reagem tal qual deuses do Olimpo enigmáticos e cruéis, possuidores de sentimentos expropriados dos simples mortais.

A população se convence de que não entende, como se as questões macroeconômicas estivessem além de sua compreensão. Ao fazer-nos sentir incapazes de entender questões que nos dizem respeito, a atenção se retrai, diminui sua atividade ou pode ficar *aprisionada* na versão banalizadora que o "Mercado" lhe oferece. Despojar o humano de sua experiência e de sua potência pensante é a melhor ferramenta para desubjetivá-lo, já que a atividade pensante nos permite atribuir sentido ao mundo e a nós mesmos.

A "atenção aprisionada" pelas leis do mercado, expropriadoras da subjetividade, está na origem da proliferação de rótulos de "desatentos" e "hiperativos".

(Des) informação

A concentração dos grandes meios de comunicação lança a (des)informação a uma distância que parece inalcançável para nosso pensamento e nossa atenção. Situação que pode produzir um certo *adormecimento pensante/atencional* na população.

Com palavras de Maria Sol Gonçalves da Cruz (2006):

> A informação fria, desencarnada, fragmentada, superposta e infinitamente reproduzida dificulta a possibilidade de significação e gera um terreno em que crescem a indiferença e o fastio, junto à fadiga da compaixão e à banalização do mal. Todavia, as pessoas– sejam crianças, adolescentes ou adultos – expostas a essa bateria de informações descontextualizadas não são receptores inermes, mas realizam diferentes operações subjetivas com as mesmas.

Os jornais, as rádios e a televisão nos situavam na posição de quem recebe a informação. A internet oferece outra possibilidade: permite sair do lugar de ouvinte e espectador passivo, para dar lugar a atender e participar construindo novos sentidos.

Os recursos da internet e os avanços tecnológicos produziram uma revolução, permitindo o acesso à mais ampla quantidade e diversidade de temas (que não poderiam ser lidos por uma só pessoa no transcurso de toda sua vida) e que permitem tomar conhecimento, em tempo real, de notícias de todos os continentes. Esta é uma oportunidade que torna a valorizar a importância do trabalho psicopedagógico do "saber escolher". Temática que deveria estar colocada desde os primeiros anos escolares e não simplesmente reservada para o momento chamado "orientação vocacional". É preciso, além disso, propiciar a criação de espaços de encontro onde introduzir intervalos que "inventem" tempo de escuta, de reflexão, revalorizando o lugar da palavra e do relato.

Roubo da experiência

Vários autores assinalam a relação entre os processos de dessubjetivação e de esvaziamento das experiências. Olegária Matos (2008) assinala que o operário, no capitalismo "da produção", é submetido à máquina, perdendo seu *savoir faire* (saber fazer); no capitalismo "do consumo", o consumidor, padronizado em seu comportamento de consumo pela fabricação artificial de desejos, perde seu *savoir vivre* (saber viver).

Há até pouco tempo, as transformações realizadas pelos humanos sobre substratos naturais eram da mesma ordem de magnitude e instalavam-se nas margens da esfera sensorial. O filósofo argentino Alejandro Piscitelli (1994) assinala que:

> Hoje [...] estamos sofrendo um choque dimensional e, ainda que possamos imaginar como viver e interatuar nesses espaços, na maioria das vezes essas realidades são inacessíveis para nós. Em nossa escala sensorial, as funções que cumprem os objetos parecem emergir de modo misterioso a partir de materiais inexpressivos.

O que dificulta apropriar-se da experiência, a partir de um trabalho de pensamento.

Ao empobrecimento atencional dos adultos também pode incidir a miniaturização dos objetos em dois sentidos: 1) ao deixar de serem decifráveis por nossa interpretação, convertem-se em frágeis suportes de telas sobre as quais se projetam fluxos de informação; 2) seu pequeno tamanho vai transformando os gestos em movimentos. O gesto é singular. Guarda a marca do sujeito*.

Concordo com Ricardo Rodulfo que resgata o esquecimento freudiano da *experiência de vivência de satisfação*, à qual outorga o caráter de inscrição psíquica e o considera como o caminho por excelência da subjetivação. A autora outorga a essa inscrição a quota de responsabilidade.

Apropriar-se do saber da experiência requer um processo de construção da história, reconhecendo-se autobiógrafo e coautor da própria vida. A tão mencionada autoestima é consequência desse processo, razão pela qual, para que esta não se volte contra, requer o trabalho de *autoria* que, por sua vez, pode ser produzida nos *espaços de heteroestima*. Existe uma relação entre a "falta de autorias e o "excesso de autoestima". Tentar promover a autoestima sem propiciar a autoria apaga a disponibilidade

---

* Com respeito à temática da gestualidade e o recordar, ver Capítulos 4 e 9.

atencional, pois focaliza a atenção na própria imagem. Propicia algo assim como: *olhar as próprias mãos e vê-las lindas*. Em troca, a autoria promove *olhar o que fazemos com as mãos e reconhecê-las próprias e autoras pelo que podem fazer.*

Sabemos que a aprendizagem é subjetivante. O professor transfere saber a partir de sua presença, seu amor e entusiasmo pelo que ensina e por seus alunos.

Emiliano Galende (1995), referindo-se aos psicanalistas, diz algo que estendo a todos nós:

> Dependerá de nós que possamos, em parte, manter esta experiência que tem seus embasamentos na fantasia, no sonho, na história, no investimento libidinal na realidade exterior, na transferência como criatividade, e não só como repetição no encontro, e construção de novos objetos de amor e ternura.

Se a própria instituição educativa substitui aprendizagem e ensino por treinamento e transmissão de informações, os alunos ficam desamparados e os professores, despojados de sua experiência, ficam sumidos no desassossego, pois não podem competir com as máquinas enquanto transmissores de informações.

Abundância como excesso e devastação

O excesso de jogos e artigos eletrônicos e midiáticos dificulta o brincar. Tal excesso, se para muitos não é de jogos concretos, é de imagens idealizadas de jogos magníficos que levam as crianças a desqualificarem as possibilidades de inventar com o jogo. A qualidade de "descartável" programada nos objetos não permite a instalação de um vínculo duradouro com eles, debilitando a possibilidade de recordar*. Como é necessário, na atualidade, incluir espaços para historiar, tanto nas escolas quanto nos tratamentos psicopedagógicos!

"Decisionismo"**

Querem nos impor a exigência de decidir tudo "já", sem tempo de reflexão nem de atividade laboriosa; simultaneamente, assistimos a "uma saturação do imaginário social que nos apresenta um cenário onde supos-

---

* Com respeito ao "recordar", ver Capítulo 9.
** Para ampliar a temática que estamos chamando "decisionismo", ver Capítulo 5.

tamente tudo é possível, nada é difícil, tudo está 'ao alcance da mão'" (Matos, 2008). Todavia, para a maior parte da população, "tudo está ao alcance da vista" e nada "ao alcance da mão". Como consequência, os indivíduos ficam colocados na intempérie das culpas imobilizadoras ou no terreno das patologias individuais.

Como se torna necessário incluir a reflexão, o pensamento crítico, o olhar, a escuta e *estar disponível sem exigir nada!*

Cultura da imagem. Exibição. A "intimidade como espetáculo"

Em lugar de consumir o que se necessita para *pertencer*, obriga-se a necessitar do que se tem que consumir. Para escapar da exclusão, poucas décadas atrás impôs-se a necessidade de "adquirir", mas hoje essa obrigação também está mudando frente à exigência de "parecer". Os objetos que se adquirem são fugazes, não há sequer tempo para senti-los como próprios, menos ainda, prestar atenção neles.

As crianças das cidades relacionam-se antes com o computador e os telefones móveis do que com a quietude e a intimidade silenciosa do livro. Os livros permitem *atenção concentrada* e a distração entre o que o estímulo oferece e o trabalho de interpretação. Quanto à multiplicidade de suportes, a velocidade com que aparecem e desaparecem as letras e as imagens impõem uma atenção *dispersa, rápida, volátil*, pois interessa mais o movimento em si do que o sentido. É difícil perguntar ou pedir "conte *de novo*", como as crianças hoje continuam pedindo ante a leitura de um conto. Todavia, para elas, assim como para as crianças do passado, as perguntas fundamentais seguem sendo sobre a vida, seu crescimento, seu passado, seu futuro, a morte, o amor, o ódio, a sexualidade, a amizade e as identificações. Em épocas anteriores, essas inquietações eram apagadas pela censura e a repressão imperantes e, hoje, pela exibição e o excesso.

Como é importante que docentes pais e terapeutas promovam *espaços de intimidade* nos quais as crianças possam criar suas perguntas e questionar! Como diria Fernando Pessoa, "a resposta é a tristeza da pergunta".

Mudança de figuras de identificação

O oferecimento de figuras de identificação, hoje, é múltiplo e fugaz. O sistema capitalista no qual estamos imersos, ao confiscar as experiências e os projetos de futuro, impõe protótipos sociais que tentam *aprisionar nossa atenção*.

Beatriz Janin, com relação a essa temática, assinala a incidência das figuras televisivas. Famosos animadores com ritmo maníaco oferecem mostras do protótipo social exibido: um personagem hiperexcitado, impulsivo, banal, portanto, não pensante. Indivíduo exitoso, capaz de infringir não somente a solidariedade, mas também as leis mais básicas de convivência, honestidade, cooperação, amizade com os outros. Janin (2004) explica que "os ideais vigentes destacam também o imediatismo, os ganhos aqui e agora, o futuro é pouco considerado, o qual deixa de lado os tempos de espera e planificação, favorecendo a tendência a não postergar que culmina, às vezes, em certas formas de impulsividade".

A televisão passou a ser uma "figura ensinante", que penetra diretamente nos lares, sem mediação das famílias nem das escolas. Esse fato aumenta a importância que devemos outorgar aos aspectos subjetivantes das situações de ensino-aprendizagem e à pessoa do professor.

O principal problema não é o "televisor", mas alguns pais e alguns docentes que comportam-se como esse aparelho. Quer dizer, alguém a quem não se pode perguntar, que não escuta, que só oferece informação e que funciona regido pela aparência e pelas leis de mercado. Apesar deles, cada dia aumenta a quantidade de professoras e professores distribuídos em múltiplos cantos do planeta, às vezes, no coração das populações mais vulneráveis que conseguem sustentar suas "autorias vocacionais" e que são tomadas como potentes figuras de identificação, revalorizando assim o papel dos ensinantes como agentes de saúde.

Novas configurações familiares

Os modos familiares mudaram, a família nuclear tradicional (heterossexual, estável, idealizada e fechada) já não é o único, nem o principal modo de organização familiar. As configurações familiares atuais são mais dispersas, pais, mães, filhos e irmãos disseminam-se em diversas figuras móveis e, às vezes, mutáveis. Não podemos dizer que esses modos familiares sejam melhores ou piores do que os anteriores com respeito ao desenvolvimento da capacidade pensante e atencional. Considerando (a partir do ponto de vista cognitivo) que o que permite construir a noção de "classe" e "série" é seu pertencimento a um grupo como filho, irmão, sobrinho, neto, etc. E o que facilita o desenvolvimento da capacidade atencional é o oferecimento de ambientes "extraplacentários" facilitadores. "Estar classificado" como "filho de João e Maria, irmão de Pedro e neto de Antonio e Josefa" em um esquema tradicional, exige um trabalho de atenção diferente ao de "estar classificado" em um grupo familiar em que o avô de seu irmão não é o mesmo que seu próprio avô, em que a mãe de seus irmãos não é a mesma que a sua. Essa diferença não equivale a déficit.

Os novos modos familiares móveis aproximam-se mais dos novos modos atencionais, nos quais o que dirige a organização do texto oferecido não é tanto a coerência interna, a fixação ou estabilidade do texto, mas a possibilidade do leitor de organizar o material recebido.

A mobilidade de figuras familiares, nas configurações atuais, convocam a modificar nossos enquadramentos e recursos diagnósticos e, principalmente, nossos conceitos sobre o aprender e a atenção.

Sociedade patriarcal em crise

A sociedade patriarcal – hoje em crise – vem promovendo uma atenção focalizada, contínua e dirigida a um fim previsto com anterioridade. Modalidade que a escola – ainda hoje – exige como necessária para aprender, sendo que os parâmetros usuais para seu diagnóstico continuam considerando como "normal" e como "déficit", o que se tira dela.

O pensamento patriarcal dominante excluiu, durante séculos, os *modos atencionais femininos*: atender simultaneamente a várias questões, difundir-se em vários suportes, privilegiar o cuidar, prevalência das imagens e conexões, da metáfora sobre o conceito, descontinuar, deixar-se levar pela errância... considerando a intuição e a dispersão como naturais e exclusivas das mulheres e a razão e focalização inerentes aos homens.

Provavelmente, as meninas e os meninos, assim como os(as) adolescentes atuais, estejam prenunciando novas modalidades de atenção que escapam da lógica falaz de supor que o que corresponde a um é o que se retira do outro.

Novas tecnologias: obstáculos e possibilidades

Proponho pensar na influência das ferramentas teletecnomidiáticas na construção de novas modalidades de atenção e, a partir daí, formular propostas psicopedagógicas que promovam *espaços de atenção extraplacentários**, autorias e vínculos horizontais entre os seres humanos.

Desse modo, outorgaremos às novas tecnologias algo de valor que Fernando Ulloa (1994) previu quando recém começava a difundir-se o uso do computador:

> Computador que permite ao homem sedentário do planeta Terra transformar-se em nômade no espaço, o estelar e subatômico[...]. Assim como inicialmente a humanidade dividiu-se em nômades e sedentários, fundando ofícios, políticas, conhecimentos e, sobretudo,

---

* Com respeito aos "espaços extraplacentários", consultar Capítulo 4.

> filosofias de vida diferentes, também pode aludir-se a dois desenvolvimentos diferentes enquanto maneiras de situar o conhecimento. Uns, apostando nas ciências e seus produtos. Os outros, prescindindo de todo artefato, apostando no crescimento do próprio aparelho psíquico para alcançar esse conhecimento. Nesse esforço, vêm-se acrescentando a caixa das ferramentas conceituais e práticas, solidariamente com o desenvolvimento das habilidades do conhecedor [...] Ambas as posturas não são necessariamente excludentes, sobretudo, quando toleram a ambiguidade crítica que segue olhando curiosa a um e outro resultado.

Ante os recursos que a era telemática propicia, abrem-se caminhos de autorias que já estão sendo construídos por uma grande quantidade de pessoas disseminadas pelo mundo. Estas não ficaram prisioneiras de duas posturas que – ainda que opostas – são paralisantes: 1) a sedução ante os avanços tecnológicos com sua consequente inibição frente à sua utilização e 2) a queixa/lamento ante os novos artefatos da era teletecnomidiática.

Sabemos que a queixa é lubrificante da máquina inibitória do pensamento e da atenção. A atitude queixosa apoia-se na consideração errada de que os jovens são passivos receptores imitativos de violência e, de tal modo, podem ficar escondidos os verdadeiros gestores da violência, a quem devemos e podemos questionar.

Maria Sol Gonçalves da Cruz (2006) adverte sobre esta questão ao dizer que:

> A era telemática instala-se em um contexto socioeconômico de exclusão e desigualdade: as crianças e jovens que têm contato direto com as novas tecnologias são uma absoluta minoria. Assim, aqueles que não tem acesso a elas sofrem uma nova exclusão (a de um universo de saberes e práticas, usos e costumes, informações e procedimentos, códigos e linguagens). Todavia, aqueles que não têm acesso direto às novas tecnologias não estão isentos de sofrer as consequências dos avanços teletecnomidiáticos (avanço que, no que diz respeito a seus possíveis benefícios, deixa-os de fora). Essa exclusão não nos libera das consequências de caráter econômico, político, ecológico, social e também subjetivas.

Todavia, na utilização dos atuais recursos tecnológicos, estão emergindo novos modos através dos quais os poucos espaços de *intimidade* e de *comunalidade* estão lutando para fazerem-se presente, inscrevendo-se em novas superfícies.

A extensão vertiginosa de sistemas midiáticos como Twitter, Orkut, Facebook e outros similares pode servir como um interessante analisador. Mostra, por um lado, o cerceamento dos espaços de intimidade e modificação entre o *íntimo* e o *público* e, por outro, a multiplicidade e a diversidade de aplicações criativas que usuários de tais tecnologias vivem realizando, além dos gestores desses sistemas. Uma grande quantidade de pessoas os utilizam em favor de objetivos saudáveis, necessários e postergados (ou mesmo impedidos pelos modos de subjetivação dominantes), como reencontrar-se com antigos amigos de infância e adolescência, estabelecer novos laços, reconstruir/recuperar suas próprias histórias de vida, trocar ideias, poemas, imagens artísticas, democratizar o acesso à informação, transformar-se não somente em receptores passivos, mas em receptores críticos e em emissores interpretáveis.

Victória Ginzberg (2009), comenta que: "O Facebook tornou-se uma ferramenta de busca para encontrar os verdadeiros pais dos filhos da ditadura argentina. A proliferação de grupos e a troca de informações constantes prova que existe espaço para questões essenciais".

A entrada no Facebook* pode "obrigar" a *colecionar contatos* – aos quais chama de *amigos* – como forma de reconhecimento social. Indica, por um lado, o esvaziamento de vínculos amistosos e duradouros, profundos, corpo a corpo, que os modos de subjetivação atuais propugnam e, por outro, mostra que a necessidade vital de encontrar "amigos" busca uma abertura por onde se expressar.

Outro aspecto a considerar é que, ainda que as redes como Facebook e Twitter inicialmente imponham expressar-se em terceira pessoa, já que a própria máquina coloca, por exemplo: "Maria Perez diz que...", depois do qual se pode continuar... "está fumando um cigarro" ou "agora está sumida no desassossego", hoje, os usuários utilizam a primeira pessoa para transmitir os sentimentos mais íntimos e escrever o que antes só era reservado para o secreto diário íntimo. Por sua vez, os cidadãos simples podem começar a ser não apenas receptores de informação, mas também emissores dela.

A saudável busca de superfícies que permitam inscrever nossas experiências também pode ser observada no que o Facebook intitula de "Muro": muros virtuais, que de algum modo podem ser semelhantes aos muros de cimento, sobre os quais se escreviam/escrevem as chamadas pichações (português) ou *tags* (inglês).

---

* Somente o Facebook conseguiu mais de 380 milhões de usuários em menos de dois anos.

O desejo de escrever nos muros virtuais tem pontos de contato com o que levava (e leva) os jovens de diversos setores sociais a realizar *pichações (*diferente dos grafites), cuja irrupção no cimento das cidades ocorreu durante a década de 1990. Naqueles anos, escrevi (Fernández, 1997) algo (que na continuação transcreverei), pois talvez hoje, ante os novos recursos tecnológicos, precisemos ressignificar:

> A pichação põe em ato o que o grafite enuncia. O grafite possibilita tornar pensável o que se enuncia. A pichação, como um enigma, opera como um chamado de atenção ao sem sentido em que se vive e à presença do corpo. É como se dissessem: não esqueçam que também temos corpo. Poderíamos, talvez, utilizar o conceito de pictograma nos termos que faz Piera Aulagnier, como "marcas inscritas e que não se tem um código para decifrar" e podem operar como uma interrogação pelo sentido.
>
> A pichação chama imediatamente o leitor a pensar no "gesto de pichar", é diferente de um texto de escrita alfabética onde o corpo do autor está mais ausente. O leitor pode ater-se ao enunciado, sem que o autor se faça presente. Na pichação, o texto é o contexto. Outra estética?
>
> Exercício dissimulado de brincar de esconder o conteúdo do texto para que apareçam, em primeiro plano, o gesto, o contexto de produção, o lugar escolhido, o desafio. Mostra uma denúncia que renuncia a enunciar. Como terão chegado até ali?[*] Quer dizer, pensamos no corpo do autor...
>
> Uma pichação não é um grafite. Uma pichação não é um desenho. Uma pichação é uma escritura. Que escritura?
>
> Nasce da escrita alfabética, mas é como se as letras estalassem, assim como estalam em pedaços as folhas escritas pelos adolescentes no último dia de aula. Costume de Buenos Aires – não sei se também acontece em outras cidades – onde os alunos do ensino médio, ao final de cada ano, rasgam seus cadernos e pastas e os fazem voar, cobrindo – como pichações? – as ruas da cidade.
>
> O adolescente portenho, ao final do ano, rasga a escrita escolar e o corpo fragmentado desses trabalhos escritos; isso mostra que ele não vai querer guardar nada daquilo?
>
> O adolescente pichador rompe a escrita que a escola ensina para que algo de sua escritura permaneça?

---

[*] As pichações se realizam habitualmente em lugares de difícil acesso, que implica perigo para chegar até ali.

Poderíamos dizer que, na pichação, é como se as letras se rebelassem contra a uniformidade do imposto e buscassem se adornar de um modo tal, que só com o gesto de uma única mão podem ser realizadas e nunca repetidas?

Um adolescente escreve na tela, conectado na internet e chama de "navegar", "chat", um adolescente escreve no alto de um muro e o chama de "pichar".

Escrevem, mas não chamam escrever.

Pergunto-me: o caráter de enigma que tem a pichação não está também em certos códigos utilizados por alguns usuários da internet?

Os adultos costumam ficar à margem das duas escrituras.

Pela internet, pode-se acessar a uma conversação entre desconhecidos, mas os autores costumam refugiar-se em pseudônimos.

Esta característica de tornar simultâneos a exibição e o esconder não está de algum modo presente, também, na linguagem da internet?

Ambas as escrituras, uma "maldita" (mal dita) e outra "bendita" (bem dita), uma desqualificada e outra superqualificada, têm muito em comum.

Um adolescente escreve na internet e outro adolescente escreve uma pichação. Uma escrita é permitida e a outra não, mas ambas estão dentro da lei... não há direitos autorais. Não há censura. Dilui-se o limite entre o público e o privado ou entre o público e o íntimo?

Apenas uma década transcorreu desde o momento em que formulei as questões anteriores.

As diferenças entre uma e outra escrita, relacionadas com a superfície (de cimento ou virtual) na qual se apoiam, remetem a uma análise da velocidade das mudanças nos modos de subjetivação nesses poucos anos. O problema que devemos encarar não é produzido pelas novas tecnologias, mas pelo exibicionismo, e desmentida como recursos dessubjetivantes.

Sintetizando o que venho assinalando até agora: as superfícies em que as crianças e os adolescentes de hoje devem inscrever sua atenção têm variado não só quanto ao excesso de objetos que modificam o estabelecimento de vínculos entre eles, mas também porque o ritmo vertiginoso da vida diária de pais e professores dificulta a atenção que *prestam* às crianças. Precisamos, então, reconhecer a mudança no tipo de atenção que os adultos oferecem aos jovens, mas isso não habilita a pensar que eles diminuíram sua capacidade de atenção, como se diferença só pudesse ser pensada como déficit. Talvez estejam se diversificando os modos de prestar atenção de nossos jovens. Como assinala Cristina Corea (2004), a escola espera "subjetividades pedagógicas" diferentes das que chegam. Os adultos de hoje – professores, psiquiatras, psicopedagogos – esperam uma subjetividade pedagógica com atenção focalizada e corpos quietos, mas chegam crianças e jovens com atenção flutuante, volátil, dispersa, necessitados de um espaço para serem escutados e onde o aprender não exija deixar o corpo e a atenção encapsulados.

A escola pode ter um efeito coercitivo à corporeidade, à imaginação e ao brincar na infância de grande parte dos adultos que hoje são professores ou profissionais, mas a vida no lar e no bairro permitia-lhes diversidade de experiências lúdicas, através das quais iam desenvolvendo sua capacidade de atenção.

Nossa contribuição psicopedagógica – ao estudar e promover espaços onde seja possível *guardar* sem necessitar *esconder,* assim como *mostrar* sem *exibir** – permite-nos encontrar diferentes caminhos de promoção da capacidade atencional, pois esta desenvolve-se quando encontra "espaços de inscrição" onde flutuar, dispersar-se e ampliar-se sem fragmentar. Portanto, sem a obrigação de concentrar-focalizar em algum objeto antecipado e/ou dirigido pelo outro.

Já assinalamos como "capacidade de estar distraído" e "capacidade atencional" se inter-relacionam. Somente através do desenvolvimento da capacidade de estar distraído e pela presença do grupo de amigos é que algumas crianças respondem às exigências de atenção focalizada que a escola lhes propõe, sem afetar sua capacidade de aprender.

Talvez a escola possa ser um lugar privilegiado para que cada aluno consiga utilizar a energia poderosa de uma atenção dispersa e de um corpo amarrado e *hipermobilizado,* para transformá-la em *atividade atencional flutuante e criativa,* que como *um moinho de vento,* utilize a força das tempestades sociais para fazer surgir, ainda que da secura do *tédio atencional,* a umidade que alimenta o desejo de aprender.

Está em nossas mãos a possibilidade de modificar a atenção escolar, o espaço escolar e nossos modos de atender e entender as novas modalidades atencionais.

Foi partindo dessa postura que descrevi as condições sociais que precisamos levar em conta, algumas delas para resistir ao seu avanço, outras para intervir em sua utilização criativa e outras para ressignificar.

---

* Para saber mais, ver Capítulo 10. Ver também: FERNÁNDEZ, A. *Os idiomas do aprendente.* Porto Alegre: Artmed, 2001.

Tornamos nossas as palavras de Castoriadis (apud Schetjaman, 1999), quando diz:

> (...) A imaginação radical faz do ser humano um animal louco, não totalmente programado, nem programável, capaz de invenção infinita a partir de informação que chega do exterior e também a partir de "nada"[...]. Alentemos, então, a expectativa 'humanamente louca' da imaginação radical dos sujeitos pensantes de nossa época, tanto indivíduos, quanto grupos sociais, encontremos novos e impensados modos de articular o domínio indispensável da tecnologia, com mediações afetivas significativas que levem a adaptações criativas e a vínculos interpessoais profundos e prazenteiros.

Já estão sendo produzidos modos de articular o domínio do teletecnomidiático através de mediações afetivas. Reconhecer as possibilidades que as novas *modalidades atencionais* apresentam, sem patologizar seus frágeis ensaios, faz parte deste desafio.

11

A construção da diferença "pensar/dizer/fazer" e sua incidência no desenvolvimento da capacidade atencional

A construção da diferença entre pensar e dizer

A atividade pensante nos singulariza. Desde o momento do nascimento, encontramos sinais de atividade atencional/pensante. Todavia, já aos 2 ou 3 anos, a criança pode experenciar-se/reconhecer-se pensante.

A construção do espaço de reconhecimento de nossa própria atividade pensante supõe uma atividade atencional operante.

A pele corporal coloca um limite entre nosso corpo e o dos outros, que ao mesmo tempo em que nos separa, outorga a experiência prazerosa e vital de *escolher* relacionar-nos com outros. Do mesmo modo, tal qual uma pele, nossa atividade pensante nos encobre, permite *guardar* e, ao mesmo tempo que nos separa, indica nossa singularidade, convocando-nos ao vital contato com outros.

Algo tão evidente para qualquer adulto ou criança maior, como é o fato de que nossos pensamentos não são visíveis para outros, requer larga construção. Já entre os 2 e 4 anos, a criança vai adquirindo essa evidência. Evidência que é produto de uma complexa construção, que lhe permite constatar que "dizer" não é o mesmo que "pensar", promovendo a autoria de pensar e a atenção de uma multidirecionalidade. Não é um descobrimento repentino, mas um trabalho de diferenciação que se desenvolve no contato amoroso com os outros. Trata-se de um trabalho psíquico que constrói o *espaço de intimidade* necessário para o desenvolvimento da capacidade atencional.

Tive a oportunidade de acompanhar uma criança de quase 3 anos no tempo em que construía a diferenciação entre pensar e dizer.

A criança, que chamarei de João, inventou um jogo (que exemplifica essa construção), que repetiu muitas vezes, mudando os conteúdos e mantendo o mesmo esquema. Esse brincar requeria a presença de algum de seus pais, avós ou tios, e se desenvolvia assim:

João, em tom humorístico, gestualidade de surpresa e entonação de expressar um absurdo, formulava perguntas diferentes e todas começavam com a expressão: "Como pode ser que...?"

Dizia com picardia: "Como pode ser que... um crocodilo está no meu jardim?"

Ante a qual se respondia em tom exclamativo e sorrindo: "Nãooo... não pode ser!"

Então, João aguardava que o adulto fezesse uma formulação semelhante para continuar o jogo, os dois respondendo em uníssono, dando mostras de grande interesse e risos.

Em seguida, João ficava uns instantes em silêncio e inventava outro: "Como pode ser que...?", por exemplo: "Como pode ser que... um hipopótamo esteja na sopa?" Para responder: "Nãoo... não pode ser!"

"Como pode ser que... um automóvel tenha filhinhos? Nãooo... não pode ser!"

O pequeno João realizou esse ilustrativo e engenhoso jogo durante várias semanas. O espaço lúdico se potencializava pela alternância de lugares entre João e o adulto, pois não se supunha um saber absoluto nem de um, nem de outro. Compartilhava-se algo que se sabia (pensava) e não se dizia, tal qual acontece em toda piada e em todo brincar (guardar e mostrar simultâneo).

As crianças vão construindo um espaço de diferenciação (e de autoria) entre o falar e o pensar. Diferenciação que, no jogo inventado por João, permitia enunciar verbalmente um absurdo, apelando para a cumplicidade lúdica do adulto. Experienciando a possibilidade de pensar algo que, de fato, é impossível.

O espaço de diferenciação entre o pensar e o dizer é um espaço de *autoria atencional pensante*. Quando João se pergunta os "como pode ser que...", coloca-se como gestor da possibilidade de que algo seja ou não seja, pensando que não é, e brincando verbalmente com o poderia ser. No espaço "entre", entre a criança e o adulto, compartilha-se algo que se *guarda*. Esse guardar simultaneamente os aproxima e os diferencia. Situação muito diferente do *esconder* que sempre se instala fora do espaço lúdico, excluindo um do outro ou isolando ambos. Ao *esconder* pode-se dizer algo diferente ou oposto ao que se pensa e induzir o outro a acreditar que a verdade está no que se disse.

No livro que intitulei *Os idiomas do aprendente* (2001b) desenvolvi a importância da constatação da diferença entre o próprio pensar e o dizer como um marco na constituição do *sujeito aprendente*. Essa constatação se relaciona com o momento em que a criança descobre que o que sonha não acontece na realidade.

Vou deter-me, agora, no estudo da participação da diferenciação *pensar/dizer* para o desenvolvimento da capacidade atencional.

Transcreverei, então, alguns parágrafos do livro mencionado, reafirmando algumas ideias, reformulando e acrescentando outras.

A criança:

> Ao descobrir que, se ela não diz o que pensa, o outro não pode adivinhá-lo, infere que seus ensinantes (pais, professores, os poderosos em geral), podem esconder o que pensam ou pensar uma coisa e dizer outra. Tal *descobrimento-construção* introduz a permissão para ser diferente e abre um espaço para sair da dependência (do menino e da menina ante seu pai e mãe, e do aprendente diante de seus ensinantes). Todavia, essa construção (eu produzo meus pensamentos), conecta-se com a necessidade de resignar-se a perder os benefícios de que outro pense por ele ou nele.
>
> Por outro lado, esse descobrimento-construção que feriu sua onipotência é atualizado a cada dia (mesmo no adulto) para poder seguir aprendendo e nutrindo o espaço da capacidade atencional.
>
> O psicanalista argentino Luis Hornstein diz que "quando a criança descobre que é uma ilusão atribuir ao olhar parental o poder de definir seus pensamentos, dá um passo tão fundamental como é o do descobrimento da diferença dos sexos."
>
> Psicopedagogicamente, considero tais acontecimentos (reconhecimento da diferença de sexos e reconhecimento da diferença entre pensar e falar) mais como processos construtivos do que como descobrimentos; processos constitutivos que implicam um trabalho psíquico de constituição do sujeito aprendente como sujeito pensante e que vão ampliando e nutrindo o espaço atencional.
>
> O descobrimento-construção da diferença de sexos é um fato marcante para a existência do *sujeito desejante*.
>
> Descobrimento – construção da diferença entre pensar e dizer é um fato marcante para a existência do sujeito cognoscente, para a abertura do espaço atencional e para o desenvolvimento da capacidade atencional. Quero acrescentar o trabalho psíquico de produzir uma terceira diferenciação: aquela que distingue "pensar" e "fazer".

A construção da diferença entre "pensar-fazer" é um terceiro fato marcante para a construção do sujeito ético-estético e também para o desenvolvimento da *capacidade atencional*.

O posicionamento ante as três diferenças enunciadas (entre os sexos – entre pensar e dizer – entre pensar e fazer), marcará a existência do sujeito aprendente. Principalmente a segunda e a terceira diferença permitem à criança, em uma idade muito inicial, ampliar seus espaços de intimidade e perceber que não poderá contar com outro que pense e preste atenção por ele.

Processar a diferença entre *"pensar-dizer-fazer"* permite que a liberdade, a potência e a responsabilidade possam se associar ao pensar. O não reconhecimento dessa diferença pode tingir de dor, vergonha ou culpa o pensar e o atender, inibindo-os.

Ao experienciar a diferença entre *pensar-dizer e pensar-fazer*, a criança encontra a alegria de sua autoria e nutre os espaços de intimidade necessários à atividade atencional.

Essa construção marca a não visibilidade do processo de pensar e também assinala o pensar como uma das principais ferramentas de diferenciação e, portanto, imprescindível para as construções identificatórias.

A criança reconhece sua própria autoria de pensamento (sua potência pensante) a partir da experiência de diferenciação com o outro, que lhe provê a vivência de que pode guardar ou até esconder seu pensamento.

O reconhecimento da própria atividade pensante é promotor e promovido pela atividade atencional.

Psicopedagogicamente, tal momento é paradigmático. O modo como se tem transitado por ele incidirá no posicionamento aprendente e atencional do sujeito.

Contudo, devemos recordar que não se trata de um episódio que se vive para sempre, mas que é um trabalho psíquico permanente, que vai impondo-se com diferentes características diante dos diversos momentos de criatividade. O ambiente atencional que acolhe a criança pode facilitar ou ser perturbador para ela.

Muitos problemas de aprendizagem e de atenção ancoram-se nas diversas atitudes dos adultos que dificultam a construção ou culpabilizam a existência de um espaço "entre", que atua como diferenciador. Espaço entre a criança e os adultos que o atendem, em cuja construção intervém tanto a criança como os adultos significativos. Piera Aulagnier fala de "violência secundária patogênica". Trata-se de "uma violência encoberta erigida pelos adultos à criança, que coloca o desejo e o pensar do adulto como se fossem da criança; essas situações podem levar a criança a acreditar que pensa aquilo que o adulto deseja que ela pense".

A "violência secundária patogênica*" não poderia ser implantada sem um "trabalho" prévio dos ensinantes, exigindo ou seduzindo para que se *hiperatenda* a objetos impostos desde o exterior, retirando assim, a espontaneidade para *se distrair* e poder escolher ao que atender e ao que não atender.

O pensar, o aprender e o atender nos ligam e nos desligam simultaneamente. E operam atendendo/desatendendo o que nos oferecem aqueles que nos atendem.

Ligam-nos à cultura e à ciência, já que a sociedade, a escola e os outros devem ministrá-las como ensino e, por sua vez, também nos desligam, pois somente à medida que reconstruamos e modifiquemos o ensino-informação anteriores poderemos aprender.

O processo de aprendizagem é gerado na inquietude, engendrando-a. Diz Piera Aulagnier:

Reconhecer-se com direito a pensar implica renunciar a encontrar na cena da realidade uma voz que garanta o verdadeiro e o falso e pressupõe o luto pela certeza perdida. Ter que pensar, duvidar do que se pensou e verificar o pensamento são as exigências das quais o eu não pode esquivar-se.

Hoje, ante a temática que nos convoca, faço minhas, mais ainda do que naquele momento, as palavras de Piera Aulagnier, já que a preguiça do pensar e o estreitamento do espaço da atenção produzem desinteresse, indiferença e credulidade. Credulidade que incapacita a possibilidade de *acreditar em*. A credulidade não exige compromisso, deixa a responsabilidade para o outro, a credulidade é irmã da banalização e é bem diferente da "capacidade de acreditar em..." (descrita por Winnicott)**, que existe ao atender-se e sentir-se responsável e ativo.

A construção da diferença "pensar-fazer"

A diferenciação entre pensar e dizer permite a distinção entre pensar e fazer. A relevância desta última diferenciação merece uma análise devida (ainda que, aqui, somente abrirei a temática), pois faz referência às inter--relações entre a ética, a atenção, os espaços de *intimidade/comunidade* e o

---

* Com respeito aos conceitos de "violência primária necessária" e "violência secundária patogênica" pode-se consultar AULAGNIER, P. *Um intérprete em busca de sentido*. São Paulo: Escuta, 1990. v. I e II; AULAGNIER, P. *La violência de la interpretación*. Buenos Aires: Amorrortu, 1977.
** Para saber mais sobre "capacidade de acreditar em..." consultar Capítulo 5.

brincar. Partindo desse lugar pode-se encontrar também uma nova luz para tratar das chamadas "hiperatividades".

Sem negar a presença de um certo "sentimento de orfandade", quando descobrimos que ninguém pode pensar por nós, nem adivinhar o que sentimos e pensamos, desejo remarcar o surgimento concomitante de outro sentimento interveniente: a energia da alegria, baseada na experiência de satisfação e a vivência de sentir-se gestor de nossos pensamentos e autor de nossas ações. Quer dizer, do poder de decidir fazer ou não fazer algo que pensamos.

A construção da diferença *pensar-dizer*, em paralelo com a diferenciação *pensar-fazer*, promovem e são promovidas pelo *espaço de intimidade** e, por sua vez, são construtoras e construídas pela atividade da atenção.

Relatarei um breve diálogo entre um menino e seus familiares adultos, que ilustra a presença do *espaço de atenção* onde se constrói a diferença entre *pensar-fazer*.

Um menino de um pouco menos de 4 anos chega de uma longa e tediosa viagem de automóvel com seus pais e avós.

– "Como você se porta bem na viagem!" dizem, quando já haviam chegado ao destino.
– "Sim, mas vejam que eu pensava um monte de coisas que podia fazer... mas não fazia", afirma a criança.
– "Oh, que bom que pensava coisas... que somente pensava e não as fazia. Assim fazem os inventores de contos e filmes... Você vai ser escritor" – comenta um adulto.
– "Não, vou ser veterinário" – conclui a criança.

A construção do espaço entre pensar e fazer não é um puro descobrimento intrapsíquico. A partir dali a criança descobre que pode: a) opor-se sem ser excluída ou ter que excluir o outro; b) diferenciar-se sem se submeter ao desejo do outro; c) colocar sua diferença e sua possibilidade de escolher; d) reconhecer a alegria de descobrir que o campo de pensar é quase infinito e que, embora escolher o que fazer inclui um limite, este também está em suas mãos.

Quase tudo pode ser pensado e nem tudo *pode* ser realizado (por exemplo, é possível pensar que podemos voar sem asas, ainda que na realidade não seja possível). O limite que o real nos impõe entre *pensar e poder* potencializa

---

* Para saber mais sobre "espaços de intimidade", consultar Capítulo 12.

nosso desejar e nosso pensar. Ali se ancora a criatividade, a arte e a ciência, instala-se o brincar e em todo esse processo trabalha a atividade atencional.

Quando a criança do diálogo transcrito enunciou com entusiasmo desafiador e saudável que poderia ter feito as coisas que pensava, mas não as fez, estava reconhecendo um limite que impôs a si mesma. Abriu, ali, outro espaço.

O limite entre *poder fazer* (como possível de ser realizado) e *decidir fazer ou não fazer* (o que poderíamos fazer), inclui sem submeter, provê a alegria da autoria. Assemelha-nos, diferenciando-nos. Quando, posteriormente, a criança do relato é elogiada por sua decisão de não "fazer coisas" e os adultos dizem que ela vai ser escritora, ela enuncia com firmeza: "Não, vou ser veterinária", como se dissesse: "Vocês não podem decidir tudo, assim como posso pensar coisas e não fazê-las, posso pensar outras coisas e escolhê-las".

Alegria de autoria, que é evidente nas crianças, mas que é inerente ao ato de autoria a qualquer idade. Alegria por reconhecer-se e experienciar-se gestor, produtor das próprias ideias, das palavras que pronuncia, de seus pensamentos e também da decisão de seus atos. Alegria que abre as portas da ética, já no início de nossa vida.

O pensar introduz a questão ética de um modo ativo, fazendo-nos responsáveis por aquilo que decidimos fazer a partir do flutuar atender/atender-se.

A diferenciação e articulação entre *pensar/dizer/fazer* constrói o espaço onde se situa a diferença entre ética e moral, portanto, a distância entre a responsabilidade e a obediência.

O oposto da vitalidade espontânea, para Winnicott (apud Jurandir Freire da Costa, 2000) é o *sentimento de irrealidade e o desejo de obediência*. Obediência que fecha as portas da atenção e adormece o "sujeito ético".

A psicanalista Silvia Bleichmar diz que a prática com crianças e a observação de situações da vida cotidiana conduziram-na a pensar que "os pré-requisitos do sujeito ético são mais iniciais do que se supõe e surgem na relação dual com o outro antes de que o terceiro se instaure" (Bleichmar, 2006).

É necessário estabelecer as diferenças entre ética e moral, não somente na hora de diagnosticar problemas de atenção como também para encontrar os recursos psicopedagógicos que promovam *espaços de atenção*.

As crianças, como todo ser humano, podem e devem respeitar e obedecer a certas instruções por obediência a regras morais prescritas pelo seu grupo de pertencimento. Todavia, tal respeito, embora necessário, é neutro com relação ao desenvolvimento de sua capacidade atencional. Insistir somente no valor da obediência, tanto para diagnosticar como para pensar recursos pedagógicos, propicia a inibição da atividade atencional.

Donald Winnicott nos ajuda a pensar as relações entre ética e atenção, se nos debruçamos sobre seus estudos a respeito da "capacidade de estar a sós em presença de outro disponível" e a "capacidade de se interessar pelo/no outro"*. Duas capacidades inter-relacionadas presentes desde a primeira infância, que permitem a inclusão do sujeito na comunidade, sem restringir sua intimidade.

Sílvia Bleichmar (2006) diz que:

> A possibilidade da criança de entrar em uma relação transitivista que podemos chamar de caráter positivo caracteriza se pela instalação inicial de modos de identificação com o semelhante com respeito ao sofrimento que suas ações possam produzir-lhe ou as que padeça sem intervenção direta.

Divergência entre o saber (sobre o mundo e sobre si mesmo) e a palavra

Sabemos da alegria que a criança sente ao experienciar ser construtora das palavras que pronuncia. Palavras que, tendo sido entregues por outro, permitem que ela não apenas as modifique, mas também que as guarde, esconda ou cale. Palavras que, quando a criança quer transmitir o que pensa e sente, sempre lhe serão insuficientes e, por isso mesmo, continuará buscando-as.

O psiquiatra e psicanalista Daniel Stern postula a existência de uma divergência necessária entre o saber e a palavra. Por sua vez, explica que as possíveis desinteligências entre o significado que a criança e o adulto podem atribuir às palavras geram uma zona de negociação mútua de significados.

Se bem que a ilusão de onisciência que a criança atribui ao adulto se perde paulatinamente, existem marcos significativos em determinados momentos da aprendizagem da fala. A "negociação mútua de significados entre a mãe e o filho" permite destacar a importância da atitude dos pais e educadores, pois o modo como os adultos se posicionam ante tal negociação abrirá uma possibilidade ou um obstáculo para a atividade atencional. Esse jogo de "negociações" é também fonte de alegria como sedimentado da autoria.

---

* Para saber mais, Consulte o Capítulo 12.

Daniel Stern considera a palavra como fenômeno transicional no sentido winnicottiano: a palavra dada e criada simultaneamente. Sugere que as desinteligências entre a mãe e a criança não se baseiam em que a criança acredite na onisciência da mãe, mas que são verdadeiras desinteligências sobre o significado das palavras que se dirimem em um espaço de negociação mútua em que a "incompreensão da mãe serve para ensinar à criança que o significado específico para ela é somente um subconjunto dos significados possíveis para a mãe." O mesmo autor, revalorizando a autoria e a potência atencional da alegria estudadas por nós, diz que:

> As paixões, prazeres e frustrações parecem provir mais do êxito e do fracasso da conjunção mental nos níveis de significado compartilhado para o qual a criança está motivada e não da angústia pela perda da onipotência delegada e/ou do sentimento de segurança quando a onipotência se restabelece. A falta de compreensão simplesmente motiva a criança a aprender melhor a linguagem. Não quebra seriamente o sentido de competência da criança (Stern, 1992).

No espaço que é gerado a partir dessa negociação mútua de significados desenvolve-se a atividade atencional da criança que deve "prestar atenção" a "o" outro e ao outro, sem deixar de "prestar atenção" a si mesma. Uma atividade simultânea de *descentração/concentração* se faz necessária.

Uma criança "absolutamente compreendida" que não precisa se explicar, que não necessita perguntar, assim como uma criança que sempre concorda com o que o adulto diz, perderia o poder de construir sua própria palavra com as palavras que os outros lhe oferecem. O conceito de autoria que postulo permite afirmar que, na criança, combina-se em uma mesma operação, a alegria de se sentir gestora (da palavra) e o trabalho de se diferenciar – incluindo-se.

A divergência entre o que a criança conhece e o que pode expressar com palavras é algo óbvio, mas que, todavia, muitas vezes é esquecida no momento de realizar certos diagnósticos. Neste sentido, Stern, citando Bower (1978), proporciona um exemplo excelente que não questiona as descobertas de Piaget sobre o princípio de conservação de substância, mas nos alerta sobre o modo como, às vezes, são mal utilizados esses conhecimentos nas chamadas *provas operatórias*. Por exemplo, em relação à conservação de peso, uma criança pode responder equivocadamente de modo verbal à pergunta sobre o peso de duas substâncias de igual peso e forma diferente, dizendo que uma pesa mais que a outra ainda que "o corpo *saiba* que pesam o mesmo." Quer dizer:

> Considerando o informe verbal, a criança não possui o princípio da conservação de peso e volume. Portanto, cabe esperar que, se lhe entregam as duas formas de argila, primeiro a "salsicha" e depois a bola, o braço da criatura se elevará ao receber esta última, posto que espera que seja mais pesada e os músculos do braço tenderão a ficar tensos para compensar a diferença. Porém, um filme em câmera lenta demonstra que o braço não se levanta. Bower chega à conclusão que o corpo, no nível sensório-motor, já adquiriu o princípio da conservação do peso e o volume, ainda que verbalmente pareça ter perdido essa capacidade ou nunca tê-la adquirido (Stern, 1992).

Por outra parte, para que as propostas de ensino possam ser atendidas, precisam se situar no espaço entre o saber (da criança e do professor) e a informação oferecida. O saber está além das palavras e do conhecimento. Por tal motivo, a arte de ensinar associa-se à capacidade de construir espaços onde o aprender possa atender "ao saber não sabido" de si mesmo e de quem ensina.

Assim como é impossível diagnosticar inteligência, a partir do que se responde verbalmente ante um interrogatório, menos ainda pode-se inferir "falta de atenção" quando o que uma criança diz ou mostra não corresponde ao que o adulto espera escutar ou ver. Faz-se necessária uma análise sobre o quê, como e desde onde está atendendo, principalmente, em que contexto está situado.

Analisamos, até aqui, como a construção de diferenças entre pensar e dizer, assim como, entre pensar e fazer, efetuam-se ao compasso do aprender a falar e realizam-se de forma saudável nos espaços lúdicos entre a criança e os adultos e entre a criança e seus pares. Na tramitação dessas experiências, intervém e desenvolve-se a *atividade atencional*, trabalho que é possível somente a partir de atender/atendendo-se.

O "adulto adivinho", o "adulto detetive" e o "adulto indiferente": três posições subjetivas que ferem a capacidade atencional

No livro *Os idiomas do aprendente* (2001b), analisei três posições subjetivas que chamei metaforicamente "adulto adivinho", "adulto detetive" e "adulto indiferente". Posições que, ao se instalarem como um modo constante de atender as crianças e os adolescentes podem obstaculizar o desenvolvimento da capacidade de atenção dos mesmos, simultaneamente ao cerceamento da autoria.

A "posição do adulto adivinho" em seu grau mais desenvolvido, corresponde ao que chamei "modalidade de aprendizagem exibicionista". Na clínica psicopedagógica, costumo observá-la nos pais daquelas crianças que apresentam "inibição cognitiva".

A capacidade atencional não somente se põe em jogo no momento de vivenciar os acontecimentos, como também em todo trabalho que permite tramitar o sucedido para transformá-lo em experiência disponível. Esse processo (necessário para que o acontecimento transforme-se em experiência) precisa de um alojamento temporal-espacial onde possa ser produzida a *narração* do vivido. Agora, para que surja o desejo de relatar os acontecimentos vivenciados, a criança necessita perceber que seus relatos interessam aos seus entes queridos, é necessário que haja algo que ele conhece e seu interlocutor se dispõe a conhecer.

Se uma criança de 3 anos chega do colégio e sua mãe pergunta: "que você fez hoje na escola?", é normal que seu filho responda: "Nada". Resposta que não significa literalmente que não fez nada. A criança provavelmente está fortalecendo o necessário espaço de intimidade e experienciando a diferença entre pensar e dizer e/ou, também, mostrando a precariedade da palavra para transmitir a complexidade do vivido. Se a mãe não sabe suportar a resposta "nada", pretendendo – com boas intenções – cobrir esse espaço com a adivinhação (dizendo, por exemplo, "Ah! Já sei. Você esteve com a professora de música e cantaram a canção do palhaço..."), vai se apagando, na criança, a necessidade de escolher contar e, na mãe, o desejo de querer saber. Vai se reduzindo o espaço de atenção entre ambos.

As coisas andam melhor quando os adultos aceitam que não podem adivinhar e situam-se na posição de onde surgem as perguntas. Por outra parte, as perguntas mais interessantes, aquelas que proporcionam mais incentivos ao *espaço* de atenção, são aquelas que não podem ser respondidas em sua totalidade, por exemplo: "como foi a escola hoje?" ou "o que você mais gostou no dia de hoje?". Além disso, um simples olhar ou um abraço silencioso podem ser perguntas abertas que conectam a criança com o saber de sua experiência e permitem ao adulto exercitar a própria capacidade de assombro ao poder escutar algo não previsto.

A posição de *adivinho*, ao não deixar na criança a possibilidade de relatar o vivido, diminui o espaço de atenção.

Sabemos que, na adolescência, reconstroem-se e reeditam-se as aprendizagens paradigmáticas da infância. A diferenciação-articulação entre *pensar-dizer e fazer* é uma delas. Por isso, nestes tempos de reedições, o espaço de intimidade volta a ser resignificado e o adolescente necessita encontrar em seus pais e professores atitudes que permitam ampliá-lo e redimensioná-lo.

Se um adolescente chega da escola ou de uma festa com amigos, pode ser que a resposta às perguntas: "que você fez na escola?" ou "o que houve na festa?", também seja "nada" ou "são assuntos meus", ou "não sei". Se os pais se colocam em uma posição subjetiva que permita aceitar esses "não querer/poder contar" momentâneos, sem sentirem rejeição por isso, o espaço de atenção vai se nutrindo. Por sua vez, se os adultos adotam uma postura inquisitiva ou repressora, provavelmente a resposta "nada" se desloque para a desafiante exclamação: "que te *interessa*?", que alguns adolescentes costumam dirigir a seus pais.

Nas consultas psicopedagógicas, podemos abrir um espaço para que os pais que se queixam das respostas de seus filhos possam pensar: *"o que nos interessa* de nosso filho quando lhe perguntamos que você fez na escola ou o que houve na festa? Seria a enumeração dos conteúdos estudados para que realize a tarefa ou para saber se a cumpriu? Seria a informação sobre os detalhes das situações de risco que supomos terem acontecido na festa?

O que *"interessa"* mesmo é oferecer ao filho um *espaço de atenção*, um suporte que permita desenvolver sua *capacidade de estar a sós em presença de outro disponível*, encontrando nos pais interlocutores que o ajudem a tornar pensável o que foi vivenciado.

Jorge Gonçalves da Cruz costuma dizer que é preferível para um adulto passar por pouco perspicaz ante um adolescente do que tentar ser muito perspicaz.

Se o adulto insiste em adivinhar, obriga a criança a necessitar ocultar, correndo o risco de que o saudável *guardar* se transforme em *esconder*. Situação que pode conduzi-lo, quando adolescente, a necessitar realizar cada vez mais ações perigosas para escapar ao olhar espião de seus pais.

Um adolescente que chegou à consulta depois de muitas tentativas falhas de diversos tratamentos, em que vinha recebendo diagnósticos de "déficit atencional", comentou: "Meus pais revisam minhas coisas, minhas pastas, minhas agendas. É como se me deixassem nu diante deles" E acrescentou de forma ameaçadora: "Vou fazer algo bem *pesado* (querendo dizer, perigoso) para que não possam me encontrar!..." Sua mãe dizia que, quando pequeno, ela tinha que revisar a mochila escolar e até pedir aos colegas de aula a tarefa, pois ele sempre "esquecia e não prestava atenção para copiar".

O adolescente, desnudado ante o adulto, tinge de vergonha ou culpa o genuíno *guardar*. Então, provavelmente surgirá a necessidade de armar esconderijos que transformem os *espaços de intimidade* (espaços nos quais se pode entrar e sair para brincar de "não estou nem aí") em verdadeiras prisões, espaços privados e excludentes do outro*.

Da posição de *adivinho* é rápido o passo para o *adulto detetive*, pois como é difícil adivinhar, necessita-se buscar/espiar evidências que funcionem como provas, seja de sua onisciência ou do suposto "delito". Percebemos essa atitude em pais e mães que desconfiam constantemente dos professores, da escola, de outro progenitor, do entorno e do próprio filho. Não perguntam para saber, quer dizer, para encontrar algo não conhecido no relato do filho, mas para acusar alguém ou para confirmar o que supõem conhecer de antemão.

Assim como a posição de *adulto adivinho* pode conduzir o jovem a significar o "guardar" como "esconder", a posição de *adulto detetive* o conduz a dois tristes lugares: ser *delator* ou ser *encobridor* do suposto culpado, seja este o professor, algum companheiro, o outro progenitor, ou ainda a própria criança. *A posteriori*, ao aderir à significação de *esconder* a todo *guardar*, qualquer *mostrar/ensinar/relatar* o que sabe, pode aparecer tingido de vergonha ou culpa.

Nos grupos que coordeno, em que são analisadas as histórias de aprendizagens dos profissionais participantes, percebo como a dificuldade de alguns deles de mostrar (ensinar) o que sabem pode estar situada em uma significação trazida da infância, que os leva a tingir o genuíno *mostrar* em exibir(se) e o necessário *guardar* em *esconder*. Costuma acontecer, então, que profissionais competentes rejeitem convites para expor ou escrever suas experiências, apesar do desejo e da possibilidade de fazê-lo.

Outra posição que fere o espaço de atenção é a do *adulto indiferente ou banalizador*.

A posição de *indiferença* relaciona-se principalmente com uma atitude que banaliza todo acontecer. Por exemplo, um menino de 6 anos chega da escola e diz à sua mãe: "Paulo caiu do escorregador." E a mãe responde: "As crianças sempre caem", ou um adolescente preocupado diz a seus pais, enquanto jantam: "Viram que terremoto terrível houve no Haiti?" e o pai comenta entediado: "Na minha empresa, todos os dias tem terremoto", enquanto segue comendo.

Sabemos que alguns pais e professores sobrecarregados de preocupações e tarefas, ainda assim, conseguem interessar-se por seus filhos ou alunos. A atitude do *adulto indiferente* não tem que ver com contar com pouco

---

* Sobre a diferença entre "íntimo" e "privado", consultar Capítulo 12.

tempo cronológico para estar fisicamente disponível, mas com precariedade de estar disponível à produção de sentidos, de deixar-se surpreender e de permitir que um "acontecer" se transforme em experiência.

A atitude indiferente, ao banalizar homogeneizando tudo, fecha o espaço de atenção e conduz ao *tédio atencional*.

O companheiro interlocutor como possibilitador da capacidade atencional

Todos sentimos, em algum momento, o desejo de contar com outro que atenda ao relato de algum acontecimento importante ou surpreendente que tenhamos vivenciado. Seja quando, de repente, uma paisagem maravilhosa nos comove, ou quando assistimos a um acidente ou padecemos uma catástrofe; urge em nós o desejo de contar a outros o acontecimento vivido, pois sem a narrativa, corre-se o risco de "perdê-lo" ou congelá-lo, tal qual um sonho ou pesadelo que não contamos a ninguém. Necessitamos, desse modo, abrir um *espaço de atenção* que simultaneamente nos aproxime e nos separe do acontecimento. O relato torna pensável o acontecido, permitindo que a atenção trabalhe de um modo diferente ao modo como operou no momento do acontecimento.

Encontrar um outro como interlocutor com o qual abrir o *espaço atencional diferenciador* é ainda mais importante para as crianças e os adolescentes.

Grande parte do valor subjetivante da escola relaciona-se com o fato de que ela supõe um lugar onde a criança encontra-se em um grupo de pares, portanto, com a possibilidade de *contar* com seus companheiros. Relatando as experiências vividas, promove-se a *atividade atencional* e podem-se fazer pensáveis acontecimentos, inclusive dolorosos, vividos na família, elaborando-os ludicamente.

Recordemos que brincar é um modo de relatar. Além disso, o companheiro, ao perguntar, dizer algo ou somente escutar, estabelece um espaço de cumplicidade, uma "descontinuidade"*, um intervalo espacial e temporal que possibilita que o fato vivido abra-se a um trabalho de elaboração a partir das diferenças de interpretação.

É importante salientar, além disso, o aspecto diferencial que o grupo de companheiros fornece a uma escuta na horizontalidade.

---

* Com respeito a "continuidade-descontinuidade", pode-se consultar GONÇALVES DA CRUZ, J. Montagens temporárias. *Revista EPsiBA*, n. 8, 1999.

O jogo compartilhado entre as próprias crianças, de idades similares e diferentes, favorece o que Daniel Stern chama "negociação de significados da palavra", pois esta se dá não apenas no intercâmbio adulto-criança, mas também entre pares onde adquire uma relevância singular.

Desde a perspectiva da sociologia da infância, o professor português Manuel Jacinto Sarmento, no interessante livro *Crianças e miúdos* (Sarmento; Carisara, 2004), fundamenta como as crianças constroem culturas não redutíveis totalmente à cultura dos adultos. A contribuição de Sarmento não somente é direcionada ao fato (reconhecido em diferentes disciplinas) de que as crianças produzem significações autônomas, mas também a fundamentar como essas significações se estruturam e se consolidam em *culturas,* quer dizer, sistemas simbólicos relativamente padronizados, ainda que dinâmicos e heterogêneos. Formas culturais que nascem e desenvolvem-se em modos específicos de comunicação intrageracional e intergeracional.

Precisamos estudar a singularidade do modo narrativo literal próprio das crianças, assim como o que Sarmento chama "gramática das culturas da infância", na hora de diagnosticar a capacidade atencional.

Na escola, os professores vão mudando ano a ano, mas o grupo de crianças tem uma permanência além da mudança anual de seus docentes.

Para as crianças bem pequenas as atitudes de seus companheiros constituem uma parte central das alegrias e tristezas que a escola lhes proporciona. Muitas vezes, marcam mais as expressões valorativas de seus colegas do que as de seus professores.

Todavia, as teorias pedagógicas não tem outorgado ainda à análise da relação *criança-criança* a atenção que dedicam ao vínculo professor-aluno. Lamentavelmente, a importância do vínculo entre pares costuma ser considerada principalmente quando apresentam falhas, não suas possibilidades*.

As crianças, por outro lado, prestam "melhor atenção" quando algo lhes é "ensinado" por seus companheiros. Digo "melhor atenção" fazendo referência a uma disposição atencional mais aberta, menos submetida ao critério do outro, com mais oportunidades de diferenciar-se, de discutir, de confrontar ideias e, por tudo isso, mais possibilitadora.

Alejandra Taborda e Beatriz Galende (2009), assinalando a relevância do grupo de pares desde os anos escolares iniciais, dizem que:

---

* Muitas das situações conhecidas como *bullying* poderiam ser prevenidas se os professores e pedagogos reconhecessem a importância do vínculo criança-grupo.

Ninguém melhor do que um par para compartilhar as preocupações e angústias. Um sonho primordial que os reúne é o desejo de ser grande e de lutar contra sua própria posição de dependência e impotência. Como ser um herói que derrube os temidos ladrões e fantasmas? Quando terei os direitos e a força dos adultos? Essas interrogações e muitas outras surgem e vão armando projetos futuros que articulam um: Quem sou? Ou: quem quero ser? Como os outros me veem? Como quero que me vejam e considerem?

Essas questões que, na adolescência, reaparecerão para serem reconstituídas e resignificadas, começam a tramitar na infância, iniciando um processo de *autorias vocacionais* e constituindo um dos trabalhos psíquicos do *adolescer:* transitar do familiar ao extrafamiliar.

Sendo a escola o primeiro grupo de pertencimento extrafamiliar, ela permite uma experiência singular relacionada com a alteridade.

Fora da escola, a criança é situada socialmente a partir de seu pertencimento a uma família. A cena mais comum é que, diante de um estranho, a criança seja apresentada como "João, filho de Maria e de Pedro" e, desde esse lugar, seja reconhecido. Quer dizer, a partir de sua pertença a essa família. Se alguém pergunta "quem é essa criança?", a referência vai ser *filho* de Pedro e Maria. A criança reconhece a si mesma como João, a partir de ser o filho de Maria e/ou de Pedro e o neto de Luis...

Quando uma criança ingressa na escola, a situação se inverte. Se Maria vai à escola, a professora pergunta: "Quem é a senhora?" "Eu sou mamãe de João", responde Maria, para ser reconhecida, a partir do filho. Chega o pai na escola e apresenta-se: "Eu sou pai de João." João passa a ser o protagonista e o pai se define em relação a ele. Essa mudança tem um efeito subjetivante para a criança. Do ponto de vista da constituição do sujeito pensante, assim como do desdobramento da capacidade de atenção, esta inflexão, ao situar a criança em outro espaço, favorece o desenrolar da atividade atencional.

12

Espaços de intimidade e de atencionalidade

Entre os diques freudianos e os moinhos winnicottianos

Nos capítulos anteriores, explicamos que a construção da diferença entre pensar/dizer/fazer* é necessária para que a criança se *atenda* pensante. Ao reconhecer que pode pensar, percebe que não é transparente e que ninguém pode adivinhar seus pensamentos. É a criança quem decide comunicá-los ou não. Pode estar em silêncio, seguir pensando e escolher o que fazer e em que prestar atenção. Tal constatação permite à criança descobrir-se como um ser singular e ir construindo seu *espaço de intimidade*.

Os espaços de intimidade inter-relacionados com os espaços comunitários oferecem as ancoragens para que a *atividade atencional* possa se dispersar, difundindo-se sem se fragmentar. Pois a atividade atencional para *concentrar-se* em algum objeto, sem ficar *aprisionada* nele precisa ir e vir entre os *espaços de intimidade* e as demandas do mundo social. Isto nos coloca ante a seguinte questão: em que sentido a superfície social na qual se situam as atividades atencionais intervém possibilitando os espaços de intimidade e em quais aspectos o dificulta?

Qual é então, nossa tarefa? Tentar colocar diques que contenham a torrente avassaladora que pretende diluir os espaços de intimidade? Defender uma suposta intimidade fundamentalista que nos separa do meio social? Ou, pelo contrário, utilizar a força da torrente tal qual faz um moinho, para com ela produzir nutrientes?

---

* Para o tema "a diferença entre pensar, dizer e fazer", consultar o Capítulo 11.

Utilizo a imagem do "moinho", pois um moinho de vento é um dispositivo que colocado na superfície da terra árida utiliza a força das tempestades que vem de longe para fazer emergir das profundidades o frescor da água, que permite germinar uma diversidade de sementes. Posso dizer que a tarefa psicopedagógica é um modo de criar "*espaço moinho*", no qual podem germinar novas modalidades atencionais que dão lugar à criatividade. Encontro um apoio teórico em Winnicott, que, no dizer de Jurandir Freire Costa – não monta um cenário trágico ao estilo de Melanie Klein, não apela aos recursos que tocam o metafísico, como a pulsão de morte em Freud, e nem considera os aspectos de agressividade inerentes a toda pulsão *como fonte de perigo ou trauma para o psiquismo*. Costa explica que, enquanto para Freud a cultura deveria ocupar-se de construir diques, para Winnicott trata-se de construir moinhos:

> Na leitura de origem freudiana, a função do poder é a repressão dos excessos pulsionais de onde é proveniente a importância da interdição; na de origem winnicotiana, o poder revela-se na capacidade do ambiente em "tolerar", sem "revanche", o ímpeto das pulsões dirigindo-a para uma expansão da criatividade. *A metáfora preferida por Freud é a do dique holandês*, edificado para conter o avanço do mar e a inundação iminente; *a de Winnicott é a do moinho de água ou vento* que aproveita a força da natureza para a realização de trabalhos úteis (Casta, 2000)*.

Em obras anteriores desenvolvi o conceito de autoria de pensamento. Autoria na qual se efetiva criativamente a agressividade inerente aos processos de aprendizagem e a todo brincar. A agressividade, que forma parte do desejo de conhecer e "fazer", dispõe a força que permite à atenção trabalhar e à criatividade surgir. Concordo com Winnicott, penso que o oposto da vitalidade espontânea é o *sentimento de irrealidade e o desejo de obediência*.

As leituras winnicottianas, as contribuições dos psicanalistas atuais (dentre eles Ricardo Rodulfo, Jorge Gonçalves da Cruz) inter-relacionadas com a prática psicopedagógica, permitem avançar na análise das origens da *atividade atencional* e de seu desenvolvimento. Desse modo, começo a responder ao dilema colocado por mim nos primeiros capítulos da presente obra: como se consegue conciliar o prestar atenção no outro – como objeto de conhecimento e como aquele que ensina, sem perder a energia pulsante e espontânea da *distração criativa*? Respondo: a partir da inter-relação constante entre duas capacidades estudadas por Winnicott, a saber: *a ca-*

---

* Os destaques são meus.

pacidade de estar a sós ante a presença de outro disponível e *a capacidade de interessar-se pelo outro* – dois movimentos com direções aparentemente opostas, porém interdependentes e geradores de *espaço atencional*.

A inter-relação necessária entre a "capacidade de estar a sós na presença de outro disponível" e a "capacidade de interessar-se no/pelo outro" (Winnicott, 1993e) depende da interconexão entre o *íntimo* e o *comunitário*, pois, como dissemos, ancora-se nos espaços de *intimidade* e *comunidade**.

Para analisar a construção dos espaços atencionais levamos em conta duas perspectivas: a partir do sujeito e a partir do social. Perspectivas essas, necessariamente, inter-relacionadas, já que não há sujeito possível sem trama social, tampouco sociedade humana sem subjetividade em jogo.

Pensando em quais poderiam ser os aspectos que permitiriam a um sujeito desenvolver os *espaços atencionais* possibilitadores, falamos de *capacidade de estar a sós na presença de outro disponível* e a *capacidade de interessar-se no/pelo outro*. Pensando a mesma questão a partir do social falamos de *ambientes* que facilitam a inter-relação entre *intimidade* e *comunidade*.

Para continuar nosso estudo precisamos nos deter em cada uma dessas perspectivas para logo depois inter-relacioná-las.

Capacidade de estar a sós em presença de outro disponível

Existem muitos escritos acerca do medo de estar só e sobre a solidão em meio à multidão. No entanto, contamos com poucas contribuições sobre a *capacidade de estar a sós* como uma aptidão que se constrói e que permite relacionar-se com o outro e com os outros. Trata-se do relacionamento com "outros disponíveis", ou seja, alguém a quem recorrer, mas que não esteja dirigindo sua atenção diretamente focalizada em nosso dizer, fazer ou brincar. A capacidade para estar a sós implica que o sujeito tenha tido a possibilidade de *crer-criar* em um ambiente propício e confiável. E, por sua vez, tenha tido experiências que lhe permitem reconhecer a si mesmo como interessante.

É significativa a contribuição de Winnicott (2000a) assinalando a importância de estados saudáveis, de sentir e ter sensações de relativa quietude que possibilitem estar a sós e descobrir-se interessante; poder sur-

---

* *Comunalidad*: prefiro o uso do termo *comunalidade* (sugerido por Jorge Gonçalves da Cruz) em vez de comunidade, já que este vem perdendo o caráter etimológico de *abertura e dívida comum* para associar-se a espaços comuns e excludentes.

preender-se, encontrar-se pensante. Descobrir e experimentar o prazer da autoria de pensamento e desenvolver os espaços de intimidade.

Já em 1958, Donald Winnicott alertava sobre a necessidade – que hoje se faz cada vez mais importante, tendo em conta os contextos desubjetivantes atuais – de analisar "o estar a sós" como uma capacidade, diferenciando-a da exclusão, do abandono, do isolamento e do tédio.

A *capacidade de estar a sós* se constitui muito cedo e tem um caráter possibilitador durante toda a vida. Winnicott (1993e) diz que "a maturidade e a capacidade para estar só implicam que o indivíduo tenha tido a oportunidade de formar em si, pouco a pouco, a crença em um meio ambiente benigno." O desenvolvimento da intimidade, portanto, se produz entre o sujeito e o meio, como explica o autor:

> (...) a *capacidade para estar só* é fruto de diversos tipos de experiências, sendo apenas uma delas fundamental, apenas uma que, ao não ocorrer em grau suficiente, impede o desenvolvimento da dita capacidade: trata-se da experiência, vivida na infância e na meninice, de estar só em presença da mãe. Assim, a capacidade para estar só baseia-se em um paradoxo: estar a sós quando outra pessoa se encontra presente (Winnicott, 1993e).

Os espaços de intimidade vão se criando e desdobrando com a vivência de estar a sós com alguém presente que nada exige.

Capacidade de "prestar atenção" ao outro e "no" outro

A partir de que processos pode-se prestar atenção ao outro? Como se chega a prestar atenção no objeto que o outro ensina? Como gerar um espaço entre quem ensina e quem aprende, que possibilite ao aprendente investir, libidinalmente, o conteúdo a ensinar? Como se consegue prestar atenção no conhecimento que o ensinante transmite?

A análise que Winnicott (1993e) nos oferece sobre a *capacidade de interessar-se no outro* – tais como a capacidade de inquietar-se e de preocupar-se com o outro –*, é uma das bases sobre as quais podemos fundamentar as respostas às perguntas formuladas.

---

* Comparo os termos: em inglês – The Development of the Capacity for Concern; em español – El desarrollo de la capacidad para la preocupación por el otro; em português – O desenvolvimento da capacidade de envolvimento. O destaque é meu.

Em inglês os termos utilizados por Winnicott são *the development of the capacity for concern*. Na tradução para o português, figura como *o desenvolvimento da capacidade de envolvimento*. Em algumas traduções para o espanhol se apresenta como *el desarrollo de la capacidad de preocuparse por el otro*. Creio que podemos traduzir como *capacidade de interessar-se* pelo outro*, quer dizer, *capacidade de atender o outro*, da qual se desdobra *a capacidade de atender ao outro*.

A possibilidade de interessar-se, de inquietar-se e de preocupar-se com o outro equivale a sentir que aquilo que acontece aos demais nos preocupa, sendo um traço importante da vida social. Winnicott considera essa possibilidade como uma capacidade e explica com clareza clínica a "sua etiologia e o lugar em que ela aparece no desenvolvimento". Assim, agrega algo importante para pensar as questões da atencionalidade: "a capacidade para experimentar essa preocupação é o sustento de todo brincar e do trabalho construtivo".

As experiências construtivas e criativas tornam possível "sentir a experiência da destrutividade" e produzir algo com essa agressividade. O recíproco, porém, não é verdadeiro, já que o sentimento da própria destrutividade não leva, por si mesmo, à reparação – ou seja, a fazer algo para reparar o dano causado. O sentir-se autor de alguma obra, o gesto criador, é o que permite que o contato com as tendências destrutivas inerentes ao próprio desenvolvimento não sejam um obstáculo para o desdobramento da capacidade atencional. Winnicott emprega a expressão "preocupar-se (*to be concern*) com outro", para abarcar de modo positivo um fenômeno designado de modo negativo pela palavra "culpa".

Já desde bem pequena, encontramos na criança pulsões que a levam a cuidar do outro, não como reparação de uma tendência destrutiva, mas sim, como uma energia primária. Talvez isso esteja relacionado com a alegria como energia criativa, para além da angústia. Quando o ambiente é facilitador, quando lhe é dada a oportunidade de estar a sós ante o outro disponível, a criança poderá – atendendo-se, atender ao outro e "reparar" com o seu fazer. Recordemos que a etimologia nos diz que a palavra afeto é proveniente de *fazer***. O

---

* Segundo a Enciclopédia Espasa Calpe: algo interessante é algo digno de interesse. Quando algo desperta interesse é porque algo importa. Interessar é cativar a atenção e o ânimo.

** COROMINAS, J. *Diccionario crítico etimológico castellano e hispânico*. Madrid: Gredos, 1991. Afecto: del latin *affectus*, participio pasivo de *afficere* "poner en cierto estado", derivado de *facere* "hacer". Afeto: do latim *affectus*, particípio passado de *afficere* – pôr em certo estado – derivado de *facere* – fazer.

"fazer", a criatividade, a autoria, a agressividade necessária e saudável – quer dizer, a alegria do fazer como tendência possibilitadora presente desde os anos iniciais é geradora do *espaço atencional* que permite atender ao outro.

> A capacidade para preocupar-se (*to be concern*) com o outro é uma questão de saúde, uma capacidade que, uma vez estabelecida, pressupõe uma complexa organização do eu, apenas concebível como uma conquista, um ganho com o cuidado do bebê e da criança e uma conquista em termos dos processos de crescimento interno deles (Winnicott, 1993d).

Modalidades de prestar atenção e modalidades de ser atendido se inter-relacionam. Interessar-se pelo outro levará a interessar-se no outro, quer dizer, prestar atenção. Porém, para interessar-se no outro, o sujeito precisa reconhecer-se interessante e somente pode reconhecer-se interessante em um ambiente de *heteroestima*.

Levando em conta que a *capacidade de interessar-se pelo outro* e a *capacidade de estar a sós* nunca ficam totalmente estabelecidas, pois seguem desenvolvendo-se ao longo da vida, creio que outra contribuição significativa nos é oferecida por Masud Khan, discípulo de Winnicott, quando analisa a *capacidade de estar em suspensão** como um *estar transicional e transitório*.

> Trata-se de um processo prolongado e deve enfrentar muitos traumas pessoais, familiares e sociais. No entanto, se tudo anda bem, e assim acontece na maioria das vezes, o que se cristaliza e distingue no estado diferenciado de ser adulto é um indivíduo personalizado, com sua própria intimidade, realidade interna e sentido de relação com o meio social (Khan, 1991).

O processo de personalização a que faz referência Masud Khan se produz através de um contínuo trabalho de autorias compartilhadas que pode ser promovido ou, pelo contrário, cerceado nos espaços educativos.

Dificuldade para estar a sós. Tédio atencional. Aborrecimento. Desatenção/Inibição cognitiva

A diminuição da *atividade atencional* vai restringindo o *espaço atencional*, podendo conduzir a um "congelamento" da modalidade de aprendizagem de forma tal que o aprendente requeira a presença constante de outro

---

* Para saber mais sobre "a capacidade de estar em suspensão", consultar o Capítulo 6.

que manipule seu "desejar" e atenção. Situação que poderá ser reforçada se esse outro ensinante – seja pai, professor ou terapeuta – que, ao não ter nutridos seus próprios espaços de intimidade, "necessita" que o aprendente dependa de sua presença como suporte imprescindível.

Recebemos crianças e adolescentes que parecem não se alegrar, nem sofrer, não se agoniar, nem se entusiasmar. Respondem quando lhes perguntam e desenham quando lhes pedem, jogam quando o jogo está ali e até, em algum momento, podem murmurar: não sei! Não me recordo! Que chato! Parecem "desatentos".

Em meus primeiros escritos, considerava o aborrecimento como uma das características que acompanham a criança ou o adolescente com problemas de aprendizagem. Posteriormente, comecei a ver que o tédio poderia adquirir um caráter substantivo, pois certos problemas de aprendizagem, às vezes, acompanham, mostram-se ou até podem nascer do aborrecimento. Sem dúvida, esse aborrecer-se, que em décadas atrás aparecia quase como uma constante nos jovens que chegavam para a consulta psicopedagógica, hoje nem sequer pode ser nomeado por eles, nem por seus derivantes, pois antes mesmo de ser sentido pelo jovem, já alguém colocou sobre ele a etiqueta de *desatento*. Tal rótulo, imposto de fora, gera três obstáculos adicionais: a) deixa a quem o recebe como único "responsável" pelo problema; b) exime o ambiente educacional e familiar de se perguntar sobre sua participação; c) obscurece, às vezes, para o psicopedagogo, possibilidades no trabalho terapêutico que podem surgir com a abertura de espaço para que o próprio jovem possa mudar do "que aborrecido!" para o "me aborreço!" e, desse lugar, chegar ao "o que é que eu posso fazer para des-aborrecer-me".

Existe uma reciprocidade entre o aborrecimento e a queixa. Por sua vez, abre-se um caminho entre o aborrecimento e a desatenção. Uns e outros cerceiam a autoria de pensamento, tanto do ensinante como do aprendente. A queixa ocupa lugar de um pensamento, o aborrecimento pode ocupar ou abrir o lugar do desejar/conhecer. Se tantas e diversas situações são consideradas como "déficit de atenção", calam-se as perguntas e então o entorno deixa de pensar. De tal modo que os recursos terapêuticos que costumam buscar-se para tratar essas problemáticas limitam-se a "técnicas reeducativas", como se fosse possível colocar "próteses atencionais". Em troca, quando reconhecemos a importância dos espaços de intimidade, surgem novos recursos terapêuticos que nascem a partir dessa fonte atencional.

O discípulo de Winnicott, Adam Phillips (1996), descreve dois modos nos quais pode se apresentar o tédio e diz que: "no trabalho clínico nos deparamos com crianças incapazes de se aborrecerem (*being-bored*) e outros incapazes de qualquer outra coisa que não seja se aborrecer."

Na consulta psicopedagógica encontramos crianças e adolescentes em uma e em outra dessas situações. Seus pais e professores não lhes oferecem espaços para conectarem-se com o "estar a sós". São tantas as atividades, horários e "coisas para fazer" que mesmo o brincar parece regulamentado. A criança, então, não tem espaço-tempo para escolher jogar bola, porque já chegou a hora de ir para a escola de futebol. O *espaço atencional* se empobrece. Adam Phillips (1996) pensa que "a criança *being bored* está esperando descobrir de novo seu desejo, sem a representação consciente de um objeto (...). Nesse sentido, o tédio é similar a uma atenção errante." Nessas situações, o aborrecer-se pode aparecer como uma descontinuidade necessária em direção ao reencontro com seu próprio desejar, porém pode ser o germe onde se instala um *tédio atencional*.

Se o mundo torna-se aborrecido pode ser consequência de estar ante um "estado transicional" que conduza ao encontro com a capacidade de estar a sós – terreno onde nasce a criatividade – ou até ser tomado pelo tédio e o aborrecer-se de si mesmo.

A clínica psicopedagógica permite constatar que o aborrecimento, quando se instala, opera como uma disposição que *aprisiona* o desdobramento da *atividade atencional*. Nos jovens que consultam por problemas de aprendizagem e atenção, observo que podem apresentar um aborrecimento *reativo* – que podemos chamar de *tédio atencional* – ou *aborrecimento estrutural*.

O aborrecimento reativo* é uma resposta circunstancial de desinteresse que pode se corresponder com formas e conteúdos de ensino *desatentos da realidade* dos alunos. O aborrecimento estrutural mais do que algo que se sente, é algo com o que se sente. Sustenta-se sobre uma *modalidade de aprendizagem* cristalizada, do modo *hipoacomodativo-hipoassimilativo*, apresentando-se como *inibição cognitiva*. Como tal, inibe o pensar, o escolher, o decidir, o responsabilizar-se por uma ideia. E, sem dúvida, inibe a atividade atencional também.

---

* Ver FERNÁNDEZ, A. *A mulher escondida na professora*. Porto Alegre: Artmed, 1994. Ver também: RODULFO, R. *Trastornos narcisísticos y no psicóticos*. Buenos Aires: Paidós, 1995. E ainda: FERNÁNDEZ, A. *Os idiomas do aprendente*. Porto Alegre: Artmed, 2001.

Em poucos anos aumentou de forma significativa a quantidade de jovens que apresentam uma ou outra dessas formas de aborrecimento. Lamentavelmente, a extensão de *diagnósticos/rótulo* de "déficit de atenção", aplicados indiscriminadamente a uns e a outros, esconde a necessidade de estudar os processos construtivos de novas modalidades atencionais assim como a gênese da capacidade atencional.

É imprescindível distinguir o aborrecimento defensivo produzido pela banalização, a debilitação da autoria de pensar e/ou o sentir a si mesmo pouco interessante, dos estados saudáveis de repouso do pensar que vem acompanhados por uma atenção disseminada e flutuante.

Recordemos que o movimento entre a distração e a atenção nos permite aprender, pois a distração, ao abrir portas desconsideradas pela "atenção focada", possibilita que o saber nutrido em espaços de intimidade multiplique a produção de sentidos.

Adam Phillips (1996) pergunta: "quais são as situações nas quais a criança se estabelece – em que ela se organiza, para tornar possível o desejo? O tédio – está claro – é pré-excitação, mas em cada período de tédio a criança retorna a essa pergunta." Pergunta que também deveria nortear a consulta psicopedagógica.

Donald Winnicott (2000b) no artigo *The observation of infants in a set situation* descreve como um bebê pode se desinteressar, ou seja, desatender a/de um objeto para poder apropriar-se do desejo de pegá-lo. Estando o bebê nos braços de sua mãe, enquanto ela conversa com o pediatra, este deixa distraidamente uma espátula sobre a escrivaninha para observar a atitude da criança interessando-se pelo objeto, pegando-o, deixando-o, tornando a pegá-lo. Nessa cenografia, preparada por Winnicott para a consulta clínico-pediátrica, podemos observar a atividade atencional do bebê. Por sua vez, a análise que Winnicott realiza das diversas atitudes dos bebês ante a espátula pode ser um analisador para compreender que em diversos momentos da vida (desde a primeira infância até a adultez) existem situações momentâneas de "aparente desatenção" que não devem ser atribuídas a alguma patologia. Situações tão diversas e de diferentes significações, como o primeiro momento de elaboração de um luto, ou o instante de inspiração criativa, ou o desejo de "repensar" sua possibilidade de escolher – que podem colocar o sujeito em posição de desatender "o mundo". Então, o *tédio* pode ser a resposta a uma situação na qual há *uma espátula a ser falada* ou, pelo contrário, a resposta a uma situação com excesso de *espátulas oferecidas e exibidas* que inibe a possibilidade de atender. Poderíamos falar, nesse último caso, de "fadiga atencional".

Reações similares podem corresponder a significações opostas. A curiosa "passividade" do aborrecido não pode nos deixar esquecer que "no tédio existe uma faísca de uma fuga do desejo, de uma falta de significação".

O tédio *atencional* deve alertar-nos sobre a dificuldade para estar a sós e sobre uma debilidade dos *espaços de intimidade*.

A tarefa psicopedagógica ante o *tédio atencional* relaciona-se com descobrir o acender essa "faísca" para, a partir daí, ativar a atividade pensante e atencional. Como? Permitindo que o sujeito se reconheça interessante, valorizando e promovendo suas perguntas, criando um espaço lúdico onde possa desenvolver o sentido do humor, a flexibilização de exigências de certeza, e onde se permita o ensaio... Um enquadramento terapêutico em que possa ser propiciado espaço de intimidade e oportunidade para que aquele que atendemos se reconheça como ser pensante. Por exemplo, no lugar de insistir com a pergunta: "o que você pensa sobre isso", poder assinalar em diversas situações: "pode-se ver que aqui você pensou, pois chegou a esta conclusão", ou ainda, "você fez isto dessa maneira". Em síntese, oferecendo uma escuta que possa responder *a partir* do que aquele que atendemos diz e faz, no lugar de responder *sobre* o que disse e fez.

Inter-relação entre a "capacidade de estar a sós em presença de outro disponível" e a "capacidade de interessar-se no/pelo outro"

É apenas em um ambiente confiável que a capacidade de se interessar pelo outro pode se desenvolver, permitindo que o sujeito se interesse e se importe com o que acontece com o outro, aceitando a responsabilidade por seus atos, sem necessidade de inibir a força da agressividade saudável. Pode, assim, como um "moinho", utilizar essa energia no brincar, no aprender e no trabalhar. Quando digo *no aprender*, afirmo que interessar-se pelos (atender aos) objetos a conhecer, supõe a simultaneidade de esforço que o trabalho impõe e o prazer de brincar. A capacidade de se interessar no/pelo outro é a sustentação de todo jogar e do trabalho construtivo, assim como da possibilidade de pensar e atender. Winnicott (1993e) explica assim:

> Quando a confiança neste ciclo benigno e na expectativa da oportunidade se estabelece, o sentimento de culpa relacionado com os impulsos do id sofre uma nova modificação; precisamos, então, de um termo mais positivo, tal como "preocupação". O lactante está agora tornando-se capaz de ficar preocupado, de assumir responsabilidade

por seus próprios impulsos instintivos e as funções que deles fazem parte. Isto provê um dos elementos construtivos fundamentais do brinquedo e do trabalho. Mas, no processo de desenvolvimento, foi a oportunidade de contribuir que possibilitou à preocupação situar-se dentro das capacidades da criança.

Na criança, há pulsões que a levam a cuidar do outro, não como reparação, mas sim como uma energia primária que está relacionada com a alegria e a capacidade de ser solidário. Generosidade não é dar aquilo que me sobra, nem dar para reparar uma culpa ou um dano, mas compartilhar o que tenho, como diz Silvia Bleichmar.

E, segundo Jorge Gonçalves da Cruz:

> Interessar-se pelo outro e no outro apenas pode-se conseguir na medida em que o sujeito experimente a si mesmo como interessante. Isto ninguém pode obter por si mesmo, mas em uma dialética de reconhecimento que requer outros significativos. Se pudéssemos registrar as palavras com que a maioria das crianças se despedem dos seus pais no momento de dirigir-se à escola, provavelmente primariam os conselhos: "comporte-se, fique quieto e preste atenção à professora". Como obter uma posição subjetiva, a partir do lugar de pais, de modo que a criança na escola saiba transferir a importância de atender às suas próprias perguntas, valorizar suas dúvidas, abrir seu próprio espaço de jogo e poder reconhecer-se em seus ganhos?*"

Concluindo, posso dizer que existe uma imbricação entre a *capacidade de estar a sós na presença de outro disponível*, a capacidade de interessar-se no outro e a criação de um ambiente de "heteroestima", que permita que cada sujeito possa considerar-se interessante, singular e responsável.

Os espaços terapêuticos, a capacidade de estar a sós e os espaços de intimidade

A importância do conceito de intimidade é ressaltada, atualmente, por diversos autores; dentre eles, Ricardo Rodulfo, que a considera condição necessária para o estabelecimento da zona de jogo produzida a partir dos intercâmbios lúdicos mãe – bebê, que vão ocorrendo no curso das diversas práticas de cuidado.

---

* Exposição de Jorge Gonçalves da Cruz em Seminário de EPsiBA.

Quando as tarefas como trocar fraldas, alimentar e fazer dormir um bebê são realizadas como trabalho desconectado da alegria e do brincar – com os olhares, as palavras, os sons, as carícias, os sorrisos, as canções de ninar – estará obstruindo a possibilidade de estabelecer um vínculo nutritivo, um "espaço extraplacentário*" entre a criança e os pais.

Posteriormente, faz-se necessário criar diversos espaços "extraplacentários", de intercâmbio simbólico, que funcionem tal como a *placenta* o faz, nutrindo tanto a criança quanto os adultos que a atendem. Tais espaços operam como superfícies transitórias de inscrição, e por sua vez, de diferenciação. Construções mútuas que, como a palavra *placenta* faz lembrar, criam os *prazenteiros* espaços de intimidade compartilhada. Esses são espaços que nascem muito cedo e que precisam desenvolver-se durante toda a vida.

As crianças e os jovens que chegam ao nosso consultório – encaminhados por "desatenção e hiperatividade"–no enquadramento psicopedagógico, podem recuperar-ressignificar os espaços de intimidade reconstruindo a *"diferença entre pensar-dizer-fazer"*. A partir daí, conseguem reconhecer-se pensantes e, assim, investir libidinalmente nos objetos de conhecimento "prestando sua atenção neles".

Sabemos o amordaçador que pode ser para uma criança conviver com adultos que a desqualificam, porém, ainda não insistimos o suficiente no prejuízo que pode ser a atitude oposta, adultos que, seja o que for que a criança produz, felicitam-na e/ou aprovam-na. Esta última atitude desvitaliza o aprender e adormece a atividade da atenção, pois obriga o sujeito a buscar constantemente as referências fora de si mesmo, situando-o em uma posição dependente pela qual poderá reconhecer apenas sua produção a partir do olhar do outro.

Quando a criança se reconhece interessante, e é rodeada de *heteroestima*, pode interessar-se *prestando atenção* ao mundo, portanto, aos conteúdos ensinados na escola.

Nós – desde o lugar ensinante ou terapêutico – também precisamos nutrir a própria *capacidade de estar a sós* para conseguir estar *disponível* ante a dificuldade ou a impossibilidade de alguns de nossos atendidos para conectar-nos com sua intimidade. É preciso aprender a criar *espaços de intimidade,* que são produzidos "entre", gestando um certo estado de "desestimulação" externa, a partir do qual pode-se trabalhar sem tentativas de "motivar" ou de montar espetáculos para "desaborrecer".

---

* Em relação ao que estou chamando "espaço placentário", consultar o Capítulo 4.

Quando se *atende* adolescentes que requerem a construção e a ampliação de espaços de intimidade como aspecto necessário ao trânsito pelo adolescer, às vezes, terapeutas ansiosos exigem associações e respostas a perguntas, interpretando como resistência qualquer silêncio ou a resposta "nada" para a pergunta – o que você está pensando? Este é um erro, e mais grave quando trata-se de adolescentes ou crianças em tratamento psicopedagógico. Ambos, por diferentes motivos, provavelmente necessitam responder "nada" para diversas perguntas. Um *nada* que não remete ao vazio, mas que pode ser a tentativa de marcar uma fronteira que lhes permita experienciar sua capacidade de estar a sós na presença de outro. Geralmente, necessitam de outro com quem possam criar essa "fronteira". Para quê? Para poder construir portas que possam abrir e fechar quando eles decidirem. Se não há ninguém do outro lado, não tem sentido abrir e fechar as portas, como diz Jorge Gonçalves da Cruz.

Por outro lado, às vezes, as crianças, especialmente os adolescentes, parecem não escutar e nem prestar atenção em seus pais e/ou terapeutas, no entanto, posteriormente, percebe-se que eles o fizeram, simplesmente necessitavam *não mostrar* que prestaram atenção e assim, concederam-se o direito de se dar um espaço-tempo para "guardar" ou para se distraírem.

Cabe a nós, como psicólogos, psicopedagogos e psiquiatras, realizar uma profunda análise da singularidade de cada situação que se apresenta na consulta. Insisto: uma criança ou jovem pode se mostrar desatento por múltiplas e diferentes situações: como sintoma de diferentes patologias, como resposta reativa e saudável ante a "não permissão" para desenvolver a *capacidade de estar a sós*. É um equívoco colocar o mesmo rótulo de "déficit de atenção", como diagnóstico, para uma resposta circunstancial de desinteresse, para uma inibição cognitiva nascente ou já instalada, para um sintoma que expressa uma situação de abuso ou violência familiar. Isso leva a eximir a escola de sua responsabilidade de ensinar, de aprofundar os mecanismos excludentes e de deixar no desamparo uma quantidade de crianças, jovens, famílias e docentes.

Reconhecendo a relação entre a capacidade atencional e a *capacidade de estar a sós na presença de outro disponível*, pode-se instrumentar recursos psicopedagógicos, orientar os professores para propiciar ambientes que sugiram as coisas sem impor e, principalmente, evitar diagnósticos que congelem e tornem permanentes os episódios circunstanciais de desatenção ou aqueles que mascaram outros sintomas.

Intimidade e *comunalidade*: nutrientes da capacidade atencional

Consideramos *espaços atencionais** os diversos ambientes familiares e sociais nos quais o ser humano, desde o nascimento, vai desenvolvendo sua capacidade de atenção. Estes funcionam como diferenciadores e articuladores entre o sujeito e o meio. Na medida em que nós adultos consigamos alimentar e continuar desenvolvendo nossa capacidade de *estar a sós* e de *interessar-se no/pelo outro*, poderá ser viabilizado que as sociedades (e também os espaços educativos) reformulem a *comunalidade* em reciprocidade à nutrição e resignificação dos espaços de intimidade.

Na atualidade, imersos na "sociedade do espetáculo", os espaços de intimidade estão sofrendo um ataque constante. No entanto, o viver criativo requer a reconfiguração desses espaços. Temos observado que emergem novos e promissores espaços de intimidade que escapam da dicotomia "público ou privado". Provavelmente estejamos, também, na alvorada de uma saudável transformação do *público*. Para tanto, dependerá de que cada um de nós jogue com a potência atencional da alegria da autoria. Para compreender esse fenômeno devemos ter em conta que *íntimo* não é sinônimo de *privado*.

A sociedade industrial burguesa, colocando como *privado* o íntimo, foi destituindo ou prostituindo a intimidade. Tal processo ocorre correlativamente, com a substituição de *singularidade* por *individualidade*. Passamos da concepção de *coletivo* da Idade Média para a *individualidade*, sem dar lugar à *comunidade*, único espaço em que pode surgir a singularidade como consequência da apropriação de diversidades. Essa singularidade é a possibilidade humana de se incluir no universal.

A palavra "*intimidade*" inclui, em suas origens etimológicas, o vocábulo "*entre*", diferentemente do termo *privado* que é designado pelos sentidos de: "privar", "em segredo", "às escondidas" (Corominas, 1991). Por isso, o privado, é entendido como privativo, como possessão excludente do outro, que se opõe a público.

O filósofo italiano Roberto Esposito (2003) realiza um profundo estudo do conceito de comunidade (*cum munus*) remetendo às raízes do termo.

A história das palavras é maravilhosa, pois nos permite resgatar sentidos perdidos. Assim acontece, por exemplo, com *munus* – que está na origem de *comunidade*, e também está na origem da palavra *imunidade*. Esse encontro indica que até a *imunidade* não se adquire rejeitando ou isolando-

---

* Para saber mais sobre "espaços atencionais", consultar os Capítulos 1, 2 e 4.

-se do estranho, mas sim transformando-o em próprio. O vocábulo *munus* refere-se a uma *dívida*, uma dádiva, um *dever*, uma *tarefa*, em relação aos outros, *que nos remete, por sua vez, a nossa alteridade constitutiva, também a respeito de nós mesmos*[*]. Além do mais, seguindo com a etimologia, "O *cum* é o que vincula (...) o que junta (...) o *munus* de *communis*" e faz referência à ação recíproca.

A *comunalidade* é o espaço onde surge a singularidade a partir da apropriação de diversidades. Ao conceito de *comunidade* estamos dando o sentido de disposição ou atitude. Por isso preferimos falar de *comunalidade*, como uma abertura para a diversidade que nos habita e na qual habitamos. Assim, o *munus* como tarefa em comum é como uma dádiva recebida, uma superfície de inscrição que se situa "entre", em espaços intersubjetivos e de diferenciação.

Esposito trabalha com uma noção de "comunidade" radicalmente diferente das difundidas atualmente. Adverte que "comunidade não se refere às pequenas pátrias às quais dirigem o olhar, nostalgicamente, os novos e os velhos comunitarismos".

Nem *intimidade* nem *comunidade* referem-se a uma substância, nem devem estar divorciados como algumas posturas pretendem hoje. A comunidade não é e nem deve ser entendida como um território que se deve defender e separar dos que não são parte sua.

A intimidade privatizada

As *modalidades atencionais* modificam-se com as contribuições materiais dos ambientes. Esses, nas últimas décadas, estão mudando em um ritmo vertiginoso que afeta os *espaços de intimidade*. Na década de 1990, assistimos, na maioria dos países, a um violento processo de privatização

---

[*] O *cum* é o que vincula... o que junta... o *munus* de *communis*. O *cum* latino (*avec*, em francês) se presta para assinalar toda classe de proximidades complexas, móveis, longe de reduzirem-se à mera justaposição: conversar com, casar-se com, brincar com [...] É sempre uma proximidade, não somente de trato, mas de ação recíproca, de intercâmbio, de relação ou, ao menos, de exposição mútua. Não é pura concomitância: dizer "com o entardecer apresentam-se outros pensamentos" não equivale a dizer "ao entardecer apresentam-se outros pensamentos". O *cum* vincula o "*munus*", a partilha de uma carga, de um dever ou de uma tarefa e não a comunidade de uma substância [...] O *cum* põe juntos... mas não é um mesclador, nem um marceneiro, nem um afinador, nem um colecionador. É um "respeito a...", um levar em conta, um olhar atento ou de interesse... condição de coexistência de singulares finitas, entre as quais, ao largo, nos bordes, nos limites, entre o "fora" e o "dentro", circula indefinidamente a possibilidade de sentido. Segundo Jean-Luc Nancy no Coloqium do livro *Communitas* de Roberto Esposito.

dos espaços públicos e dos recursos da humanidade. Como consequência, os espaços de intimidade foram se empobrecendo e receberam o embate da tendência à exibição. A deterioração dos espaços públicos e a bulímica ampliação dos espaços privados obedeceram aos interesses políticos e econômicos do capitalismo.

A absorção do *íntimo* pelo *privado* não é inocente, já que tratar o íntimo como *privado* conduz, simultaneamente, a desconsiderar os *espaços de intimidade* e a retirar importância do *público* e do *comunal*. A redução do público e do comunal ataca também os espaços de intimidade. Movimentos que somente na aparência são contrários. Se o *íntimo* se transforma em *privado* e o *privado* – para sua existência – deve retirar sua substância do *público*, então a extensão indiscriminada do privado vai reduzindo simultaneamente a intimidade e a comunidade. Da intimidade é exigido viver das aparências, e a comunidade é convertida, imaginariamente, em terreno de luta, no qual para que alguém triunfe é necessário conseguir que os demais fracassem. Isso traz como consequência confundir *singularidade* com *individualidade*, de maneira que cada ser humano passa a ser um indivíduo (indiviso), portanto classificável e passível de ser catalogado com quem apresente características similares. Os rótulos psicopatológicos não são alheios a esse processo, mas participam em sua construção. Recordemos que a exclusão começa nesses modos de diagnosticar.

Ao considerar o indivíduo como indivisível – sem levar em conta que cada ser humano é singular, a partir de reconhecer-se na diversidade que o habita e na qual ele habita – o que se propõe é uma política de segregação, de exclusão daquele a quem se faz assumir a condição de "o diferente". Insistimos: íntimo não é privado. Singularidade não é individualidade. O público e o íntimo se diferenciam, porém não se opõem. O singular e o coletivo necessitam um do outro.

Quando se tende a privatizar a intimidade tornando-a, paradoxalmente, um espetáculo (Sibilia, 2008), os espaços de intercâmbio e diferenciação público-íntimo se confundem, dificultando os limites necessários para o desenvolvimento da capacidade atencional.

Evitando a confusão entre o *privado* e o *íntimo*, encontraremos a singularidade da intimidade, e por sua vez, poderemos compreender a relação vital entre *intimidade* e *comunidade*. Assim como não pode se desenvolver a *capacidade de se interessar no/pelo outro* sem o desenvolvimento da *capacidade de estar a sós na presença de outro disponível*, a *intimidade* e a *comunidade* se necessitam mutuamente.

O *privado* pode levar ao *esconder* produzindo as consequências do segredo e do escondido para quem esconde e para aquele que o exclui. De outro modo, o *íntimo,* ao nascer no *comunal,* tende ao *guardar, ao cuidar* e a estabelecer limites, de forma que a pele de nosso corpo nos convoca à carícia. Dizemos "amigos íntimos", mostrando que o íntimo não é algo que está no interior de cada um, mas uma construção que se estabelece vincularmente.

Os espaços de *intimidade** possibilitam a permanência nos vínculos com outros, para além da presença física. Lugar onde se inscrevem as marcas da presença na ausência do amigo.

Sara Paín (2008) destaca algo que devemos levar em conta:

> É preciso sublinhar que aquilo que mais atenta contra a simpatia e a compreensão de outras sensibilidades são as tão célebres raízes identitárias e as identidades comunitárias, que atuam como as viseiras que os domadores colocam nas laterais dos olhos do cavalo para evitar que veja outro que não o caminho que lhe foi traçado.

Múltiplos "outros" nos constituem. A singularidade é uma construção permanente, em constante tensão criativa entre diversidades internas e externas ao sujeito. Dialogar com os múltiplos outros que nos habitam é condição para se opor às tendências excludentes de todo aquele que nos é *diferente*. A atitude de excluir necessita colocar as diferenças para fora, como se os sujeitos humanos fossem indivíduos indivisos. Quando não nos reconhecemos nas multiplicidades que nos habitam, perdemos a autoria e precisamos colocar uma suposta substância homogênea em um nós** que é excludente de outros. Dizemos então, *nosotros* como se fosse um somatório de vários "egos" indivisíveis e unidos por uma suposta comunhão em uma "comunidade de iguais". Este "nós" nega até o próprio pronome em espanhol, o qual não permite incluir-nos em um "nós" sem nomear aos outros (*nos-otros*).

Se fôssemos *indivíduos* indivisos, a atenção focalizada seria suficiente. A singularidade se constrói socialmente, e para isso é necessário a flutuação da atenção entre o sujeito e o mundo, o conhecimento, a informação e o saber.

---

* A palavra "intimidade" quando se torna o verbo "intimar", segundo o dicionário de Espasa, remete a três acepções: 1) "fazer saber alguma coisa", 2) "introduzir-se uma matéria pelos poros ou espaços vazios de outra" e 3) "introduzir-se no afeto ou alma de alguém".
** N. de T.: diferente do termo em português –nós – *nosotros*, no espanhol, se presta ao efeito pretendido.

Comunidade e intimidade retroalimentam-se

Realizando uma pequena síntese daquilo que venho desenvolvendo, afirmo que, na atualidade, a crescente privatização do *público* (educação, saúde, meios de comunicação, recursos naturais, conhecimentos) vem acompanhada de um cerceamento do *íntimo*. A *intimidade* não é oposta à *comunidade*, pelo contrário, retroalimentam-se. Já o privado, como privativo, é excludente do outro.

Estar a sós, interessar-se pelo outro e *estar em suspensão* são capacidades que, situadas no espaço lúdico, entrelaçam-se com a capacidade de atenção.

A privatização dos espaços públicos atenta contra a disposição à comunidade, pois supõe os seres humanos como indivíduos isolados, organismos sem corpo nem alma, organismos a-históricos, alheios aos avatares da cultura.

Como consequência do estreitamento do íntimo e do cerceamento do público passa-se a identificar ensino com treinamento e consideram-se os agentes de saúde e educação como técnicos. Nesse mesmo sentido, toda distração e saída da norma deve ser medicada.

Masud Khan (1991), adverte que:

> Nesse zelo excessivo por resgatar e ajudar o indivíduo, talvez tenhamos passado por alto algumas das necessidades básicas da pessoa, como por exemplo: estar em intimidade, em estado de não integração e em suspensão. (...) Desenvolvemos uma preocupação intrusiva pelo bem-estar do indivíduo que, em lugar de promover seu crescimento pessoal, está convertendo-o em um parasita despersonalizado e uma vítima, a quem somente são ofertados habilidades e esforços programados e ao alcance da mão.

Contamos com saberes, recursos e possibilidades que permitem resistir ao cerceamento dos espaços de intimidade aqui considerados necessários ao desenvolvimento da capacidade atencional e a sua possibilidade de dispersão criativa.

14

O que atendemos ao atender a quem "não presta atenção"?

Tornar pensável nossas práticas

Manter vivo e fecundo nosso fazer supõe desenvolver a própria *capacidade de atenção*, atravessando as resistências pessoais e as resistências internas às teorias que nos sustentam. Para pensar algo novo precisamos pensar de modo novo e para *atender* a novas questões devemos estar dispostos a flexibilizar e transformar nossa própria *modalidade atencional*.

A atividade teórico/científica requer força vital, do mesmo modo que todo o ser vivo precisa se transformar para manter a vida, superando a repetição e saindo da prisão dos esquemas congelados. Desse modo, abriremos algo novo, situando-nos como coautores de nossa história. Sendo este o propósito de todo existir humano, torna-se imprescindível para o fazer terapêutico que:

> Possa manter-se vivo e fecundo, na medida em que, além das defesas às resistências e às couraças do paciente, consiga entrever algo da imaginação radical desse ser humano singular que está aí. E isso reflete-se sobre o analista mesmo, quando está disposto a deixar que seus próprios marcos ponham-se em movimento, a ouvir algo novo, a pensar algo novo (Castopiadis apud Bleichmar, 1994).

Como produzir esse movimento que Castoriadis propõe para o psicanalista que está em cada um de nós desde outras disciplinas e que também trabalhamos *atendendo*? Atendemos aos outros – pacientes, alunos, grupos – e isso supõe não apenas recebê-los e acolhê-los no enquadramento próprio de cada prática, mas também *prestar atenção* neles, ou seja, prestar-lhes nossa atenção. Assim, atender considerando a amplitude que o verbo *atender* permite.

Como apelar para a "imaginação científica, abrir as portas dos cárceres de esquemas conceituais reprimidos, dar entrada à complexidade, ao que surge além de nossa disciplina e suportar o paradoxo"* para tornar pensáveis nossas práticas? Práticas que assiduamente são atravessadas pela dor, a incerteza, o desassossego, a queixa, a culpa, as injustiças, a enfermidade, a designação de rótulos –como a etiqueta desatento – atribuída hoje a tantos jovens e crianças, antes ainda de atendê-los.

Sem dúvida, podemos transformar esses obstáculos em oportunidades de mudança. Como? Olhando as cicatrizes – próprias e alheias sem aderir a dor da ferida, mas como sendo a prova do poder de tê-las curado.

De nossas práticas emanam saberes que nos permitem afirmar que as autorias compartilhadas produzem frestas na rigidez do instituído, e é por estas frestas que nossas ações e nosso pensar podem se tornar férteis.

Psicopedagogicamente

O atender do psicopedagogo

Fazer Psicopedagogia nos permite, mas também nos *obriga*, a fazer por nós o que *podemos* fazer por outros. Digo com especial ênfase que *nos obriga* e exige fazer por nós aquilo que *podemos* fazer por outros, assinalando assim um aspecto fundamental de nossa prática e, portanto, de nossa teorização. Não se pode desprezar que o modo de pensar do profissional, suas próprias modalidades de atenção e de aprendizagem, intervem diretamente no interior dos próprios conteúdos pensados, facilitando ou obstaculizando sua tarefa, seja ela qual for.

Quanto à tarefa psicopedagógica, devo assinalar dois aspectos inter--relacionados: a) o principal instrumento com que trabalhamos não é algo alheio a nós, é nossa escuta, nosso olhar, nossa capacidade de brincar, de se surpreender, de genuína alegria e de flutuação da atenção. Isso quer dizer – somos nós mesmos; b) o produto esperado de nosso trabalho coincide com as modalidades requeridas para executá-lo.

---

* Janine Puget nos convoca a "apelar para a imaginação científica, não ficar com um esquema conceitual e um método; pôr a mente em um estado especial que chama inconsciente; utilizar o método da combinação; empregar também o método da analogia alheias à disciplina em questão, inclusive alheias à ciência, alheias à construção de conhecimento propriamente dito; suportar o paradoxo e pôr então em prática uma variedade de imaginação que possa ser implementada desta maneira." Ver BLEICHMAR, S. (Org). *Temporalidad determinación azar*: lo reversible y lo irreversible. Buenos Aires: Paidós, 1994.

O propósito psicopedagógico, aquilo que singulariza nossa contribuição, pode ser assim resumido: possibilitar espaços de autoria de pensamento. Tarefa que exige flexibilizar as próprias modalidades de aprendizagem, do mesmo modo que as *modalidades de atenção* pessoais. Os espaços de autoria são espaços subjetivos/objetivos que são produzidos na inter-relação com outros, permitindo a cada sujeito reconhecer-se pensante e, assim, responsabilizar-se pela eficácia de seu pensar. Para atender, precisamos *atender-nos* pensantes.

Somente em um terreno de autorias compartilhadas, gestado entre o psicopedagogo e seus atendidos, sejam eles adultos, crianças, professores, alunos, familiares, poderão ser promovidas aprendizagens saudáveis e permitida a desconstrução dos sintomas e inibições que possam perturbá-los.

Outros profissionais que dirigem suas práticas para a produção de objetos materiais podem alcançar relativamente seu objetivo sem que este lhes requeira um trabalho similar para consigo mesmos. Por exemplo, o arquiteto poderia desenhar boas e espaçosas casas para outros, habitando uma casa incômoda e inadequada. Em contrapartida, um psicopedagogo não pode produzir para outro o que não produz para si, pois as residências que deve propiciar são as áreas que habilitam a autoria de pensar, nas quais são colocados em jogo os próprios saberes e o saber daqueles que são por ele atendidos.

Sobre o *por que* e o *como*

Como pensamos aqueles que atendemos? Qual é nossa própria modalidade de aprendizagem e qual nossa modalidade atencional? Como as colocamos em jogo?

Frequentemente, nossa tarefa nos coloca ante a necessidade de explicar aos pais, professores e outros profissionais os motivos que levam os jovens a atuar de um modo que os prejudica. Pressiona-nos positivamente o fato de sabermos que o fracasso escolar é uma ferida que não deve permanecer aberta por muito tempo e sobre a qual é preciso intervir com presteza. No entanto, existem outras "pressões" provenientes do contexto social que prejudicam nossos modos de atender. Uma delas é o "decisionismo", ou seja, urgência de decidir antes de pensar e resolver de imediato, forma que opera tanto sobre os que nos consultam como sobre cada um de nós, produtores de diagnósticos. Ao ceder a essas pressões, ao diagnosticar apressadamente, supostos transtornos cuja terapêutica se baseia em medicamentos, nosso fazer, pensar e intervir esvaziam-se de sentido.

Pode ocorrer que mesmo sabendo que nenhuma causa determina por si própria o fazer e o sentir humano, a tendência a encontrar algum *por que justificativo* impõe-se e obstaculiza nosso pensar, aprisionando nossa atenção. A força dessa exigência aumenta quando se trata de crianças e mais ainda quando apresentam dificuldades na aprendizagem, pois os adultos – pais e professores – costumam pedir uma resposta que consiga fazer sossegar as perguntas que a criança faz, com o imediatismo que domina o mundo que habitamos. Cenário imaginário no qual o êxito e a velocidade para alcançá-lo transformaram-se em valores supremos. A solução costuma estar associada à determinação de uma causa, respondendo rapidamente à pergunta: *por quê?* Essa atitude facilita a instalação de armadilhas que podem amordaçar nosso pensar e atender. Um desses "por que", hoje difundidos midiaticamente e expostos com pretensa exatidão e comprovação científica, pretende explicar os motivos pelos quais alguém pode *estar* desatento baseando-se em causas orgânicas. De modo que, ante uma pergunta tal como: *por que* João não presta atenção? – se aceitarmos a resposta rápida e geral: "*porque é TDAH*" – nosso próprio espaço de atenção se estreita. Tal resposta para a pergunta pelo *por que* costuma fundamentar-se na quantidade de vezes que alguém manifesta uma conduta de acordo com o critério do observador, seja ele um dos pais ou o professor. Com a *quantidade de vezes* se pretende responder ao *por que*, produzindo, assim, a maior das arbitrariedades. A maior inexatidão é aquela que pretende a exatidão, nos diz Ricardo Rodulfo.

Consideremos que os critérios para o diagnóstico do "Transtorno por Déficit de Atenção/Hiperatividade", exposto no DSM-IV (American Psychiatric Association, 1995), começam com um impreciso "várias vezes" (várias vezes não presta atenção; várias vezes perde...; várias vezes).* A quantidade de vezes que alguém realiza ou não uma ação que se considera como "prestar atenção", mostrariam a presença de um déficit** de algo que não se explicou o que é. Lamentavelmente, o DSM-V que está em preparação acrescenta essa modalidade diagnóstica, deixando cada vez mais nas mãos do adulto cuidador a decisão sobre o que significa esse "várias vezes".

---

* Ver Apêndice na p. 214.
** Hoje, podemos verificar como, nos projetos preparatórios do DSM-V, propõe-se estender o diagnóstico de TDA ampliando sua possível incidência para crianças bem pequenas e para adolescentes e adultos. Além disso, diminuindo o número de critérios que determinariam o possível diagnóstico, de nove para seis.

Enunciado A	Pedro	chegou tarde ↓ fato pontual	*porque* o carro estragou ↓ fato pontual
Enunciado B	João	empresta seus brinquedos ↓ fatos pontuais descritos por um observador	*porque* é generoso ↓ atributo que define João
Enunciado C	João	não presta atenção ↓ fatos pontuais descritos por um observador	*porque* é desatento ↓ atributo que define João
Enunciado D	João	não presta atenção ↓ fatos pontuais	*porque* é TDA/TDAH ↓ enunciado que substitui João

Perguntar (se) pelo *como*

Psicopedagogicamente devemos privilegiar as perguntas sobre o "como"?, perguntas que, não necessariamente, se enunciam, porém que orientam nosso pensar e nossa atenção *flexibilizando nossa própria modalidade*.

Perguntar-se pelo "*como*" amplia nossa *disponibilidade atencional*, abre para a recepção do inesperado, ao não previsto por aqueles que atendemos e por nós. Em troca, as perguntas pelo "*por que*" tendem a focalizar a atividade atencional naquilo que se espera encontrar ou se quer buscar, dificultando a necessária busca de multiplicidade de sentidos.

Quando nos é solicitado um diagnóstico de uma criança de quem se diz "não presta atenção", se tentamos iniciar nossa indagação encontrando respostas para *por que não presta atenção*, provavelmente tal metodologia nos conduza a uma conclusão construída a partir de descrições gerais desprovidas da singularidade da criança. Assim, uma proposição descritiva pode tomar um caráter explicativo. Em troca – mesmo partindo de uma suposta "desatenção, se nos perguntamos "*como*"? – tal atitude promoverá cenas, situações, exemplos que facilitam uma aproximação com a singularidade do sujeito em seu entorno. Abre-se um espaço para que tanto os que nos consultam como nós mesmos possamos ir encontrando diversas circunstâncias que permitam entender a modalidade atencional singular ao sujeito. Colocar em questão *como sucedem os acontecimentos* nos ajuda a desemaranhar nossa atenção do déficit, abrindo-a para possibilidades e, a partir daí, desdobrando espaços para resolver os problemas. Essa posição contribui para situar nossa análise da *capacidade atencional* na necessária reformulação dos conceitos tradicionais sobre a atenção. Desejo deter-me nesta questão, pois, na atualidade, os *porque explicativos* podem *aprisionar* nossa atenção.

Os *porque* explicativos e suas armadilhas

Existem diversos modos de situar os *porques explicativos* que respondem a diferentes lógicas e têm consequências significativas no momento de elaborar um diagnóstico.

Como exemplo, proponho pensar no modo como situam-se diferentes *porque*, nos quatro enunciados a seguir: a) Pedro chegou tarde *porque* o carro estragou; b) João empresta os brinquedos *porque* é generoso; c) João se mexe muito e não atende *porque* é inquieto e desatento; d) João se mexe muito e não atende *porque* é TDH/TDAH.

Quais diferenças encontramos entre os modos de pensar, explicitados nos *porques* que sustentam os quatro enunciados anteriores? Para onde dirigem nossa atenção?

O *porque* explicativo do enunciado A associa um fato pontual com outro fato pontual. A causa pode ser verídica ou não, porém, se não confundirmos os níveis, os fatos podem se tornar pensáveis, pois relacionam o motivo de um acontecimento o referindo a outro, além disso, não definem o sujeito.

Já nos enunciados B e C, cujos conteúdos são diferentes entre si – a situação é o contrário, pois eles respondem a uma mesma equivocada lógica de pensamento, ambos associam fatos pontuais com a singularidade do sujeito. Mesmo que o enunciado tenha como consequência "é generoso" e não lese *visivelmente* a João, despoja o ato de qualquer singularidade. Não considera os diversos motivos e circunstâncias pelas quais uma criança pode *emprestar* seus brinquedos: por obrigação, por submissão, por culpa, por não diferenciar o próprio do alheio, por amizade. Além do mais, reduz o espaço para que o sujeito se reconheça autor desse ato.

O enunciado C, além do modo comum como são descritas uma significativa parcela de crianças que chegam para consulta, responde a mesma lógica que do anterior. Seu *porque*, no entanto, deixa mais escondida a falácia do argumento, uma vez que define o sujeito ao enunciar que "é desatento" porque "não presta atenção". Deixa de assinalar quando, como, onde, com quem e não considera os múltiplos motivos que podem levar a não prestar atenção. O absurdo do enunciado C fica mais explícito quando pensamos que o mesmo modo de enunciar "João não presta atenção porque é desatento", poderíamos usar para "Pedro presta atenção porque é atento".

Quando um profissional se deixa levar por essa lógica, fecha-se para compreender a singularidade da criança, além de negar seus conhecimentos, seus saberes e sua própria autoria. Por outro lado, tanto os enunciados A e B, como o C, baseiam-se em uma suposta objetividade – neutra, asséptica e não condicionada – que pretende omitir a subjetividade participante do "observador", geralmente um dos pais ou o professor. Michel Foucault, com sua descrição magistral do panóptico de Bentham, demonstrou a falácia dessa "objetividade", fundamentando como o que é olhado, inclui o olhar de quem olha, a partir de onde e para quê.

O *porque* explicativo do enunciado D, que sustenta alguns diagnósticos/rótulos, desliza rapidamente do enunciado C. Encobre seu caráter "tautológico" com uma roupagem científica e tende a psicopatologizar qualquer mostra de inquietude saudável que João pudesse manifestar. Daqui em diante, a criança "é" TDAH e perde sua identidade.

Desse modo, os adultos responsáveis perdem a possibilidade de abrir um *espaço atencional* para pensar no que ocorre com a criança e o que eles podem mudar. João desaparece em sua singularidade, que somente poderá ser encontrada em um triste classificador.

Os idiomas espanhol e português oferecem-nos dois verbos muito diferentes: *ser* e *estar*, que às vezes esquecemos. A substituição do verbo *estar* pelo verbo *ser* conduz aos rótulos e aos mecanismos de exclusão.

O enunciado "João não presta atenção porque *é* desatento" fica congelado com o uso do verbo *ser*: "João é desatento". Quando dizemos "João *está* desatento" essa expressão nos ajuda a considerar as circunstâncias e os contextos (quando..., às vezes..., nos momentos em que..., como a resposta a...) que permitem encontrar estratégias educativas e terapêuticas possibilitadoras.

Estamos modificando nossos modos de "prestar atenção" ao avaliar e diagnosticar a capacidade atencional ou continuamos vendo (ou produzindo) déficits de algo que não está no lugar onde o buscamos?

A exclusão começa no modo de pensar os diagnósticos

A desejada e proclamada "inclusão educativa" não é responsabilidade exclusiva da escola, já que, muitas vezes, a exclusão legitima-se a partir de algum "diagnóstico" realizado pela "comunidade médico-psico-psicopedagógica". Não há possibilidade de inclusão educativa se não questionamos nossos modos de diagnosticar.

Quando as *modalidades atencionais* de quem diagnostica perdem a inquietude e a flutuação potencializadora do pensar e atender, as observações descritivas e particulares passam a ser explicações universais. A lógica de pensamento dual subjacente é aquela através da qual um traço particular de um ser humano – a cor da pele, determinada característica física, psíquica ou social – é universalizado e passa a se superpor como condição de sujeito singular. Esta lógica opera no núcleo dos diferentes processos discriminatórios e excludentes. Conhecemos como alguns alunos se instalam rótulos excludentes, e como, a partir desse momento, aquele que o recebe fica taxado como "o gordo", "o negro", "o bolinha", "o nerd". Quando um "especialista" envia um *informe* enunciando que uma criança é TDAH, TDA, TGD ou TDO* tal "diagnóstico" pode começar a circular como um rótulo com maior poder ainda do que aqueles colocados pelas crianças.

Este devastador modo de pensar alcança não apenas os sujeitos observados, mas também aqueles que têm a tarefa de diagnosticar, pois despoja-os de sua possibilidade de pensar, escutar e utilizar seus conhecimentos e experiências. Quer dizer, retira do profissional a genuína tarefa de *atender*. "A sociedade hiperativa e desatenta medica o que produz", advertíamos em *Os Idiomas do Aprendente* (Fernández, 2001b).

O que esconde a chamada "hiperatividade"? O que mostra a desatenção que a acompanha? Disfarça-se naquilo que necessita ou mostra o que não lhe dão? Que grito mudo e desesperado podemos ler no excesso de movimento dos corpos de nossas crianças e jovens? A hiperatividade denuncia a *hipoatividade pensante, lúdica e criativa*. Denuncia, renunciando. Enuncia para quem pode escutar. Porque renuncia ao denunciar o que quer enunciar.

---

* Consultar o necessário livro de Maria Aparecida Affonso Moysés, médica e doutora em pediatria pela USP, MOYSÉS, M. A. A. *A institucionalização invisível*. São Paulo: Mercado de Letras, 2001, para avançar nessa questão. Consultar o Capítulo 10 de *O saber em Jogo*, para aprofundar sobre a questão das consequências devastadoras da lógica dual. E, ainda, o artigo da Dra. Lidia Cáseres, neuropediatra chefe do Serviço de Neuropediatria do Hospital Posadas de Buenos Aires: CÁSERES, L. Los déficits atencionales: un enfoque desde la neuropediatría. Revista EPsiBA., n. 10, 2000.

Quando se diagnostica a partir do que se observa como resultado, trabalha-se com uma modalidade de pensamento que confunde a consequência com suas múltiplas causas. O efeito de tal confusão resulta em marginalização, expulsão e culpabilização do aprendente, eximindo o sistema educativo e a instituição ensinante (da qual como profissionais da saúde fazemos parte) de ser interpelados e de interpelar-se por sua participação na produção e ou manutenção desse fracasso na aprendizagem.

Além do mais, assim como mal se diagnosticam como "deficiências mentais" muitas "deficiências" no conhecimento dos diagnosticadores, diagnosticam-se "déficits de atenção" produzidos por déficits nos diagnósticos.

Também, mal se diagnosticam por excessiva leviandade "dislexias", "discalculias", "disgrafias", "hipercinesias", "TDA", TGD e "TOC": ficando excluída, para os professores, a possibilidade de responsabilizarem-se por seu ensinar e para os pais, o perguntar-se por sua implicação. E, o que é ainda mais grave, as crianças e os jovens são colocados como objetos de manipulação, ficam eximidos do trabalho e do esforço de autoria intrínsecos ao aprender.

Muitas dessas crianças e adolescentes produziram um problema de aprendizagem ou de atenção, como mensagem criptografada, que requer ser decodificada. Ao rotular, emudece-se essa possibilidade, pois os rótulos funcionam como sofisticados métodos de controle.

A lógica positivista, biologicista e medicalizante dos manuais psiquiátricos que definem "normalidade" e "anormalidade" da atenção sem levar em conta os contextos sociais e as novas tecnologias não somente aumenta o problema nas crianças considerando patologias individuais como possíveis vislumbres de transformações em suas modalidades atencionais, como também atua sobre os professores ao não reconhecer suas experiências e saberes.

É nosso dever e temos possibilidade de pensar os mal-estares docentes e escolares. Temos recursos – pôr em jogo nossos saberes –, pode ser um começo, juntamente com saberes de tantos professores, psicólogos e psicopedagogos que acumulam uma longa experiência. Experiência desacreditada e desconhecida pelos "promotores farmacêuticos".

---

* Os rápidos diagnósticos de TDA/TDAH, TGD (ou qualquer outra sigla) nas crianças e de *Burn-out* (que explicarei no capítulo seguinte) nos professores mascaram e até são causadores da mesma problemática que tentam resolver.

Apêndice

Critérios para o diagnóstico de Transtorno de Déficit de Atenção/ Hiperatividade (TDAH)
A. Existem 1 ou 2:
1. seis (ou mais) dos seguintes sintomas de desatenção persistem pelo menos durante 6 meses com uma intensidade que é desadaptativa e incoerente em relação ao nível de desenvolvimento:
Desatenção;
(a) com frequência não presta atenção suficiente aos detalhes ou incorre em erros por descuido nas tarefas escolares, no trabalho ou em outras atividades;
(b) com frequência tem dificuldades para manter a atenção em tarefas ou em atividades lúdicas;
(c) com frequência parece não escutar quando se fala diretamente;
(d) com frequência não segue instruções e não finaliza tarefas escolares, encargos, ou obrigações no centro de trabalho (não se deve a comportamento negativista ou a incapacidade para compreender instruções);
(e) com frequência tem dificuldades para organizar tarefas e atividades;
(f) com frequência evita, ou desgosta ou é renitente quanto a dedicar-se a tarefas que requeiram um esforço mental sustentado (como trabalhos escolares ou domésticos);
(g) com frequência extravia objetos necessários para tarefas ou atividades (por exemplo: brinquedos, exercícios escolares, lápis, livros ou ferramentas);
(h) com frequência se distrai facilmente por estímulos irrelevantes;
(i) com frequência é descuidado nas atividades diárias;
2. seis (ou mais) dos seguintes sintomas de hiperatividade-impulsividade persistem pelo menos durante 6 meses com uma intensidade que é desadaptativa e incoerente em relação ao nível de desenvolvimento:
Hiperatividade;
(a) com frequência move em excesso mãos ou pés ou se remexe no assento;
(b) com frequência abandona seu assento na classe ou em outras situações em que se espera que permaneça sentado;
(c) com frequência corre ou salta excessivamente em situações em que é inapropriado fazê-lo (em adolescentes ou adultos pode limitar-se a sentimentos subjetivos de inquietude);
(d) com frequência tem dificuldades para jogar ou dedicar-se tranquilamente a atividades de ócio;
(e) com frequência "está em marcha" ou costuma atuar como se tivesse um motor;
(f) com frequência fala em excesso:
Impulsividade;
(g) com frequência precipita respostas antes de terem sido completadas as perguntas;
(h) com frequência tem dificuldades para aguardar sua vez;
(i) com frequência interrompe ou se intromete nas atividades de outros (por exemplo: se intromete na conversação ou nos jogos).

15

Os professores como agentes subjetivantes

O professor como agente subjetivante

Quero compartilhar com os leitores uma cena que tive a felicidade de assistir em um hospital público da cidade de Buenos Aires. Este testemunho vale muito mais do que muitas palavras sobre o valor subjetivante do professor/professora.

> O silêncio da sala de espera é interrompido pela alegria contagiante de médicos e enfermeiras, despedindo-se de um homem de seus 80 anos, que está recebendo alta hospitalar após 40 dias de UTI entre a vida e a morte. A comovedora situação incita-me a aproximar-me do ancião quando ia caminhando – já sozinho – pelo corredor.
> – Quero fazer-lhe uma pergunta – digo.
> – Você tem tempo de me escutar? Responde, oferecendo-me, de entrada, a primeira reflexão que me faz pensar quantas vezes perguntamos, sem oferecer tempo para escutar. E, ao olhá-lo, surge a pergunta:
> – De onde o senhor tirou forças para se curar?
> – Essa é uma longa história. Se quiser, eu conto. Tenho 83 anos, tive um acidente na rua e me trouxeram inconsciente. Escutava tudo o que os médicos falavam, mas eu não podia falar. Dava-me conta que eles diziam que eu ia morrer. Eu pensava que queria dizer-lhes: quero viver. E não me saíam as palavras. Então, comecei a pensar em alguém que tivesse acreditado em mim e assim, depois de tanto tempo, recordei-me da professora Teresa, minha terceira professora. Quer que siga contando?
> – Sim, me interessa. O que recordou?

– O modo como me olhava, me escutava...Desde que comecei a escola, os professores diziam à minha mãe que eu não ia aprender a ler e escrever. Por um tempo, deixei de ir à escola, " não vai aprender tudo". No ano em que retornei, porque tinha muita vontade de aprender, e tive outra professora, repetiu-se a mesma história, voltaram a me tirar da escola. No ano seguinte, insisti pela terceira vez e então conheci a professora Teresa. Lembrei-me dela 70 anos mais tarde, estando em Terapia Intensiva, quando eu queria tirar forças para me curar...
– E o que foi que o senhor recordou sobre ela? – perguntei.
– Me lembrei que ela me olhava como que dizendo: VOCÊ PODE...

Um simples e profundo modo de olhar que não se pode forjar. Que nenhuma capacitação técnica pode outorgar. Um modo de *atender* acreditando no desejo e nas possibilidades, considerando que a pulsão epistemofílica – tal qual a fome orgânica – sempre está presente. Sabendo que a desnutrição causa mais estragos do que a "anorexia" e que, para vencer a "anorexia" de conhecimento, há que se apelar ao direito que todo ser humano tem de transformar e apropriar-se do "alimento-conhecimento".

Um modo simples e profundo de olhar e de escutar que não requer tempo adicional e que transfere seu poder subjetivante para além do breve espaço-tempo compartilhado. Um modo de *atender* que outorga vida, que não pode ser avaliado com parâmetros de eficiência, pois sua eficácia simbólica penetra pelos tecidos inconscientes*.

O testemunho do ancião ilustra o *poder* do docente. Além de ensinar conteúdos, o professor tem um poder imenso que emana de seu lugar e de sua pessoa. Assim como pode ser agente e promotor de saúde, também pode atuar como quem reforça o sentimento de fracasso que alguém poderá levar para toda a vida.

A experiência relatada nos fala, além disso, da importância da formação docente, tanto dos futuros professores, como dos que estão em exercício.

Os espaços de "formação docente" devem abarcar toda a pessoa: sua afetividade, sua imaginação, suas fantasias, suas inibições, quer dizer, sua subjetividade. Devem oferecer oportunidades para que cada ensinante possa ressignificar sua modalidade de aprendizagem, ampliar sua *capacidade de atenção* e experienciar a alegria de ser autor. Se o professor

---

* Para compreender as diferenças entre "eficiência" e "eficácia", consultar GONÇALVES DA CRUZ, J. O Vazio, a ausência de estupidez na inteligência artificial. *Revista EPsiBA*, n. 6, 1998; GONÇALVES DA CRUZ, J. Psicoanalisis y educación. *Revista EPsiBA*, n. 10, 2000.

atende sua própria capacidade pensante, põe em jogo seus saberes e desenvolve sua capacidade atencional, potencializando, por sua vez, essas oportunidades em seus alunos, nutrindo assim o espaço compartilhado de que todos se nutrem.

Sabemos que este é um desafio difícil ante a multideterminação dos problemas, a solidão que muitas vezes enfrentam os professores e os complexos contextos socioescolares. As necessárias mudanças dependem de fatores (materiais e simbólicos) que os docentes não podem, sozinhos, modificar, mas importantes experiências constatam que sempre é possível interpelar os contextos e mudar as próprias *modalidades de atenção*, abrindo, assim, brechas pequenas, porém potentes, no instituído.

A imperceptível passagem do "não entende" ao "não me atende"

A *capacidade atencional* depende, para desenvolver-se, de um ambiente facilitador. O primeiro ambiente quem oferece é a família. A escola, desde os primeiros anos de vida, é outro ambiente que opera facilitando ou perturbando seu desenvolvimento.

Uma escola atenta à lógica do êxito e a que todas as crianças *incorporem* conteúdos como primeira função é comparável a uma família que reduz sua função somente em alimentar os organismos de seus filhos e vesti-los conforme a moda. Uma criança que não *atende* a escola fala de uma instituição educativa que não lhe *atende* como sujeito singular. Para nos afastarmos de atitudes culpabilizadoras e/ou que patologizam, com respeito às crianças e aos professores, precisamos incluir a análise da dimensão social e da dimensão subjetiva.

Os supostos sobre os quais o imaginário social e o discurso "biologizante" impõem para "explicar" os motivos pelos quais o aluno fracassa na escola mudaram de signo nas últimas décadas, acompanhando as modificações nos modos de subjetivação/dessubjetivação imperantes e nas *representações sociais da criança e do adolescente*. Tais mudanças atingem as subjetividades, com as exigências das leis do mercado globalizado, com suas propostas de êxito obrigatórias para alcançar a qualquer preço e com prematuridade, privilegiando a "aparência" como recurso para não sucumbir ao "descarte social". Essa situação afeta tanto os professores quanto os alunos, tanto os pais quanto os filhos, e também mos psicólogos, psicopedagogos, médicos e todos que tentam lutar pela vida e a alegria.

O antigo suposto: "se a criança não aprende é porque *não entende* (por falta de inteligência ou maturidade)", na atualidade, se inter-relaciona com outro que, às vezes o recobre e, outras vezes, o substitui: "se a criança não aprende é por *padecer de desatenção e hiperatividade*".

Crianças e jovens chegam à consulta psicopedagógica e psicológica já "diagnosticados" e, às vezes, até pré-medicados pela família, pela escola e pela mídia. Os pais e professores que consultam costumam esgrimir certezas explicativas, provenientes da difusão midiática, esperando e exigindo uma solução rápida.

As práticas que acompanham a um e outro suposto não são homologáveis. Embora ambas coincidam em colocar o problema na criança ou no adolescente (sem questionar o sistema socioeducativo, nem os modos pedagógicos e psiquiátricos de avaliar e diagnosticar), é diferente o impacto de um e de outro sobre a subjetividade do sujeito em questão, de seus pais e professores.

Ultimamente, escuto de professores, de diferentes países, com alarmante insistência: "Já me cansei", "Já me esgotei", "não aguento mais", "me tira dos eixos", "faz de propósito", "não presta atenção", até chegar ao "já não dou mais conta dele, nem deste grupo, nem de mim"...

Entre o que se diz e o "como" se diz, abre-se um espaço de multiplicação de significações tanto para quem fala quanto para quem escuta. Significações não controladas pelo falante, baseadas em representações e suposições, a maioria das vezes não conscientes para quem os enuncia. Encontra-se aqui uma das maravilhas da palavra. Diz menos do que *queremos* dizer e, por isso, diz mais do que *acreditamos* dizer.

O "modo de enunciar" não se refere exclusivamente às palavras ditas. Trata-se de uma postura que inclui tanto o conteúdo dito como a tonalidade, o gestual, as expressões verbais, as analogias, as metáforas que surgem a partir das crenças ou supostos sobre os motivos que causariam o problema.

A escuta psicopedagógica precisa situar-se entre o que se diz e como se diz. Assim como *atendemos* aos modos como os pais enunciam o problema, ao levarem um filho à consulta, devemos *atender* ao modo como fazem os professores que os derivam.

Na Argentina, no Brasil e em outros países latino-americanos e europeus, desde 1970, atendo a professores (individualmente e em grupo), transmitindo suas preocupações sobre "dificuldades de aprendizagem" de seus alunos, bem como aos pais, consultando por seus filhos, a partir da mesma preocupação.

Nos últimos anos, observo uma mudança importante no modo como os professores percebem a si mesmos em relação aos alunos e os pais, em relação a seus filhos. Uns e outros – de diferentes modos – perdem o reconhecimento de sua função ensinante.

Nos professores, têm se produzido um deslizamento que vai desde um sentimento expresso como "esse aluno não entende" até outra posição enunciada como "esse aluno não *me* atende". A esta mudança corresponde uma mudança de posicionamento subjetivo que pode chegar a aprisionar a autoria e o entusiasmo do professor.

Supor que "a falta de entendimento produz o não aprender" é falaz e encobridor, deixa alguns resquícios para que o docente – considerando que algo pode fazer – busque recursos para que o aluno que apresenta "problemas" comece a aprender. Então, na medida em que o professor percebe que seu aluno pode aprender (às vezes apenas com essa mudança de atitude), o aluno consegue aprender. Como consequência, o docente vai erradicando a ideia de um suposto déficit.

Em contrapartida, o suposto: "a falta de atenção produz o fracasso, imobiliza e desresponsabiliza o adulto, pois associa-se à crença de que "a criança não quer aprender, não se interessa por nada" levando ao "não me dá a mínima..." ou ao "não me obedece". Esses sentimentos produzem um professor desassossegado, insatisfeito e desautorizado, criando um lugar propício para o surgimento da intenção consciente ou do desejo inominável de afastar o aluno de sua aula.

Também nos pais, essa crença tem um efeito negativo, pois gera um montante de angústia, lugar propício para o nascimento do desejo de encontrar um diagnóstico que justifique o problema e um medicamento que o solucione.

Um fator sobreposto é que, ao crer que a desatenção é a causadora do problema, imediatamente se encontra uma sigla: TDA, que substitui a criança pelo rótulo e promove a ilusão de que, com a farmacologia, o problema será resolvido. O propósito de eliminar rapidamente as "dores da alma" vai destruindo a fonte onde nutrem-se os recursos que dispomos para produzir um sentido para nossas vidas e gerar a alegria das autorias.

Recordemos as sábias palavras de Elisabeth Roudinesco (2000):

> Entre o temor à desordem e a valorização de uma competitividade fundada exclusivamente sobre o êxito material, muitos sujeitos preferem entregarem-se voluntariamente a substâncias químicas antes de falar de seus sofrimentos íntimos. O poder dos medicamentos do espírito é, assim, o sintoma de uma modernidade que tende a abolir no homem, não somente seu desejo de liberdade, mas também a ideia de enfrentar a adversidade.

O enunciado *"a criança não me atende..."* vem se impondo, substituindo ou complementando o enunciado *"a criança não entende"*. Há até poucos anos, os pais que consultavam por seus filhos formulavam perguntas sobre o desenvolvimento intelectual e como promovê-lo. A preocupação básica sintetizava-se assim: "como fazer para que estude, escreva, leia, aprenda?" A questão da desatenção e hiperatividade era poucas vezes mencionada e *a posteriori*.

Atualmente, a situação se inverteu: o pedido, tanto dos pais, como dos professores, é determinado pela "falta de atenção e hiperatividade". O objetivo buscado e explicitado situa-se no rendimento e, principalmente, na rapidez para alcançar os resultados, ficando como "não pensável" a temática da aprendizagem e dos modos de ensinar e aprender.

Os adultos vão se desvitalizando e os professores vão se destituindo de suas *autorias vocacionais*.

Burn-out substituindo o resgate das autorias vocacionais

Os modos de se apresentar a angústia estão mudando de signo. Há tempos, quando os professores encaminhavam crianças à consulta, costumavam dizer: "Não sei mais o que fazer com esse aluno." Consideravam, naquele momento, que seu saber era insuficiente e que podiam aprender outros recursos. A "capacidade de experiência" não havia sido retirada deles. Hoje, escutamos (principalmente de professores de adolescentes) literalmente: "minha experiência não me serve mais..."

A presunção de que a desatenção e a hiperatividade são as causas que não permitem aprender intervém para que o sentimento expressado como "Eu não sei mais o que fazer..." (que, de algum modo, habilita para buscar o que fazer), mude para "Não dá mais..." (com seus ingredientes de "cansei", "não posso mais...") que, com profunda angústia, diversos docentes conseguem pronunciar. Talvez com um grito mudo de busca de superfícies de escuta e contenção para eles.

Algumas obras de arte atuais, como o filme "Entre Muros", do realizador francês Laurent Cantet*, mostram em que medida a complexa situação educacional está se estendendo para aqueles que cumprem função ensinante em diversas partes do mundo globalizado.

---

* "Entre Muros", película baseada no livro de François Bègaudeau.

Analisamos, em outros capítulos, como o "neoliberalismo" vem tentando esvaziar de sentido as experiências como modo de subjetivar.

Quando os professores desconhecem o saber obtido em suas práticas, autoexpropriando sua experiência*, deixam um espaço vazio que pode ser ocupado por medicamentos que não curam. Em contraposição a essa atitude uma quantidade de professores oferecem resistência criativa, jogando com a potência da "capacidade para interessar-se nos outros" e buscam ativamente outros modos de intervir. Porém, simultaneamente ao surgimento de tantas e promissoras experiências de professores e professoras que não desistem, tem se difundido com força contrária (desde o final da década de 1990) a suposta existência de uma síndrome que acomete professores e professoras: a síndrome do *Burn-out* e chamado sem pudor nenhum como "a enfermidade profissional do século XXI". Não podemos deixar de remarcar que esta suposta síndrome é "descoberta" durante o apogeu mundial do neoliberalismo, que submeteu os docentes a situações laborais que desautorizaram suas autorias. Congruente com essa ideologia é pensar que o mal-estar dos alunos reduziria-se a algum problema nos neurotransmissores que os tornaria *desatentos* e que seus professores padeceriam de outro problema (ainda não detectado), também nos neurotransmissores, que os tornaria desatentos. As descrições (a partir das superfícies de observação), que indicam a existência de um e outro déficit, são muito semelhantes e vêm a fechar o círculo de banalidades com roupagem científica.

Supor que as patologias individuais (geralmente medicáveis) são a causa majoritária do não aprender fere não somente o aluno (distraído ou inquieto, desatento ou *superativo*), mas também seus professores, sobrecarregando-os com uma suposta patologia (*burn-out*) que, tal qual uma pandemia, estaria acometendo-lhes.

Como a ideia de *burn-out* chega a se impor? Transpondo aos professores – que trabalham com a saúde e a aprendizagem – as descrições de atitudes e sentimentos de profissionais que atendiam dependentes de drogas ou pessoas que cometeram delito.

Em meados dos anos de 1970, Herbert Freudenberger, psiquiatra que trabalhava em uma clínica de Nova York com voluntários que atendiam toxicômanos, descreveu que observava no pessoal "esgotamento, desmotivação para o trabalho, agressão aos pacientes, sensação de fracasso e depressão". Continuando com essas ideias, anos depois, a psicóloga Cristina

---

* Com relação ao "roubo da experiência", consultar o Capítulo 4.

Maslach* recorreu ao termo *burn-out*, utilizado pelos advogados californianos para nomear a perda de responsabilidade profissional e desinteresse que afetava alguns de seus colegas. Criou, assim, a síndrome do *burn-out* que define como "síndrome de esgotamento emocional, despersonalização e baixa realização pessoal que pode ocorrer entre indivíduos cujo trabalho implica atenção ou ajuda a outras pessoas." É significativo assinalar que a suposta síndrome "atacaria" a pessoas que *atendem* a outras. A partir desse superficial e equivocado raciocínio – que evita resolver as condições sociais objetivas e subjetivas que produzem a angústia e/ou depressões – chega-se a dizer, hoje, que uma porcentagem cada vez mais elevada de professores padeceriam de *burn-out*.

Desse modo, as descrições suplantam a etiologia erradicando os questionamentos e possíveis mudanças. Mudanças que podem ser obtidas criando condições para reencontrar e ressignificar as *autorias vocacionais* dos docentes e de outros profissionais que trabalham em saúde e educação.

Viemos analisando, em publicações anteriores, as diferenças entre *problema de aprendizagem* e *fracasso escolar*. Como o fracasso escolar é uma resposta reativa à situação escolar, a psicopedagogia necessita trabalhar com os professores e professoras. Eles também sofrem e são vítimas da iatrogenia da instituição e dos setores de poder em seu conjunto.

Há duas décadas, em *A inteligência aprisionada*, dizia:

> Para prevenir o fracasso escolar necessitamos trabalhar na e com a escola (buscar a que o professor possa conectar-se com sua própria autoria e, portanto, seu aluno possa aprender). Porém, uma vez gerado o "fracasso", e segundo o tempo de sua permanência, o psicopedagogo também deverá intervir para que o "fracasso do ensinante", encontrando um terreno fértil na criança e em sua família, não se constitua em sintoma neurótico(...) (Fernández, 1991).

Hoje, a situação se tornou mais complexa, precisamos atender a "novas modalidades atencionais" que estão emergindo em crianças e professores. Se não modificamos nossa atitude, as intervenções cairão no vazio e, pior ainda, estaremos contribuindo, mesmo contra nosso desejo, para a extensão do fracasso escolar e da patologia da infância.

As *situações de aprendizagem* que se apresentam como "desatenção" ou "hiperatividade" devem ser um enigma a decifrar que não deve ser en-

---

* Professora de Psicologia na Universidade de Berkeley, Califórnia.

capsulado, mas escutado. Quando a bulimia, o tédio, o desinteresse ou o excesso, não deixam o jovem "prestar atenção", escondendo (para outros e para si mesmo) a genuína curiosidade que constitui o ser vivo, precisamos ressituar nossa própria atenção na análise da capacidade atencional descentrando-nos do déficit.

Os professores, às vezes, "recebem" cursos em que são transmitidas ideias interessantes sobre como ensinar, mas que são, de fato, uma "representação dramática" de como *não* se deve ensinar. Tal contradição é comum em âmbitos de capacitação docente. Os professores e professoras, mais do que cursos, precisam de espaços de ressignificação e "formação". Espaços onde se trabalhe com histórias de aprendizagem, com as modalidades de ensino e de aprendizagem dos professores e professoras, assim como com as mudanças das atuais modalidades atencionais.

A tarefa psicopedagógica junto a professores proporciona uma fecunda experiência. Nós, psicopedagogos, aprendemos quantos lucros se obtêm abrindo espaços de escuta entre o professor e nós. Espaços de reflexão que habilitem o professor a reconhecer-se como ensinante. Quer dizer, como alguém que *crê* que seu aluno pode aprender e, portanto, faz-se apto a ensinar. Recordemos que *crer em...* é uma posição ativa que não retira o duvidar. *Crer* não é certeza alheia ao próprio fazer.

A tarefa psicopedagógica supõe, por sua vez, ressituar nosso lugar de escuta ante o professor, valorizando, nele, suas possibilidades, seus saberes, para que este, por sua vez, possa transferir essa atitude a seus alunos.* Toda psicopedagoga, todo psicopedagogo, necessita criar em si mesmos uma disponibilidade atencional flutuante que construa *espaços entre...* nos quais cada professor possa se reconhecer como pessoa interessante, valorizando a importância subjetivante da tarefa pedagógica.

---

* O psicopedagogo, na escola, necessita utilizar a atitude clínica para construir um enquadramento e uma prática diferente do consultório. Às vezes, algumas instituições educativas demandam do psicopedagogo ou psicólogo escolar a realização de diagnósticos e derivações de tratamentos individuais às crianças que fracassam. Focalizar-se nessa tarefa inabarcável torna impotente o lugar psicopedagógico. Não é possível "atender", desse modo, a quantidade de alunos designados como "problema". Se o psicopedagogo sucumbe à exigência de eficiência, tentará "ajudar" os alunos, esquecendo os professores e colocando-os, por consequência, em um lugar de "encaminhadores" ou como causadores do mal-estar educativo. Desse modo, o psicopedagogo, sobrecarregado com uma demanda impossível, sentirá o fracasso e a escola fará o encaminhamento. Existem escolas que "expulsam" encobertamente a criança designada como "fracasso escolar" e alguns "orientadores educacionais" que se sentem "expulsos" ou se autoexpulsam como "fracassados profissionais". Nem em um nem em outro caso pode-se falar de um fracasso pessoal, nem da criança, nem do profissional.

Uma psicopedagoga, um psicopedagogo, é alguém que ajuda a descobrir o sujeito pensante/desejante, ainda que permaneça sepultado no fundo de cada aluno e de cada professor. Alguém que permite ao professor, à professora, recordar-se de quando era menino ou menina. Alguém que permita a cada habitante da escola sentir a alegria de aprender, para além das exigências de currículos e notas.

16

Atencionalidade em processo

Inteligência: desadaptação criativa

As aprendizagens necessárias para o "viver humano" foram se estendendo, intensificando e acelerando desde o inicio do século XX até o presente. Esta extensão, intensidade e velocidade assinalam, por um lado, o aumento da incidência de fatores socioculturais na construção da subjetividade e, por outro, tornam visível a importância dos processos de ensino-aprendizagem.

Diversas disciplinas explicam como o humano se faz humano. Dentro dessa postura, a Psicopedagogia a partir de Sara Paín (1990) pode outorgar à aprendizagem um lugar primordial na construção da subjetividade, considerando-a como equivalente funcional nos humanos do instinto no animal. Isso quer dizer que a aprendizagem é o que permite aos humanos manterem-se vivos, já que carecemos de um instinto que determine a adaptação ao meio, como acontece com os animais.

Nós somos humanos porque aprendemos a ser. Nascemos carentes de instinto, frágeis, desadaptados ao meio, porém potentes de possibilidades. Essa conjunção é uma das fontes onde bebe a inteligência humana, pois a carência de que padecemos *não é de atividade* nem de potência criativa. Precisamos que outro humano nos receba, nos queira e reconheça como um deles, mesmo não sendo objeto passivo do outro que nos atende.

Pensar é criar algo novo a partir daquilo que o outro nos dá. A atividade cognitiva põe em jogo o desejo e a possibilidade de transformar o mundo e a nós mesmos. Pensar, portanto, supõe atrever-se a pensar algo diferente ao já pensado. Quer dizer, ter a possibilidade de discordar, tal qual o enuncia a palavra *dissentir**, que embora signifique "não concordar" inclui a significação de "di-sentir", ou seja, sentir diferente. A inteligência humana é incentivada pelo desassossego e pela angústia, somente o desencanto e seus cúmplices – o tédio e a indiferença – a adormecem. O pensar embora se ancore em desejar o impossível, entra em ação graças à *indignação*. Belíssimo substantivo quando se faz verbo: *indignar-se*. Dizemos "isto me deixa indignado". Faz-me in-dignar. Também me torno indignado se presencio passivamente uma injustiça, sem tratar de pensar algo diferente que me impulsione à intervenção.

Embora não pretenda propor uma definição acabada de inteligência, para aproximar-nos de uma concepção da mesma, devemos distanciar-nos do conceito positivista que a define como "capacidade de adaptar-se ao meio". Ao contrário, a inteligência humana caracteriza-se pelo desejo de transgredir as fronteiras do estabelecido, apoiando-se no desejo de mudança. O pensar insiste, tratando de fazer algo possível com o impossível do desejo. Poderíamos afirmar que a inteligência é a "capacidade de se desadaptar criativamente": *rebelar-se-revelando-revelando-se*.

O pensar surge a partir da necessidade de resolver conflitos e da confiança em poder resolvê-los. A inteligência é a capacidade de "se desadaptar criativamente ao meio". Desadaptação criativa, que supõe uma certa negociação entre o impossível do desejo, o possível do pensar e o provável da atividade transformadora.

Jorge Gonçalves da Cruz, com humor, costuma dizer que se a inteligência humana fosse exclusivamente adaptação – como sustentada por muitos – os seres mais inteligentes seriam as baratas, insetos que tanto se adaptam às cloacas como às mesas dos mais sofisticados banquetes.

Se a inteligência operasse adaptando-se para sobreviver, e fosse uma capacidade biologicamente determinada, a *atenção* seria simplesmente uma função utilizada para cumprir esse triste objetivo. Ao contrário, a inteligência opera no produtivo e paradoxal espaço entre duas necessidades em tensão divergente: a necessidade de diferenciar-se do outro e a necessidade de ser aceito como seu semelhante e querido por ser um outro humano. A atenção, portanto, não é uma função, mas inversamente, sustenta-se nessa tensão entre desadaptação/adaptação, mediada pela criação.

Considerar que primeiro devemos acomodar-nos à realidade, para logo modificá-la, deixa de lado um aspecto central ao ato de pensar. Ato que

---

* N. de T.: no original "a palavra castelhana disentir". Optamos por transpô-la diretamente para a grafia em português, pois tem o mesmo sentido e sonoridade, diferindo a grafia.

tem como condição de possibilidade de sua própria emergência, a simultaneidade entre certo descontentamento com o que nos oferece a realidade externa/interna e o desejo de mudar algo nela. Tal simultaneidade supõe a experiência de autoria situada em uma relativa confiança em nossa capacidade de ser agente de alguma transformação.

Por isso, dizemos que a inteligência é a capacidade de se desadaptar criativamente. A massa ideativa do eu, nos explica Silvia Bleichmar, ordena-se ao redor de dois eixos: conservação da vida biológica e preservação da identidade. Até mesmo para preservar a vida biológica precisamos nos *desadaptar criativamente* do meio físico e social, transformando a natureza que nos é oferecida para construir nosso hábitat.

Quando os dois eixos assinalados – conservação da vida e preservação da identidade – não entram em oposição que as inabilite, então, a capacidade atencional nutre-se criativamente ao compasso das experiências de *escolher**. Na época atual, torna-se difícil coincidir o conservar a vida e o conservar a identidade, mesmo em setores mais favorecidos. Silvia Bleichmar (2005) assim o expressa:

> Em tempos de estabilidade, pode-se preservar a existência sem por isso deixar de ser quem se é – sem deixar de sustentar o conjunto de enunciados que permitem que alguém se reconheça identitariamente: pode-se ser solidário e ter trabalho, sobreviver sem para isso destruir ninguém, ser generoso sem sucumbir à miséria. No entanto, em épocas históricas particularmente desmanteladas, ambos os eixos entram em contradição e a sobrevivência biológica se contrapõe à vida psíquica, representacional, obrigando a optar entre sobreviver a custa de deixar de ser ou seguir sendo quem se é a custa da vida biológica.

Em algumas situações cotidianas – a opção que Silvia Bleichmar enuncia e que tem como extremo "conservar a vida biológica ou a identidade" impõe a obrigação de optar entre conservar o lugar obtido ou manter a dignidade e os ideais. Isto produz um "*mal-estar que excede*", mal-estar pelo qual somente pode-se transitar ao tornar pensável o que acontece e procurando horizontes de transformação**. Assim, por exemplo, um adolescente brasileiro, preparando-se para o vestibular, dizia com angústia: "Se

---

* Precisamos diferenciar *eleger/escolher* de *optar*. Ver Capítulos 5 e 11.
** Em um próximo livro pretendo desenvolver a temática que estou chamando "Autorias vocacionais", proposta psicopedagógica que é dirigida a criação de espaços nos quais o escolher seja possível, mesmo em situações em que se é obrigado a optar.

meu amigo entra, eu perco o lugar. Vejo-me não apenas desejando, mas também fazendo o possível para que ele não entre... até escondendo dele o que sei." Muitos jovens, hoje, estão imersos em cruéis situações de opção, que dificultam não apenas projetar seu futuro, mas que também *aprisionam sua atenção*. Armadilhas da atenção que nada tem a ver com disfunções neurológicas. Entretanto, sendo tratados como se fossem disfunções neurológicas – como acontece atualmente com alguns rápidos e fáceis diagnósticos de TDA/TDAH – mascaram a situação, abafando as possibilidades de resistir eticamente. Os profissionais que intervêm de modo que, rapidamente, se conecte o rótulo à medicação – mesmo sem perceber, estão atuando como se fosse necessário optar pelo organismo, descartando a vida psíquica daqueles que atendem.

Supor que a inteligência cumpre a função de adaptação é o suporte, nem sempre explicitado, para definir a atenção como outra função que poderia operar independentemente do processo, do ato de escolher, dos projetos em que cada um se inscreve, dos atravessamentos inconscientes, das relações com os outros.

No *inteligir* que a inteligência possibilita, entram em jogo o pensar operante, a atenção desperta e a afetividade. Afetividade no sentido de se deixar afetar, e afetar, "desejantemente", o que nos afeta.

A atenção e os processos atencionais falam de corporeidade, de corpo e não de organismo. Considerar a inteligência apenas em sua função adaptativa correlaciona-se com as posturas que despojam o organismo humano do corpo, quer dizer, dos atravessamentos desejantes e culturais, intervenientes antes de nascer, e mesmo antes de se gestarem. Reitero que não há gestação humana sem a participação de atravessamentos desejantes e culturais.

Afirmo que a atencionalidade ancora-se na corporeidade. Assim o diz a magnífica expressão em castelhano *prestar atención*. Prestar atenção não é *pagar* atenção – como *pay attention* – o enunciado expresso em inglês; ao contrário, é *prestar-se* – que na acepção espanhola do termo quer dizer entregar-se transitoriamente a algo ou a alguém, entregar-se "de corpo inteiro" por uns instantes a aquilo que nos interessa*. E essa experiência nos *devolve*, por troca ao préstimo que concedemos, o prazer da autoria de sentir-nos ativos e construtores.

Conceber a inteligência como adaptação é pensar o atender como se fosse um processo contínuo, desconsiderando o necessário descontinuar do distrair-se, que permite atender ao próprio saber. Uma modalidade aten-

---

* N. de T.: em português o sentido é similar – prestar, quer dizer dar com presteza, dedicar-se.

cional que se dirija unidirecionalmente, talvez somente possa ser encontrada nas dolorosas situações de *atenção aprisionada*, ou seja, não disponível para realizar o trabalho atencional*.

Atender/se e perguntar/se

Baseando-se na antiga concepção de inteligência como *adaptação ao meio*, diversas atitudes pedagógicas consideram somente o aspecto acomodativo dos processos cognitivos, confundindo aprender com "obedecer", "portar-se bem", e "ser aplicado". Assim, desvitalizam o desdobramento construtivo da atividade atencional.

Como já destacamos, as práticas educativas vem mudando ao compasso de diferentes modelos de sociedade que tem sido impostos. Não se exige mais que os alunos estejam de braços cruzados e imóveis até receber a ordem de sentar e abrir os cadernos. Poucos sustentam que o rigor e o castigo sejam meios adequados para aprender, pelo contrário, o discurso é que o aluno *deve* "aprender com prazer". Em boa hora foi questionado e, de certo modo superado, o método do rigor e do castigo, sintetizado na antiga frase "*a letra com sangue entra*". Parece que agora "*o prazer por obrigação deve entrar*". E, desde aí, se indica: "motivar", "divertir", "fazer jogar" o aluno, como *meio* para... atender e aprender.

Embora se tratando de metodologias muito diferentes, nem uma nem outra questiona o antigo conceito de "atenção", apenas muda a resposta às mesmas questões: como conseguir que o aluno atenda para que aprenda? Como conseguir que fique quieto? A constatação do fracasso das diferentes respostas que foram surgindo e/ou a incongruência das mesmas com as ideias e crenças dominantes em cada época, conduz a busca ansiosa de novas e rápidas propostas, sem transformar os modos de pensar e as posturas ante as crianças e jovens enquanto alunos. Foi assim que a proposta de que o aluno *copie*, memorize, sacrifique-se, realize exercícios, fique quieto, não fale nem brinque, foi sendo abandonada para passar a outra proposta: que o aluno brinque. Metodologia que parece muito diferente da anterior, porém coincidente em alguns aspectos.

---

* Nos tempos atuais podemos dizer que os "aprisionamentos" na capacidade pensante devem-se mais à vertiginosidade e à fragmentação do que à repressão exitosa (inibição cognitiva) ou falida (sintoma). A fragmentação a que me refiro nada tem a ver com a descontinuidade, e sim com o que se relaciona com a banalização. A banalização deixa tudo homogêneo, tudo é parecido, nada interessa, nada diz respeito. Tudo me é indiferente (não diferente).

No primeiro caso, o brincar e a alegria ficam erradicados da palavra e, de fato, do processo de aprender. O segundo caso costuma funcionar como uma exigência agregada para os professores que, às vezes, chegam a confundir alegria, prazer e brincar, com "facilismo" e falta de esforço.

Ao pretender que o aluno deve (como uma obrigação) "sentir prazer" em aprender, propõem-se "jogos" somente como um meio para convocar sua atenção, de modo que o jogar perde sua potência atencional e, ao "prestar atenção", ele fica despojado de sua energia.

A postura de manter as mesmas perguntas mudando apenas as respostas, colocada no plano pedagógico, resulta em um contínuo modificar de técnicas, de informações e de métodos, levando os professores a perder a confiança em seus próprios saberes experienciais. Colocada para a área da psicologia, psicopedagogia, psiquiatria e medicina, essa postura conduz a diagnosticar déficit sem potencializar possibilidades nem prover novas ferramentas conceituais que permitam desenvolver recursos para a promoção da capacidade atencional. Hoje, esta atitude está se tornando particularmente perigosa, já que sustenta e estende a psicopatologia e a medicação das dramáticas singulares dos seres humanos, particularmente, das crianças e adolescentes.

Quando algo está investido libidinalmente, quando o sujeito se reconhece interessante e capaz, presta atenção espontaneamente. Somente assim a capacidade atencional se desenvolve. Em contrapartida, quando se obriga a prestar atenção, seja por ameaça ou por camuflagem, a atenção focaliza-se no objeto. A criança, "acostumada" a esses procedimentos, deixa de utilizar a energia necessária ao processo atencional e a capacidade atencional não se desenvolve. Alunos e professores habituam-se às respostas rápidas, perdendo a atitude investigadora e a riqueza do perguntar, e do se perguntar.

Sabemos que a alegria surge do sentimento de conquista e de autoria ao experienciar que se está vencendo um obstáculo. A alegria e o brincar são potências criativas que não se esquivam ao esforço e ao trabalho.

Jorge Gonçalves da Cruz diz que nosso desafio passa por levar as "lógicas do brincar" ao próprio processo de pensar.

A alegria, assim como a espontaneidade, não podem ser programadas, surgem imprevisivelmente, quando ensinante e aprendente compartilham espaços de autorias. Assim como o oposto da alegria não é a tristeza, mas sim o tédio e a indiferença, o oposto do prazer não é o incômodo ou o esforço, e sim a banalização. Como expliquei na "Introdução" do presente livro, é difícil colocar um ponto final. Por esse motivo, chegando ao término, decidi tratar, no início do texto, da temática da "potência atencional da alegria", que havia pensado situar como um último capítulo.

Referências

ADORNO, T. W. A arte é alegre? In: ZUIN, A. A. S.; PUCCI, B.; OLIVEIRA, N. R. de. (Org.). *Teoria crítica, estética e educação*. São Paulo: Autores Associados, 2001.

AMERICAN PSYCHIATRIC ASSOCIATION. *Manual diagnóstico y estadístico de los trastornos mentales*: DSM IV. Barcelona: Masson, 1995.

AULAGNIER, P. Construir-se um passado. *Revista AP de BA*, v. 13, n. 13, 1991.

BERARDI, F. *Diário Página 12*, nov. 2007. Entrevista realizada por Verônica Gago.

BLEICHMAR, S. (Org.). *Temporalidad determinación azar*: lo reversible y lo irreversible. Buenos Aires: Paidós, 1994.

BLEICHMAR, S. *La subjetividad en riesgo*. Buenos Aires: Topia, 2005.

BLEICHMAR, S. Sobre la puesta de límites y la construcción de legalidades. *Actualidad Psicológica*, n. 348, 2006.

CACCIARI, M. *El dios que baila*. Buenos Aires: Paidós, 2000.

CALMELS, D. *El cuerpo cuenta*. Buenos Aires: El Farol Cooperativa de Trabajo Cultural, 2004.

CALMES, D. *Marea en las manos*. Buenos Aires: Colihue, 2005.

CARVALHO, L. Desaprendendo a Lição. *Revista E. PSI. B. A.*, n. 7, 1998.

CASTAÑO, J. El sorprendente cerebro del bebé. *Archivos Argentinos de Pediatria de La Sociedad Argentina de Pediatria*, v. 103, n. 4, p. 331-337, 2005.

COREA, C. *Pedagogia del aburrido*: escuelas destituídas, famílias perplejas. Buenos Aires: Paidós, 2004.

COROMINAS, J. *Diccionario crítico etimológico castellano e hispánico*. Madrid: Gredos, 1991.

COSTA, J. F. Playdoier pelos irmãos. In: KEHL, M. R. (Org.). *Função fraterna*. Rio de Janeiro: Relume Dumará, 2000.

DELEUZE, G. *Diferença e repetição*. Rio de Janeiro: Graal, 1988.

ESPOSITO, R. *Communitas*: origen y destino de la comunidad. Buenos Aires: Amorrortu, 2003.

ESPOSITO, R. *Immunitas*: protección y negación de la vida. Buenos Aires: Amorrortu, 2005.

FERNÁNDEZ, A. *A inteligência aprisionada*. Porto Alegre: Artmed, 1991.

FERNÁNDEZ, A. *A mulher escondida na professora*. Porto Alegre: Artmed, 1994.

FERNÁNDEZ, A. Alguém Responderá? *Revista E. PSI. B. A.*, n. 11, 2004.

FERNÁNDEZ, A. M. *Las lógicas colectivas*. Buenos Aires: Biblos, 2007.

FERNÁNDEZ, A. *O saber em jogo*. Porto Alegre: Artmed, 2001a.

FERNÁNDEZ, A. *Os idiomas do aprendente*: análise das modalidades ensinantes com famílias, escolas e meios de comunicação. Porto Alegre: Artmed, 2001b.

FERNÁNDEZ, A. Pichações: gritos escritos de vozes adolescentes silenciadas ou o que e como se escreve fora da escola. *Revista E. PSI. B. A.*, n. 5, 1997.

FERNÁNDEZ, A. *Psicopedagogia em psicodrama*: morando no brincar. Rio de Janeiro: Vozes, 2001c.

FRANCO FERRAZ, M. C. *Tecnologias, memória e esquecimento*: da modernidade à contemporaneidade. Porto Alegre: PUCRS, 2005.

FREUD, S. Artigos sobre técnica: recomendações aos médicos que exercem a psicanálise. In: FREUD, S. *Edição standard brasileira das obras completas de Sigmund Freud*. Rio de janeiro: Imago, 1969. v. 12.

GALENDE, E. A cultura da imagem e a subjetividade atual. *Revista Zona Erógena*, n. 24, 1995.

GINZBERG, V. Búsqueda virtual, búsqueda real. *Diário Página 12*, 19 jul. 2009.

GOLÇALVES DA CRUZ, J. Niños em el dibujo: entre ingeniría y arte. *Revista E. PSI. B. A.*, n. 11, 2004.

GONÇALVES DA CRUZ, J. ADD: niños y jovenes com "déficit atencional". *Revista E. PSI. B. A.*, n. 9, 1999a.

GONÇALVES DA CRUZ, J. El vacío, ausencia de estupidez en la inteligencia artificial. *Revista E. PSI. B. A.*, n. 6, 1998a.

GONÇALVES DA CRUZ, J. Humor, esbozos y amagues. *Revista E. PSI. B. A.*, n. 2, 1995.

GONÇALVES DA CRUZ, J. Ir tirando piedritas al água. *Revista E. PSI. B. A.*, n. 3, 1996.

GONÇALVES DA CRUZ, M. S. El potencial transformador de la desatención. *Revista E. PSI. B. A.*, n. 12, 2006.

GONÇALVESDA CRUZ, J. O vazio, a ausência de estupidez na inteligência artificial. *Revista E. PSI. B. A.*, n. 6, 1998b.

IRIGARAY, L. *Yo, tú, nosotras*. Madrid: Cátedra, 1992.

JANIN, B. *Niños desatentos e hiperativos*. Buenos Aires: Noveduc, 2004.

KAHN, M. R. *Locura y soledad*: entre la teoría y la práctica psicoanalítica. Buenos Aires: Lugar, 1991.

KEHL, M. R. Depressão e imagem do novo mundo. In: NOVAES, A. (Org.). *Mutações*: a experiência do pensamento. São Paulo: SESC/SP, 2010.

LISPECTOR, C. Por no estar distraídos. In: LISPECTOR, C. *Revelación de un mundo*. Buenos Aires: Adriana Hidalgo, 2004.

MANNONI, M. Amor, ódio, separação. Rio de Janeiro: Jorge Zahar. 1995a.

MANNONI, M. *Amor, odio, separación*: reencontrarse con la lengua perdida de la infancia. Buenos Aires: Nueva Visión, 1995b.

MASUD KHAN, M. *Locura y soledad*: entre la teoría y la práctica psicoanalítica. Buenos Aires: Lugar, 1991.

MATOS, O. In: NOVAES, A. (Org.). *Mutações*: novas configurações do mundo. São Paulo: SESC/SP, 2008.

MCNAUGHTON, W.; YING, L. *Reading and writing Chinese: a guide to the Chinese writing system*. Rutland: Tuttle, 1995.

MOYSÉS, M. A. A história não contada dos problemas de aprendizagem. *Cadernos CEDES*, n. 28, 1993.

NOVAES, A. (Org.). *Mutações*: novas configurações do mundo. São Paulo: SESC/SP, 2008.

NOVAES, B. In: PERDIGÃO, A. B. *Sobre o silêncio*. São José dos Campos: Pulso, 2005.

ORLANDI, E. *As formas do silêncio*: no movimento dos sentidos. Campinas: Unicamp, 1997.

PAÍN, S. *A função da ignorância*: estruturas inconscientes de pensamento. Porto Alegre: Artmed. 1990.

PAÍN, S. *En sentido figurado*: fundamentos teóricos de la Arterapia. Buenos Aires: Paidós, 2008.

PAÍN, S. La estructura estética del pensamiento. *Revista E. PSI. B. A.*, n. 8, 1999.

PELENTO, M. L. Tipos de subjetividad individual y social: los tatuajes como marca. *Revista E. PSI. B. A.*, n. 6, 1998.

PERDIGÃO, A. B. *Sobre o silêncio*. São José dos Campos: Pulso, 2005.

PHILLIPS, A. *Beijo, cócegas e tédio*: o inesperado da vida à luz da psicanálise. São Paulo: Companhia das Letras, 1996.

PISCITELLI, P. El tiempo se acaba: del pendulo a la máquina virtual. In: BLEICHMAR, S. (Org.). *Temporalidad determinación azar*: lo reversible y lo irreversible. Buenos Aires: Paidós, 1994. p. 228.

RODRÍGUEZ, F.; GIORGI, G. *Ensayos sobre biopolítica*: excesos de vida: Michel Foucault; Gilles Deleuze; Slavoj ZiZek. Buenos Aires: Paidós, 2007.

RODRÍGUEZ, M. La música, ese parásito que nos habita. *Diario Página 12*, 7 mar. 2009a.

RODRÍGUEZ, S. La neurona en el diván. *Diário Página 12*, 15 jan. 2009b.

RODULFO, R. Adolescências: trajetórias turbulentas. In: HORNSTEIN, M. C. R. (Org). *Adolescencias*: trayectorias turbulentas. Buenos Aires: Paidós, 2006.

RODULFO, R. *Futuro porvenir*. Buenos Aires: Novedades Educativas, 2008.

RODULFO, R. La constituición del juguete como protoescritura. *Revista E. PSI. B. A.*, n. 4, 1996.

ROJAS, M. C.; STERNBACK, S. *Entre dos siglos*: una lectura psicoanalítica de la posmodernidad. Buenos Aires: Lugar, 1994.

ROUDINESCO, E. *El paciente, el terapeuta y el Estado*. Buenos Aires: Siglo XXI, 2005.

ROUDINESCO, E. *Por qué el psicoanalisis?* Buenos Aires: Paidós, 2000.

SAFRA, G. *A face estética do self*: teoria e clínica. São Paulo: Unimarco, 1999.

SAFRA, G. Sobre o silêncio. In: PERDIGÃO, A. *Sobre o silêncio*. São José dos Campos: Pulso, 2005.

SARMENTO, M. J.; CARISARA, A. B. *Crianças e miúdos*: perspectivas sociopedagógicas da infância e educação. Portugal: Asa, 2004.

SCHETJAMAN, C. R. de. Los juegos del niño en la actualidad: su incidencia en la construcción del psiquismo. *Revista Topia XXIV*, mar. 1999.

SIBILIA, P. *La intimidad como espetáculo*. Buenos Aires: Fondo de Cultura Econômica de Argentina, 2008.

SORDI, R.; NARDIN, M. H. de. Processos de atenção recognitiva e inventiva e suas relações com a aprendizagem. *Revista E. PSI. B. A.*, n. 12, 2006.

SPINELLI, M. Da espera. In: PERDIGÃO, A. *Sobre o silêncio*. São José dos Campos: Pulso, 2005.

STERN, D. N. *O mundo interpessoal do bebê*. Porto Alegre: Artmed, 1992.

SUED, E. In: PERDIGÃO, A. B. *Sobre o silêncio*. São José dos Campos: Pulso. 2005.

TABORDA, A.; GALENDA, B. In: TABORDA, A.; LEOZ, G. (Org.). *Configurações actuales de la psicologia educacional*. São Luis: Nueva Editorial Universitária, 2009.

ULLOA, F. In: BLEICHMAR, S. (Org.). *Temporalidad determinación azar*: lo reversible y lo irreversible. Buenos Aires: Paidós, 1994.

WASERMAN, M. Aproximaciones psicoanaliticas al juego y al aprendizaje: ensayos y errores. Buenos Aires: Noveduc, 2008.

WINNICOTT, D. A observação do bebê em uma situação fixa. In: *Da psiquiatria à psicanálise*. Rio de Janeiro: Imago, 2000a.

WINNICOTT, D. Aprendizagem infantil. In: WINNICOTT, C.; SHEPHERD, R.; DAVIS, M. (Org.). *El hogar, nuestro punto de partida*: ensayos de um psicoanalista. Buenos Aires: Paidós, 1993a.

WINNICOTT, D. *Explorações psicanalíticas*. Porto Alegre: Artmed, 1994.

WINNICOTT, D. *La naturaleza humana*. Buenos Aires: Paidós, 1993b.

WINNICOTT, D. *O brincar e a realidade*. Porto Alegre: Artmed, 1975.

WINNICOTT, D. O comunicar-se e o não se comunicar que conduzem a um estudo de certos opostos. In: WINNICOTT, D. *Os processos de maturação e o ambiente facilitador*: estudos para uma teoria do desenvolvimento emocional. Porto Alegre: Artmed, 1993c.

WINNICOTT, D. O desenvolvimento da capacidade de preocupação. In: WINNICOTT, D. *Os processos de maturação e o ambiente facilitador*: estudos para uma teoria do desenvolvimento emocional. Porto Alegre: Artmed, 1993d.

WINNICOTT, D. Observação de uma criança em uma situação fixa. In: WINNICOTT, D. *Da pediatria à psicanálise*. Rio de Janeiro: Imago, 2000b.

WINNICOTT, D. *Os processos de maturação e o ambiente facilitador*: estudos para uma teoria do desenvolvimento emocional. Porto Alegre: Artmed, 1993e.

ZIZEK, S. A ética universal da fé. *Diário Página 12*, 2006.